Fredric Alan Maxwell

BAD BOY BALLMER

Der Mann, der Microsoft regiert

Die Originalausgabe erschien unter dem Titel
Bad Boy Ballmer –
The man who rules Microsoft
im HarperCollins Verlag

© Copyright der Originalausgabe:
2002 Fredric Alan Maxwell
Alle Rechte vorbehalten.

© Copyright der deutschen Ausgabe:
2003, BÖRSENMEDIEN AG, KULMBACH

Übersetzt aus dem Amerikanischen von Egbert Neumüller.

Druck: Ebner & Spiegel GmbH

(Original-ISBN 0-06-621014-3)
ISBN 3-922669-46-8

Postfach 1449 · 95305 Kulmbach
Tel. 09221-90510 · Fax 09221-67953

INHALTSVERZEICHNIS

Danksagung

Einleitung: GUTER JUNGE, BÖSER JUNGE, AFFENJUNGE

Teil 1: GROßE ERWARTUNGEN

Teil 2: DER LAUF DER WELT

Teil 3: DIE BORG LASSEN GRÜßEN

Anmerkungen und Quellenangaben

DANKSAGUNG

B ad Boy Ballmer" wurde aufgrund einer Anregung der in Chicago leben-
den Biografin Carol Felsenthal geboren und wäre ohne sie nicht entstanden; sie war sozusagen die Hebamme. Die Entwicklung des Projektes
wurde von der Tochter eines Buchbinders begleitet, Marly Rusoff, einer
göttlichen Literaturagentin, die mir von der Idee über die Entwürfe sanfte
Leitung bot und mein Vorhaben bremste, ein gewisses Wahrzeichen von
New York in Marly-Statue umzubenennen. Zumindest vorläufig. Meine
obersten Einpeitscher waren Jane Franklin und ihr Ehemann Ben A.

Franklin, früher Reporter für die New York Times und derzeit Redakteur des Washington Spectator; sie halfen mir, mich wieder zu konzentrieren, wenn die Wörter und ich dazu neigten abzuschweifen. Der preisgekrönte Biograf Max Holland las diverse Entwürfe und half mir mit seinen tief gehenden Kommentaren und seiner Unterstützung. Der investigative Autor Dan E. Moldea, der mutigste Schriftsteller, den ich kenne, gab mir Ratschläge erster Güte – seine Website Moldea.com ist bei jeder Art von Ermittlungen besuchenswert. Und nun eine stehende Ovation für meinen ausgebufften Recherchehelfer Laird Barron, selbst ein guter Schriftsteller, der seit dem Hundeschlittenrennen über tausend Meilen von Anchorage nach Nome weiß, wie kalt, aber trotzdem lohnenswert lange Strecken sein können.

Mein besonderer Dank gilt dem Autor William Least Heat Moon, der in einer trunkreichen Nacht im Blue Moon in Seattle in einer kritischen Phase eine psychische Blockade aufgebrochen hat.

Weitere Autoren, die mir geholfen haben, sind unter anderem die Biografen Edmond Morris und Sylvia Jukes Morris, Bill Bryson, John Heilemann, David Kaplan, Tom DeMarco, Ken Auletta, Robert X. Cringely, Michael Drummond, Wendy Goldman Rohm, Edward Roeder, Nicholas Lemann, David Bank, Bob Metcalfe, Stephen Silbiger, Frank Sulloway, Larry Jay Martin, Adam Clayton Powell III, Scott Armstrong, Stephen Manes, Clarence Page und Walter Cronkite.

Zu den Journalisten, die Beiträge geleistet haben, gehören Dan Gillmor, Kolumnist der San Jose Mercury News und die Reporterin Kristen Heim, die Reporter Dan Richmond und James Wallace vom Seattle Post Intelligencer, Jean Gooden und Brier Dudley von der Seattle Times, David Zeman von der Detroit Free Press und der frühere Slate-Herausgeber Michael Kinsley.

Berichterstatter und Schreiber sind sich uneins seit Moses die Fünfzehn Gebote überbrachte, und im allgemeinen profitieren die Leser von dem handfesten Schlagabtausch. Mein talentierter Lektor Henry Ferris agierte geschickt und unmerklich, wobei er ganze Sätze und teils auch Absätze unversehrt ließ. Sarah Beam, Kristin Green, Lorie Young, Greg Villepique, Jayna Maleri und Kyran Cassidy von HarperCollins waren mir ebenfalls eine Hilfe.

Wenn ich beginne ein Buch zu schreiben, dann werfe ich ein engmaschiges Netz über verschiedene Datenbanken – dann ziehe ich den Fang an Bord, kippe ihn auf das Schreibtisch-Deck und trenne die Eingeweide vom Essbaren, das Treibgut vom Filet. Hier und dort finde ich eine Perle. Zieht man die Perlen auf eine Schnur, ergibt sich ein Handlungsstrang. Ich habe ein weites Netz über das Herz unserer intellektuellen Infrastruktur ausgeworfen, die Library of Congress (LC), den Springquell der frei fließenden Fakten in einer freien und denkenden Welt. Es gibt auf der Welt weder eine größere einzelne Informationsquelle noch hilfsbereiteres gut geschultes Personal als in dieser Mutter aller Bibliotheken, auch wenn ein Teil der Bibliotheksleitung gerne ein Büchermuseum daraus machen würde. Besonderer Dank geht an den Über-LC-Bibliothekar Dr. Thomas Mann, einen Freund, dessen Glaube an das Projekt niemals schwand.

Weitere hilfreiche Bibliotheken waren Suzzallo-Allen, Oleguarde und Foster an der University of Washington und die Missoula Public Library in Missoula, Montana. In Michigan die Stockwell-Mudd-Bibliotheken am Albion College in Albion, die Baldwin Public Library in Birmingham, die Farmington Public Library in Farmington, die Bloomfield Township Public Library (eine der besten Regionalbibliotheken unseres Landes) sowie die Bentley Archives und die Hatcher Bibliothek der University of Michigan. An der Ostküste waren die New York Public Library, die Philadelphia Free Library, die Boston Public Library, die Bangor Public Library und die Camden Public Library in Maine gute Quellen, ebenso die Pucey Library und die Houghton Library in Harvard und die Harvard Archives. In Florida boten die Jacksonville Public Library, die Delray Beach Library (einzigartig, weil sie in privater Hand aber kostenlos und öffentlich zugänglich ist) sowie die öffentlichen Bibliotheken in Key Largo, Big Pine Key und Key West Hilfe.

Was die Highschoolzeit betrifft, halfen mir am meisten Dr. Terry Piper, Roxanne Roberts, John Campbell, Gerald Hansen und Beverly Hannett-Price. Akademiker nach der Sekundarstufe, die Beiträge geleistet haben, sind die Dres. Judith Lockyer, Wesley Dick und Larry Steinhauer vom Albion College, die Professoren Christopher Peterson und Thomas Kauper von der University of Michigan, Kevin McDonald von der University of California sowie Rodney Brooks, Mike Hawley und Patty Maes vom MIT. Dank an die Abteilung für Öffentlichkeitsarbeit des Harvard College, an den Harvard News Service, die Harvard Business School und die Stanford Graduate School of Business Administration.

Öffentlichkeitsarbeiter scharen sich normalerweise um Autoren wie die schwarzen Fliegen im nördlichen Minnesota an einem heißen Sommertag, wenn man in Strömen schwitzt. Die Microsoft-PR-Leute machten da allerdings eine Ausnahme. In den 15 Jahren, seit ich professionell schreibe, bin ich noch nie auf eine derart wenig hilfreiche Gruppe von Öffentlichkeitsarbeitern gestoßen wie die Propagandisten von Microsoft. Vielleicht war das Absicht. Das Gegenteil davon waren die Weltklasse-PR-Leute von der Camden Technology Conference 2000 in Camden, Maine. Unter der Führung von Sue-Ellen Roper McClain von Hauptman & Partners Communications mit Sitz in Portland, Maine, rissen sich Kate Rathmell und Jennifer Boogs ein Bein aus, um mir alle Inteviews zu verschaffen, die ich wollte, und alle Hintergrundinformationen, die ich brauchte. Hut ab auch vor den PR-Leuten von Procter & Gamble, von der Ford Motor Company, den National Archives, dem Smithsonian und von der Securities and Exchange Commission.

Das Schreiben einer nicht autorisierten Biografie über einen Mann, der ein wohlhabendes und Prozessen nicht abgeneigtes multinationales Unternehmen leitet (und dessen Chefanwalt Neukom heißt), erforderte rechtliche Beratung. Der erste, der mir Rat anbot, ist einer der Meister der Juristenwelt, N. Frank Wiggins, einer der Partner der ehrenwerten Washingtoner (D. C.) Kanzlei Venable etc. etc. Unter anderem unterstützten mich Anwälte von der Seattler und der nationalen Kammer der ACLU, von dem Reporters Committee for Freedom of the Press in Arlington, Virginia sowie Mike Filipovich vom Federal Defenders Service in Seattle.

Besonderer Dank gilt auch Stuart Moore, Katalin Salai, Janet Lee Michaud, Ugly Dave Coyne, Laura Coyne, Janet Fishman, Bruce Harris, Kip Schisler, Petra Hellthaler, David Duerden, Greg McBrady, den drei Js vom Mona's – Jason, Justin und Jennifer; Greg und dem Personal des Zorba's in Washington, D. C., Judy Roberts und ihrem Team im 220 & Edison's in Birmingham, dem Dinosaur Cafe in Missoula, Deep Geek, Mary Burns, Eric Lemnitzer, Jack Oram, dem Erfinder der Rechschreibkorrektur, dem History Channel, dem Biography Channel, Whitney Lee, Byrd Stewart Leavell, Christy Fletcher, Ron Marquard, Christine Price und April Goldberg.

Zum Schluss: Ich wüsste nicht, dass je ein fehlerloses Buch geschrieben oder veröffentlicht worden wäre und erhebe nicht den Anspruch, dass „Bad Boy Ballmer" das erste ist. Alle Fehler im Text gehen auf mein Konto.

GUTER JUNGE, BÖSER JUNGE, AFFENJUNGE

Steve Ballmer erinnert einen an viele Menschen. Der bullige, kahlköpfige und grobknochige Ballmer springt auf die Bühne und sieht aus wie eine Mischung aus Jesse Ventura (Gouverneur von Minnesota) und Onkel Fester aus der Addams Family. Er benimmt sich wie John Belushi auf Koks. Vor der Menge von Computerleuten ist er vollkommen in seinem Element. Über die Saalanlage der Halle, die mit Microsoftlern vollgestopft ist, schmettert die Stimme von Gloria Estefan und ruft die Menge auf, sich auf die Socken zu machen („Get on your feet"). Der burschikose, kämpferische, gelegentlich kriegerische Ballmer macht das mit links. Er rennt hin und her, springt hoch und schreit: „Give it up for meeee!" Er schießt über die Bühne wie ein Kobold oder ein Tasmanischer Teufel. Er rudert mit den Armen. Er dreht sich zur Wand und hüpft rückwärts über die Bühne. Noch einmal läuft er um die Bühne herum und dann rennt er in die Mitte. Dort hält er vor einem schwarzen Rednerpult an, auf dem Microsoft steht, und schnappt heftig nach Luft. Robin Williams ist im Vergleich zu ihm gemächlich. Ballmer ist eine Naturgewalt. Noch während er nach Atem ringt, schreit er: „Ich habe Euch vier Worte zu sagen: Ich! Liebe! Dieses! Unternehmen! Jaaaaaa!"

Übergehen Sie die Tatsache, dass er fünf Wörter gesprochen hat. Steve Ballmer ist voll in Fahrt, und das nun schon seit mehr als zwei Jahrzehnten. Seit 1980 ist er die rechte Hand des berühmten Microsoft-Mitgründers Bill Gates. Und nicht nur das – er leitet das Unternehmen, wenn es Gates nicht tut. Und das ist eine ganze Weile. Am 13. Januar 2000 trat Bill Gates offiziell ab und übergab die Verantwortung sowie den Titel Chief Executive Officer (CEO) seinem besten Freund. Er behielt seinen Vorstandsposten und schuf für sich den neuen Posten des Chief Software Architect. Die Zeitschrift *Time* brachte dazu eine Karikatur; sie zeigte Gates und Ballmer in Läuferkleidung, wobei Gates an Ballmer kein Staffelholz übergab, sondern eine Stange Dynamit mit glimmender Zündschnur. Amerikanische Präsidenten äußern sich selten zu personellen Veränderungen in Unternehmen, aber als Präsident Clinton zu dem Wechsel befragt wurde, sagte er: „Ballmer ist ein fähiger Mann." Er ist in vielerlei Hinsicht mehr als fähig. Häufig steht Steve Ballmer auf und sorgt dafür, dass etwas passiert. Er liebt seine Arbeit wahrhaftig, und auch die Bezahlung ist ganz gut.

Vor 22 Jahren fand Ballmer einen Nibelungenschatz von Arbeitsplatz, den Stoff, aus dem die Geldträume sind. In den ersten 18.000 Tagen, die er für Bill Gates arbeitete, verdiente Steve Ballmer rund zwei Millionen US-Dollar pro Tag. Etwa 80.000 Dollar pro Stunde. 24 Stunden am Tag. Sieben Tage die Woche. Ungefähr 15 Milliarden 396 Millionen 23 Tausend 9 Hundert und 56 Dollar, zuzüglich Sozialleistungen (unter www.cnet.com/invkstor ist unter der Rubrik CEO Wealthmeter der stündliche Stand abzulesen). Viele Menschen regen sich darüber auf, dass ein CEO in den Vereinigten Staaten durchschnittlich das 120-fache eines normalen Arbeitergehalts verdient; Ballmer verdient mehr als 20.000-mal so viel wie der durchschnittliche arbeitende Amerikaner. Mit 46 Jahren hat Ballmer eines der größten Vermögen angehäuft – wenn nicht gar das größte –, das je ein Mensch errungen hat, der für jemand anderen arbeitet. Nicht schlecht für den Sohn eines Schweizer Einwanderers mit Realschulabschluss. Das behauptet er jedenfalls. Denn Tatsachen entsprechende Informationen sind nicht gerade Ballmers Stärke. Auch nicht die von Microsoft.

Als im August 2001 im Internet unter der Adresse www.globnix.org/ballmer/dancemonkeyboy.qui plötzlich Ballmers Ich-Liebe-Dieses-Unternehmen-Anfall erschien, fragten sich die Mitglieder von Online-Chatrooms, ob dies wohl Ballmers Probe für eine Neuverfilmung von Planet der Affen war. Ein anderer Zuschauer verglich Ballmers Beinarbeit mit dem Tanz, den Hitler aufführte, als die Nazis 1940 Paris erobert hatten. Ein dritter wies darauf hin, dass einer der Microsoftler in der ersten Reihe verängstigt aussieht. Ein Online-Journalist schrieb: „Das ist auf surreale Weise losgelöst von dem Eindruck, den er erzielen will – dem Eindruck schlichter und übersprudelnder Begeisterung. Es ist ein Siegesruf oder ein Angstschrei – wie das zutiefst berührende Jaulen, das man hört, bevor ein in der Falle gefangenes Tier beginnt, seinen eigenen Fuß abzubeißen, um aus den Klauen der Falle zu entkommen. Ist das Football-Jubel oder Jubel in Nürnberg?"

Kurze Zeit später erschien im Web ein zweites Video von Ballmer bei einer anderen Vollversammlung. Dort trägt er ein seriöses blaues Hemd mit riesigen Schweißflecken, die von den Achseln bis zum Bauch reichen; möglicherweise sind sie computertechnisch verstärkt (www.ntk.net/ballmer/mirrors.html). In diesem Video ruft Ballmer immer wieder aus: „Entwickler! Entwickler! Entwickler!" Dabei klatscht er wie wahnsinnig in die Hände.

Auf der Website geekculture.com waren von beiden Videos Parodien zu sehen. Stellen Sie sich zwei Menschen vor, die sich eine Actionfigur mit Namen Monkey Boy Ballmer (Ballmer, der Affenjunge) ansehen. Eine Frau sagt zu einem Mann, der das Spielzeug in der Hand hält: „Hm, die Schwitzflecken sind schön gearbeitet, aber eigentlich ... Meinst du nicht, dass eine Ballmer-Figur für die Kinder zu gruselig ist?" Dazu kam eine Liste der beliebtesten Merkmale der Ballmer-Figur: Die Menschen mochten die realistischen Schweißflecken, den irren Gesichtsausdruck, die patentierten schlenkernden Glieder und den aus vier Wörtern bestehenden Wortschatz. Ihnen gefiel es auch, dass man die Figur zur Abwechslung mal verbiegen und manipulieren konnte.

Das Leben von Steve Ballmer ist eine unglaubliche Geschichte von ungeheurem Ehrgeiz, Genialität und Charisma, von ungeheurer Antriebskraft und ungeheuren Leistungen, von unersättlicher Gier und schreiender Arroganz. Es ist die Saga eines in einfachen Verhältnissen geborenen Jungen, der sein Bedürfnis Großes zu vollbringen in eine formale Ausbildung kleidete, die er dann aber riskierte, als er die Stanford Business School abbrach und sein Schicksal dem chaotischen Wildwuchs namens Computerbranche anvertraute, gemeinsam mit dem befreundeten Harvard-Abbrecher Bill Gates.

Die auf Ballmer gemünzten Attribute sind zahllos. Folgende Begriffe werden zu seiner Beschreibung verwendet: „reich an Erfahrung", „siegeslüstern", „hart arbeitend", „ruhelos", „bullig", „Mr. Loud", „Schnelldenker", „ungeduldig mit Dummköpfen" und „scharfzüngiger Kritiker". Er ist Microsofts „Cheftrainer, Cheerleader und ‚Killer'", er ist „konzentriert wie ein Laserstrahl". Bill Joy, Mitgründer von Sun Microsystems und Miterfinder der Programmiersprache Java, sagte zu mir: „Gates ist überspannt, aber Ballmer ist verrückt, einfach wahnsinnig." Ein ehemaliger Managementkollege sagt: „Sein Einfluss ist in jedem Molekül von Microsoft spürbar." *The Economist* nannte ihn „manisch ... ein schneller Feuerwehr-Einsatztrupp voller ungebremster Dynamik, gemein und brutal genug, um" die harten Entscheidungen zuerst zu treffen und dann durchzusetzen, die erforderlich sind, um Microsoft durch den Antitrust-Prozess hindurchzuführen. Denn das ist das, was Ballmer tut.

Von allen wirklich außergewöhnlichen Leistungen, die Ballmer vollbracht hat, ist es vielleicht die größte, dass er mehr als 20 Jahre mit Bill Gates ausgekommen ist. Das hat weder Paul Allen noch irgendein anderer Microsoftianer geschafft. Ballmer ist tatsächlich der dienstälteste Microsoft-Mitarbeiter. Während des Antitrust-Prozesses und der Berufungsverhandlungen zog sich Paul Allen zum zweiten Mal aus dem Vorstand zurück und verkaufte stillschweigend mehr als 130 Millionen Microsoftaktien, wodurch er Steve Ballmer, den zweiten Mann bei Microsoft, zum zweitgrößten Einzelaktionär machte. Ihm gehören etwa 240 Millionen Aktien der Gesellschaft.

Bei der Frage, wer Microsoft geschaffen hat, fallen den meisten Menschen die beiden Gründer Bill Gates und Paul Allen ein. Aber es waren Gates und Ballmer, die Microsoft von weniger als 30 Angestellten auf rund 50.000 gebracht haben, von einem Umsatz von 12 Millionen US-Dollar auf mehr als 20 Milliarden und von einem eher niedlichen Bankguthaben auf eine Barschaft von mehr als 36 Milliarden US-Dollar.

Bill Gates und Steve Ballmer sind gemeinsam die Chefs des Unternehmens, das intellektuell einander ebenbürtige dynamische Duo. Sie sind die mächtigsten Partner in der New Economy, das am längsten gespielte Kumpelstück des Softwaresektors, Zwillingssöhne mit verschiedenen Müttern. Ihrer Alma Mater Harvard schenkten sie das Maxwell Dworkin Computerlabor, das sie nach ihren jeweiligen Mamas benannten, Mary Maxwell und Beatrice Dworkin. Mit Glück, Geschick und mehr als nur ein bisschen Trickserei schufen sie den weltweiten Standard für Personal-Computer-Betriebssysteme. Natürlich braucht man Standards.

Die Eisenbahngesellschaften wurden erst dann zu den ersten echten landesweiten Unternehmen Amerikas, als die Spurweite und die Gleislänge vereinheitlicht worden waren. Die Anwälte der amerikanischen Eisenbahngesellschaften setzten sich mit Erfolg für einen Standard ein, der auf dem durchschnittlichen Radstand einer Pferdekutsche basierte (und der errechnete sich aus der durchschnittlichen Breite zweier Pferdehintern).

Gates und Ballmer kauften einem Unternehmen aus Seattle ein Betriebssystem für Personal Computer ab, stibitzten einen Teil vom damaligen Marktführer und vermengten die beiden Codes mit noch ein paar anderen zu der Software, mit der dann IBMs Personal Computer liefen; sie waren mit von der Partie, als IBM den PC-Hardware-Standard etablierte und besaßen dann den De-facto-Software-Standard und unterwarfen den Rest der Branche ihrem Willen.

Ein Analyst bezeichnet Microsoft als „Steve und Bill Show". Ein ehemaliger Vizepräsident der Gesellschaft spricht von der „Persönlichkeit Gates und Ballmer". Auch wenn Gates und Ballmer die meiste Zeit wie eine Einheit handeln: Wenn sie sich trennen, geschieht es nach einem festen Muster. Gates ist der Techniker und Stratege, der Oberbefehlshaber. Ballmer ist der Geschäftsmann, der Taktiker, der Feldmarschall. Gates führte die Verteidigung im Antitrust-Prozess, während Ballmer das Unternehmen führte. Gates ist das Ego von Microsoft, Ballmer ist seine Identität. Gates ist ein „Bilanz"-Typ, Ballmer ist der Typ „Gewinn-Verlust-Rechnung". Ein früherer Konkurrent, Ray Noorda von Novell, nennt die beiden „Perlen-Gates und Balsam-Ballmer: Der eine verspricht dir den Himmel, der andere bereitet dich für das Begräbnis vor." Ein früherer Mitarbeiter: „Gates mag wirklich schlaue Menschen, Punkt. Er mag Menschen, die etwas auf die Reihe kriegen." Normalerweise entscheidet Gates, wo Microsoft hingeht, aber Ballmer tüftelt aus, wie es dorthin kommt. Captain Picard und Commander Ryker ohne Raumschiff. Butch Cassidy und Sundance Kid, nur ohne Charme.

Es wurde viel geredet über Gates' Bewunderung für Napoleon I., das mathematische Wunderkind, das General wurde und mit seinem Versuch die Welt zu beherrschen in Waterloo scheiterte. Der Kartellrichter Thomas Penfield Jackson sagte gegenüber Ken Auletta von *The New Yorker*, Gates „hat selbst ein napoleonisches Bild von sich und seinem

Unternehmen" und er wünschte, er könnte Gates dazu zwingen, ein Buch über Napoleon zu schreiben, damit er seine eigenen Fehler in denen Napoleons erkennen könnte.

Ein Teil von Ballmer ähnelt weniger einem General vom Typ Napoleons als einer Kombination aus den echten und erdichteten Truppen, wie sie 1831 in dem französischen Theaterstück La Cocarde Tricolore in der Figur des Nicholas Chauvin verkörpert wurden. Chauvin ist strammer Loyalist und zeichnet sich durch übertriebenen Patriotismus, übertriebene Hingabe sowie gelegentlich blinden Glauben an Napoleon aus. Immer wieder ruft Chauvin anlässlich einer Schlacht der Franzosen bei Algier aus: „Ich bin Chauvin! Ich bin Franzose! Ich schlage die Beduinen!" Chauvin hat bis heute in dem Wort chauvinistisch überlebt, dem oft das Wort männlich vorangeht und das Wort Schwein folgt. Chauvinismus bedeutet eigentlich „eine Haltung der Überlegenheit gegenüber dem anderen Geschlecht" oder „unpassende Parteilichkeit oder Bindung an eine Gruppe beziehungsweise einen Ort, zu dem man gehört oder gehört hat". Beide Bedeutungen beschreiben Charakterzüge von Ballmer und des Microsoft-Kultes oder der Microsoft-Kultur, je nachdem wie man es sieht. Täuschen Sie sich nicht, Microsoft ist Ballmers Reich, und seine Handlungen geschehen in Fahnentreue zu dem flaggenähnlichen Windows-Logo.

Aber es gibt noch mindestens zwei andere Steve Ballmers.

Ballmer, der gute Junge, sein höheres Selbst, war der fast perfekte Student und hilfsbereite Klassenkamerad, der Vollzeitstipendien für die Vorbereitungsklasse, für Harvard und schließlich für Stanford gewann. In seiner Schulklasse an der Detroit Country Day School hielt er als beliebter, wenn auch etwas unbeholfener, Sprecher die Abschiedsrede. Der Direktor sagte mir: „Jeder Lehrer ist stolz, wenn er jemanden wie Steve hat. So jemand wird zum Lieblingsschüler, ehrlich." Er war der hingebungsvolle Sohn, der dafür sorgte, dass sein in recht bescheidenen Verhältnissen lebender Vater 1986 anlässlich des Börsengangs von Microsoft Aktien im Wert von mehr als einer Million US-Dollar erhielt.

Er hielt zwölfstündige Nachtwachen, als seine Eltern an Lungenkrebs starben. Er ist auch der unprätenziöse, mit beiden Füßen auf dem Boden stehende Firmen-Schlachtenbummler, der auf der Bühne alle Hebel in Bewegung setzt, um etwas nachdrücklich zu betonen, selbst wenn es darum geht, so laut „Uin-dous! Uin-dous! Uin-dous!" zu schreien, dass seine Stimmbänder in Mitleidenschaft gezogen werden.

Er ist bekannt dafür, dass er seine Mitarbeiter dazu bringt, tief in sich zu gehen und das absolut Beste zu geben, wenn schon nicht für sich selbst, dann für ihn. Douglas Coupland erwähnt in seinem Roman Microserfs den „Ballmer-Schrein" eines Angestellten. Es gibt den Ballmer, der ausschließlich Ford fährt, vor allem weil sein Vater bei Ford gearbeitet hat. Er vergisst weder jemals, wo er herkommt, noch vergisst er je die Menschen, die ihm auf seinem Weg geholfen haben. Es gibt den Ballmer, der entscheidend dazu beigetragen hat, dass mehr als 10.000 Microsoft-Angestellte Millionäre wurden; den Ballmer, der – wenn Sie ihn zum Freund haben – der beste Freund ist, den Sie je hatten; der Ballmer, der seiner jüdischen Herkunft selbst dann nicht den Rücken gekehrt hat, wenn es ihm Vorteile gebracht hätte; den loyalen Onkel-Bill-Fan, der sich für Gates erschießen lassen würde – und für ihn selbst abdrücken würde. Aber es gibt natürlich auch den bösen Buben Ballmer, die niedrigeren Gefilde seiner Seele. Dieser Ballmer kündigte das kurz bevorstehende Erscheinen von Software an, obwohl im vollkommen klar war, dass es noch Jahre dauern konnte. Er wusste, dass IBM gezwungen worden war, diese Geschäftspraxis aufzugeben. Mit diesem kühl kalkulierten Schachzug wollte er das Interesse der Microsoftkunden an Konkurrenzprodukten abzuwürgen. Ballmer verkündete, es gebe „Chinese Walls" zwischen Microsofts Betriebssystem-Monopol und der Abteilung Anwendungsprogramme, obwohl es nichts dergleichen gab.

Es gibt den General-Sherman-Ballmer („Krieg ist die Hölle"), der die Plünderung von Konkurrenzprodukten mit der Einstellung „verklagt-uns-doch!" betrieb. Viele der Richter und Geschworenen, die die entsprechenden Streitigkeiten schlichten mussten, befanden Microsoft für schuldig. Er war der rücksichtslose, reuelose Serienvergewaltiger von Unternehmen wie Stac Electronics, der Unternehmensschläger, der den militärisch geplanten Feldzug gegen jegliche Bedrohung der Marktanteile von Microsoft leitete, der die Taktik der verbrannten Erde anwendete und keine Gefangenen machte, der letzten Endes unterwegs die WordPerfect Corporation und viele andere Unternehmen auslöschte. Als der böse Bube Ballmer mit einem anderen ehemaligen Partner, IBM, verhandelte, ließ der Hardwaregigant die Räumlichkeiten putzen und fand dabei Wanzen – Abhörgeräte.

Ballmer preist regelmäßig Produkte, die er persönlich für schwer fehlerhaft hält, als „großartig" an. Trotz der überwältigenden Indizien beharrt er darauf, dass seine Gesellschaft kein Monopol inne habe und „absolut nichts Unrechtes" getan habe; und er erwartet, dass man ihm vertraut. Und dann gibt es noch den stimmgewaltigen, dumpfen Bullen Ballmer, der einen Angestellten angebrüllt hat: „Sie verdammter Idiot! Wie konnten Sie diese verflucht blöde Entscheidung treffen? Was zum Teufel haben Sie sich eigentlich dabei gedacht?" Und dann gibt es da noch die dunkle Seite von Ballmer, die einen Kunden, der einen Vertrag mit dem Rivalen Netscape unterzeichnet hatte, drohend andonnerte: „ENTWEDER SIND SIE FÜR UNS ODER GEGEN UNS, UND JETZT SIND SIE UNSER FEIND!"

Ballmer ist ein weites Feld. Er enthält eine Menge Personen.

Man versteht all die Ballmers besser – auch wenn man kein Mitleid mit ihnen hat –, wenn man weiß, dass er ähnlich wie Abraham Lincoln, Ted Turner und mehr als zweieinhalb derzeit lebende Amerikaner bipolares Verhalten zeigt. In der Öffentlichkeit erscheint er zwar selten depressiv, aber er ist eine manische Persönlichkeit, die ihre extreme Manie dazu einsetzt, mit einer für andere unerträglichen Arbeitsbelastung zurechtzukommen; allerdings haben ihn seine Zweifel auch schon knapp davor gebracht, das Unternehmen zu verlassen, das er betreibt, braucht und liebt.

Steve Ballmers Leben ist die Geschichte, wie ein Opfer zum Täter wird, wie übertriebene Tugend zum Laster wird und wie ein Produkt und ein Vertreter des Besten, was Amerika zu bieten hat – der „Ameritokratie" – nach und nach Flecken bekommt.

Sie zeigt, wie Ballmers akademischer, geografischer und religiöser Hintergrund sowie sein Temperament ihn in die einzigartige Lage versetzt haben, den phänomenalen Anstieg der Benutzung von Personal Computern in den vergangenen 25 Jahren auszubeuten. Sie handelt davon, wie Ballmer (wie er selbst zugibt) die Geschäfte von seinem Vater lernte, wie er mehrere Schülermannschaften und -Zeitungen managte, von seinen anderthalb Jahren bei Amerikas bester Marketinggesellschaft Procter & Gamble, von seinen zehn Monaten an der Stanford Business School und von der Arbeit bei Microsoft.

Wie bei den meisten Kindern entfaltete sich die betriebsame, wachsende Verwirrung der Welt vor Ballmer in Form der Erfahrungen seiner Eltern. Für Ballmer und die Microsoft-Moleküle, auf die er wirkt, hat dies besondere Bedeutung. Bea, seine jüdische Mutter, wuchs mitten im amerikanischen Antisemitismus auf. Sein protestantischer Vater Fritz (später Fred) Ballmer ging von einer Schweizer Universität ab und lernte die internationale Geschäftswelt kennen, als er nach dem Zweiten Weltkrieg unter widrigen Umständen in Deutschland für die Amerikaner arbeitete.

Als der Technologie-Kolumnist und Brummbär John Dvorak im Januar 2000 auf die Ähnlichkeiten der Antitrust-Verhandlungen gegen Microsoft mit den Nürnberger Prozessen hinwies, hatte er damit tatsächlich mehr Recht, als er selbst wusste. Nur wenige wissen, dass der oberste Strafverfolger der Nürnberger Prozesse, U.S. Supreme Court Justice Robert Jackson, zwei Jahre lang der Antitrustabteilung des Justizministeriums vorgestanden hatte. Seine große Leidenschaft war es, führende deutsche Industrielle und Finanziers der Konspiration mit Hitler zur Abschaffung des Wettbewerbs zu überführen. Eine andere schräge Verbindung besteht durch Ballmer, dessen Vater Fritz sich seine Einwanderungserlaubnis für die Vereinigten Staaten dadurch erschlich, dass er unter Richter Jackson bei dem ersten Nürnberger Prozess als Rechercheur in der Wirtschaftsabteilung arbeitete; er studierte die Methoden der Nazis und dokumentierte das Innenleben des Wirtschaftswunders im Dritten Reich. Er legte den Schurken den Strick in Form ihrer eigenen Worte um den Hals.

Man kann Ballmers Geschichte vor dem Hintergrund des Niedergangs zweier Städte betrachten: Detroit und Seattle. Ballmer und ich wurden Mitte der 50er-Jahre in der Region Detroit als einzige Söhne von Vätern geboren, die bei der Ford Motor Company arbeiteten. Wir schlossen im Abstand von einem Jahr die Schule der gleichen Vorstadt ab, wo wir beide unsere Basketballmanschaften gemanagt hatten.

Beide verließen wir Michigan Anfang der 70er-Jahre, und beide leben wir jetzt in Seattle. Obwohl ich schon seit fünf Jahren hier wohne, habe ich erst anlässlich des Beginns meiner Recherchen für die vorliegende Biografie festgestellt, wie sehr die Bürger von Seattle ihren Wallstreet-Trumpf beschirmen. David Bank, ein Reporter des *Wall Street Journal*, bekam sogar eine Morddrohung, als er in Seattle eine Lesung seines leicht kritischen Textes „Breaking Windows" abhalten wollte; also mischten sich Polizeibeamte unter die Zuhörer.

Dieser zeitweise hochnäsige Protektionismus erscheint fast verständlich, wenn man bedenkt, dass die 2,2 Milliarden Microsoftaktien, die sich im Besitz von Einwohnern der Rainy City befinden, schon einmal 260 Milliarden US-Dollar wert waren. Wenn man die Anteile von Gates, Ballmer und Allen herausrechnet, dann ist der durchschnittliche Anteil, den ein Bewohner von Seattle an Microsoft hält – vom Obdachlosen bis hin zu dem Milliardär Jeff Bezos –, gut 25.000 US-Dollar wert, sogar nachdem die Neuer-Boss-Wirtschaft sich wieder auf die Genau-wie-der-alte-Boss-Wirtschaft reduziert hat. Wichtig war vor allem, dass Microsoft das Geld hatte, weniger wichtig war es, wie das Unternehmen dazu gekommen war – frei nach dem Motto: Einem geschenkten Gaul schaut man nicht ins Maul. Und wenn man die richtigen Leute kennt, bekommt man als Seattler das Paket Microsoft Office XP, das im Einzelhandel 579,- US-Dollar kostet, im Werksverkauf für 100,- Dollar. Für Word und Windows gibt es vergleichbare Preisnachlässe.

Selbstverständlich schloss sich der Bundesstaat Washington der Antitrust-Klage von zwanzig anderen Bundesstaaten nicht an. Und in Seattle denkt man in gewissen Momenten, dass die ganze Sache von ein paar weinerlichen Trallala-Kaliforniern angezettelt wurde, die sich über die Geschäftspraktiken von Microsoft beschwert haben, und wer kümmert sich schon um deren Meinung?

Ein örtlicher Journalist betrieb in den 90er-Jahren, als viele Kalifornier übersiedeln wollten, eine Kampagne unter dem Motto „Lasst die Gammler draußen". Er gab ihnen auch die Schuld an der immensen Preissteigerung am Wohnungsmarkt (ein Komiker, der den Wohnsitz gewechselt hat, bemerkte einmal, dass in Kalifornien seine Haut gebräunt und seine Zähne weiß waren. Nachdem er in das wolkenverhangene Seattle gezogen war und viel Kaffee zu sich nahm, waren seine Zähne gebräunt und seine Haut weiß). Fremde bezeichnen Seattle manchmal als provinziell, was durchaus stimmen kann, und die vorherrschende halbwegs entspannte Mentalität kennt man auch als „Seattle-Lethargie".

Seattle ist es schon seit langer Zeit müde, immer als Stiefkind von San Francisco betrachtet zu werden, und praktisch schon seit Gründung der Stadt überlegt man hier, wie man sich von „Baghdad by the Bay" das beste abschauen kann. Wenn Microsoft einmal nicht überdurchschnittliche Profite aufgrund von Erfindungen Dritter aus der Region San Francisco erzielt, dann pflegt man die hundertjährige Seattler Tradition der Rüpelhaftigkeit.

Als im Jahre 1896 am Yukon etwa tausend Meilen weiter im Norden Gold gefunden wurde, steckte Seattle seinen Claim ab und landete einen riesigen Public-Relations-Coup. Die Stadt verkaufte sich als idealer Ausgangspunkt für Goldsucher, als sich ein Schiff mit Gold im Wert von 200.000 Dollar auf dem Weg nach San Francisco in den Hafen von Seattle verirrte. Die Stadtväter verkündeten freudestrahlend die Ankunft des Schiffes. Das ist eine weit verbreitete Geschichte. Dann übernahm Seattle das Goldrausch-Geschäftsmodell von San Francisco, mit Spaten und allem im Levi-Strauss-Stil und profitierte von der Verkaufsprovision, wenn Goldgräber durch ihre Felsenjagd reich wurden. Wenn sie von den Goldfeldern zurückkamen, bot ihnen Seattle unter anderem das größte Freudenhaus der Welt sowie zahlreiche Saloons und Spielhöllen, alles in der Umgebung einer Straße, die den Begriff „skid row" für Vergnügungsviertel prägte. Alle mühten sich nach Kräften, den Goldgräbern die frisch gefundenen Nuggets aus der Tasche zu ziehen oder sie sogar ganz einfach auszurauben. Im Rah-

men dieser Geschichte kamen Microsoft und Steve Ballmer zur Reife.
Bevor ich mich auf Ballmer konzentrierte, war er Teil meiner Recherchen
für ein Gruppenportrait von sieben inzwischen bekannten Persönlichkeiten, die um 1971 in meiner Detroiter Vorstadt zu Hause waren. Ich schrieb
einen Brief an Ballmer und erhielt darauf eine E-Mail von seiner langjährigen Assistentin Debbie Hill. Miss Hill schrieb mir, es gebe noch keine
Biografie von „Steveb", aber das „wäre ein tolles Buch", und ich solle sie
wissen lassen, „wann ich die Interviews machen wolle". Als ich mich entschlossen hatte, die Biografie zu schreiben, kontaktierte ich Miss Hill, um
ein Treffen zu arrangieren. Sie meldete sich bei mir wenige Tage nachdem
Richter Thomas Penfield Jackson das Urteil zur Zerschlagung von Microsoft verkündet hatte, und teilte mir mit, dass Ballmer beschlossen habe,
die Interviews abzusagen. Sie sagte, Ballmer „sei es egal, wie genau das
Buch werde, er wolle es nicht geschrieben haben ... er wolle keine Aufmerksamkeit auf sich lenken". Diese Zurückhaltung passt zu vielem in
Ballmers Vergangenheit – in den Harvard-Jahresschriften aus der Zeit, als
er die Universität besuchte, fand ich kein Bild von ihm, und er begann
seine berufliche Laufbahn damit, dass er Gates an die erste Stelle setzte
(Mary Maxwell Gates und Beatrice Dworkin Ballmer). Die Zusammenarbeit Ballmers mit einem Biografen könnte zudem als ein Akt der Illoyalität
gegenüber seinem besten Freund betrachtet werden.
Microsofts Schwierigkeiten mit der Wahrheit werden manchmal noch üb-
erboten von den Werbungs-Wortkriegern und Propagandisten des Unternehmens. Journalisten, die über Microsoft berichten, bezeichnen die PR-
Leute des Unternehmens als „Verschleierer", „Gedankenpolizei" und „or-
wellisch". Autoren und Journalisten warnten mich, sie würden mich hin-
halten, sie würden „versuchen mich zu diskreditieren" und ich sollte sie
„nach Möglichkeit meiden". Ein Öffentlichkeitsarbeiter sagte dem Autor
John Heilemann beim Essen in der Microsoft-Kantine tatsächlich, dass
die Mitarbeiter kaum über den Prozess diskutierten. Und während der
Presseagent dies sagte, hörte Heilemann Mitarbeiter über genau dieses
Thema reden.
Im Gegensatz zu den meisten anderen Unternehmen gibt es bei Microsoft
keine schriftlich niedergelegten Verhaltensregeln oder ethische Regeln.
Der Manager Mike Maples scheiterte im Jahre 1998 mit dem Versuch,
einen solchen Kodex aufzustellen. Er sagte: „Ich finde die Prinzipien
nicht, die dafür sorgen würden, dass uns die Welt lieber mag." Der ehemalige Vizepräsident Cameron Mhyrvold sagte mir, auch er habe Gates
und Ballmer einen Kodex vorgeschlagen, aber sie hätten sich einem sol-

chen Schritt heftig entgegengestellt; das sei zu heikel. Der Schriftsteller James Fallows schrieb, nachdem er bei Microsoft als Berater gearbeitet hatte, das Unternehmen erinnere ihn an das Militär. Man sagt, der erste Gefallene des Krieges heiße Wahrheit. Nach allem, was ich weiß, ist der Begriff „Microsofts Geschäftsethik" ein Oxymoron. Das Motto von Microsoft scheint zu lauten: „In der Liebe, im Krieg und beim Verkauf von Software ist alles erlaubt." Und wenn du bei einem Unrecht erwischt wirst, leugne, schreie „nicht schuldig", gewinne Zeit und leugne dann weiterhin. Die einzige Verhaltensrichtlinie des Unternehmens liegt auf der Website www.microsoft.com unter „Living Our Values". Sie lautet: „Unsere Manager und Angestellten müssen jederzeit mit höchster Integrität handeln und sich von dem leiten lassen, was unseren Kunden gegenüber moralisch und richtig ist. Wir führen einen scharfen und fairen Wettbewerb." Recht so.

AD EINS:
Ballmer sagte Newsweek gegenüber: „Die Menschen sagen vieles über uns, aber es hat noch nie jemand gesagt, wir seien nicht vertrauenswürdig."

AD ZWEI:
Ballmer sagte einmal vor College-Studenten: „Wir arbeiten in absoluter Integrität."

AD DREI:
Emerson schrieb über einen Essensgast: „Je lauter er von Ehre sprach, je schneller zählten wir die Löffel."

Als ich schließlich durch den Propagandistengürtel von Microsoft durchgedrungen war und Ballmer in Aktion erlebte, war ich bass erstaunt. Ich hatte mir schon oft gedacht, wenn die Enthüllungsjournalistin Ida Tarbell mit John D. Rockefeller zusammengetroffen wäre, dann hätte ihre kritische Darstellung von Rockefellers Standard Oil mehr von der menschlichen Seite ihres raubtiergleichen Monopolisten gezeigt. Mein raubtiergleicher Monopolist hielt im Overlake Hospital in Kirkland einen Vortrag, ein paar Meilen von der Microsoft-Zentrale entfernt. Seine Ehefrau Connie, eine ehemalige Microsoftianerin, hatte einen Sack voll Geld für Overlake gesammelt, und das Gesundheitswesen ist ein Thema, das Ballmer am Herzen liegt. Nicht nur weil beide Eltern kurz zuvor an Krebs gestorben waren; auch mehrere Tanten, Onkel und Großeltern sowie eine berühmte Cousine,

Gilda Radner, hatten den Kampf gegen verschiedene Spielarten dieser Krankheit verloren.

Als ich im Hyatt in der Nähe von Microsoft in den Vortragsraum kam und Ballmer auf der Bühne sah, war das erste, was mir auffiel, dass er ähnlich wie Hillary Clinton nicht fotogen ist. Er ist zwar kein außergewöhnlich gut aussehender Mann, aber seine kräftigen Gesichtszüge, insbesondere seine tief liegenden, fast an einen Totenschädel erinnernden Augen, erscheinen leibhaftig sanfter als auf Fotos.

Frappierend fand ich auch seine Hände – riesige Hände, die sofort erschlafften, wenn sie nicht auf etwas zeigten, ähnlich wie Michael Jordans Zunge vor einem Korbwurf aus dem Mund hängt, so als würde jedes Quäntchen Energie in sein Gehirn fahren. Seine Hände sahen aus, als hätte man ihm die, mit denen er geboren wurde, amputiert und sie durch die Hände von André, dem Riesen ersetzt; übergroße Hände an einem Mann mit übergroßer Antriebskraft und übergroßer Loyalität. Das sind die Hände eines Menschen, von dem man sich gern beschützen lässt, Hände, um das zu schützen, was einem teuer ist, Hände, die zur Faust geballt Furcht einflößen können.

Steve Ballmer ist fast immer im Begriff, etwas zu verkaufen. In diesem Fall pries er von der Bühne herab die Wunder einer Gesundheits-Software von Microsoft mit der Bezeichnung Dr. Goodwell an, die sich noch im Entwicklungsstadium befand. Angeblich kann ein Arzt damit Diagnosen aus der Ferne stellen. Nachdem er geendet hatte, bewegte sich der sechs Fuß drei Zoll große Ballmer in dem freundlichen Publikum seiner Wahlheimat. Dabei verströmte er ein Gefühl von Freude und Zustimmung mit einer Geschmeidigkeit, die man bei seiner Statur nicht erwartet hätte, und dann posierte er mit Connie für die Kameras. Sein Anblick rief mir nicht John D. Rockefeller ins Gedächtnis, sondern etwas, das ich Jahre zuvor gelesen hatte, nämlich die Bemerkungen von A. E. Hotchner zum Anblick von Hemingway inmitten einer Menschenmenge. Ich fand später ein Exemplar von Hotchners Papa Hemingway und las die Passage, an die ich gedacht hatte:

„Er war massiv. Weder hinsichtlich der Größe, denn er war nur einen Zoll größer als sechs Fuß, noch hinsichtlich des Gewichts, sondern hinsichtlich der Wirkung. ... Er strahlte etwas aus – er war intensiv, elektrisch, aber unter Kontrolle, ein gezügeltes Rennpferd ... etwas an ihm frappierte mich – Freude: Mein Gott, dachte ich, wie er sich freut. Ich hatte noch nie jemanden mit einer derartigen Aura von Spaß und Wohlbefinden gesehen. Er strahlte das auch nach außen, und alle Anwesenden reagierten darauf."

Das ist der Ballmer, den viele Microsoftianer kennen und lieben, der Mann, den sie verfluchten, als er sie zu dem brachte, was sie als „Todesmärsche" bezeichneten, der Trainer, den sie bejubelten, als er sagte, „Zur Hölle mit Janet Reno", der Ritter, dem sie für eine Gewinn bringende Sache quasi in die Hölle folgen. Während Gates in vielerlei Hinsicht der faktische und geistige Kopf von Microsoft ist, ist Ballmer der Bauch des so genannten Biests aus Redmond, und seine Seele ist auch dessen Seele.

> TEIL 1 <

GROSSE ERWARTUNGEN

„Über Hans Gieberaths Begabung gab es keinen Zweifel. Die Lehrer, der Rektor, die Nachbarn, der Stadtpfarrer, die Mitschüler und jedermann gab zu, der Bub sei ein feiner Kopf und überhaupt etwas besonderes."

„Mit diesem gesteigerten Arbeitsfieber und Erkenntnisdurst trat dann ein stolzes Selbstgefühl zusammen."

In der Schule rät der Rektor Hans:

„So ist's gut, so ist's recht, mein Lieber. Nur nicht matt werden, sonst kommt man unters Rad."

HERMANN HESSE

> KAPITEL 1 <

AM ANFANG

Vor dreißig Jahren waren Detroit, wo der 15 Jahre alte Steve Ballmer aufwuchs, und das 2.300 Meilen entfernte Seattle, wo er schließlich landete, vollkommen verschiedene Orte. Die meisten Menschen in Seattle erinnern sich an Thanksgiving 1971 wegen eines Namens: D. B. Cooper. Es ist nach den Flugzeuganschlägen auf das World Trade Center und das Pentagon zwar schwer vorstellbar, aber D. B. wurde durch die friedliche, sanfte Entführung eines Northwest-Airlines-Flugzeugs auf dem Weg von Portland nach Seattle an jenem Thanksgiving-Tag zum Volkshelden. Auf dem Flug verlangte Cooper vier Fallschirme und 2.000 Dollar. Er zeigte einer Stewardess etwas, das wie eine Bombe aussah. Vertreter von Northwest gaben dem Piloten per Funk durch: „Wir geben ihm, was er verlangt." Das Flugzeug landete sicher auf dem Flughafen Seattle-Tacoma (Sea-Tac). Ein paar Stunden später, nachdem er die anderen Passagiere im Austausch gegen das Geld und die Fallschirme freigelassen hatte und das Flugzeug in südlicher Richtung flog, fuhr D. B. Cooper von Hand die hintere Treppe aus und sprang mit dem Fallschirm in die Wildnis Washingtons sowie in die amerikanische Folklore; er ward nie mehr gesehen. Als sich die Neuigkeit verbreitete, lobten viele den Luftpiraten, den manche als modernen Robin Hood bezeichneten. Die New York Times schrieb in einem Leitartikel: „Er war noch nicht so bekannt wie John Dillinger." Es folgten D. B. Cooper-T-Shirts sowie Bücher und Songs. Ein Professor bemerkte, D. B. Cooper habe „die Bewunderung der Öffentlichkeit durch einen kühnen Sieg in dem Kampf Mensch gegen Maschine gewonnen – ein einzelner Mensch besiegt zumindest vorläufig die Technik, die Unternehmen, das Establishment, das System." Der Name D. B. Cooper begrüßte das erwachende Amerika am Thanksgiving-Tag 1971, sehr zum Kummer von Henry Ford II. Am Vortag hatte „Hank the Duce" seine Pläne verkündet, im Zentrum von Detroit für 200 Millionen US-Dollar eine Ansammlung von Büros und Geschäften zu bauen, die er optimistisch „Renaissance Center" nannte. Aber D. B. Cooper stahl ihm die Titelschlagzeile in der *Detroit Free Press*. Nicht wenige von Fords Kunden waren genauso verärgert wie er, aber sie zielten damit eher auf seine Produkte. Der Ruf der Zuverlässigkeit des Unternehmens war so weit gesunken, dass es hieß, die Buchstaben FORD stünden für „Fixed Or Repaired Daily" (Täglich geflickt oder repariert). Im gleichen Jahr war ein Kunde namens Eddie Campos mit seinem Lincoln Continental auf die Wiese vor einem Fordwerk gefahren, hatte ihn mit Benzin begossen und angezündet. „Ich habe fünf Jahre gespart, damit ich mir diesen Neuwagen kaufen konnte", sagte Campos, „und er entpuppte sich als Kuckucksei. Ich habe ihn zehntausend Mal zur Reparatur in die Werkstatt gebracht, und alle haben mich ausgelacht – die Händler und die Leute von Ford. I couldn't get no satisfaction." Ein anwesender Deputy Sheriff beschrieb Campos als „vollkommen nüchtern, vollkommen vernünftig und völlig angewidert." Dreißig Jahre später könnten mehr als nur ein paar Kunden, Konkurrenten und Mitarbeiter von Microsoft ein Lied davon singen.

Aber obwohl Ford größtenteils mittelmäßige Autos samt größtenteils mittelmäßigem Kundendienst verscherbelte, schaffte es das Unternehmen in jenem Jahr, in Nordamerika 2,4 Millionen Stück davon zu verkaufen. Ein weiteres Highlight war die Tatsache, dass im Juli jenes Jahres ein Ford, der Lunar Rover, auf dem Mond fuhr. Und die Ford-Anwälte waren mit den Argumenten glücklich, die sie eine Woche vorher vor dem U.S. Supreme Court vorgebracht hatten, um ein Sherman-Antitrust-Urteil wegen Unterdrückung des Wettbewerbs auf dem Zündkerzenmarkt zu kippen. Sieben Monate später bestätigte der Oberste Gerichtshof das Urteil. In Detroit und bei Ford war all das jedermann wohlbekannt.

Detroit war aus vielen Gründen in guter Stimmung, vor allen Dingen weil sich die Stadt auf dem Gipfel des Wirtschaftsaufschwungs nach dem Zweiten Weltkrieg befand. Der relative Wohlstand und der Einfluss Detroits sollten nie wieder so groß sein wie damals. Die Automobilverkäufe in den USA erreichten Rekordstückzahlen von über zehn Millionen (während Rolls Royce bankrott machte). Es waren die letzten Tage des Goldenen Zeitalters von Detroit. Nachdem die Autohersteller ein Vierteljahrhundert zuvor die Konkurrenz aus Deutschland und Japan buchstäblich ausgebombt hatten, mussten sie jetzt praktisch ohne Gewinn arbeiten. Aber bald sollten sie einen Weg finden.

Das restliche Amerika befand sich im Gegensatz dazu in einer Rezession, und die Region Seattle litt darunter, dass der Kongress die Subventionen für das Zukunftsflugzeug gestrichen hatte, den Überschalltransporter SST (supersonic transport). Obwohl die Stadtoberen Boeings Bemühungen, den SST zur Produktionsreife zu bringen, so weit unterstützten, dass sie ihrer einzigen in einer höheren Liga spielenden Mannschaft, nämlich dem in der National Basketball Association aktiven Team den Namen SuperSonics gaben, brachte die Kürzung der Bundesmittel zusammen mit den rückläufigen Bestellungen für die Boeing 747 Seattles größten Arbeitgeber ins Trudeln. Boeing entließ mehr als 60.000 Arbeiter, um zu vermeiden, dass das Unternehmen wie der Rivale Lockheed im gleichen Jahr an den Rand des Bankrotts geriet. Der so genannte „Boeing Bust" rief eine derartige Abwanderungswelle hervor, dass zwei Seattler eine große Reklametafel mieteten und darauf die Frage erscheinen ließen: KÖNNTE DER LETZTE, DER SEATTLE VERLÄSST, BITTE DAS LICHT AUSMACHEN? Aber aus irgendeinem Grund hielt dieser Rückgang drei grammatikalisch problematische Absolventen der University of Washington nicht davon ab, am Pike Place Market ein kleines Café zu eröffnen. Im Gedenken an die Seefahrertradition von Seattle benannten sie das Café nach dem Obermaat aus Moby Dick. Das war der Beginn von Starbucks.

Drüben in Michigan trotzten mehr als 500.000 Detroiter der Kälte von minus 28 Grad und säumten die Straßen des Stadtzentrums, um die alljährliche J. L. Hudson Thanksgiving Parade zu sehen. Millionen von Zuschauern verfolgten die landesweite Live-Übertragung des Ereignisses durch CBS am Fernsehbildschirm. Es war sozusagen „CBS-Tag in Detroit". Vier Stunden später übertrug der Sender das alljährliche Thanksgiving-Spiel der Detroit Lions, und um 22:00 Uhr strahlte CBS Reports einen Bericht aus, den die *New York Times* als „hervorragende, mitreißende und absolut sehenswerte Dokumentation" über Eltern, Kinder und die vom Wettstreit geprägte Detroiter Vorstadt Birmingham bezeichnete.

Zehn Tage zuvor hatte Intel, ein kleiner kalifornischer Hersteller von Computerkomponenten, fernab der CBS-Kameras im Stillen eine Entwicklung verkündet, die das wichtigste elektronische Gerät der zweiten Hälfte des 20. Jahrhunderts werden sollte: den Computerchip. Der Intel-Mikroprozessor 4004 enthielt eine zentrale Recheneinheit (CPU), die einen Achtelzoll breit und einen Sechstelzoll lang war – etwa so groß wie Marilyn Monroes Schönheitsfleck – und mehr Rechenkapazität hatte als der erste, lastwagengroße elektronische Computer ENIAC, der 25 Jahre vorher gebaut worden war.

Einer der Menschen, die später am meisten von dieser Erfindung profitieren sollten, der pausbäckige und begeisterungsfähige Steve Ballmer, beging derweil den Feiertag mit seinem Vater Fred, seiner Mutter Bea und seiner dreizehnjährigen Schwester Shelly in ihrer Detroiter Vorstadtwohnung in Farmington Hills. Steve hatte schulfrei, und zwar von dem örtlichen College und von der Vorbereitungsschule Detroit Country Day School in Birmingham. Fred nahm sich von seinem Buchhalterjob bei Ford Urlaub, während Bea und Shelly kochten. Alles war so, wie es sein sollte. Und sie hatten gute Aussichten für das Leben.

Frederic Henry Ballmer war 1923 in dem kleinen Dorf Zuchwil in der nördlichen Schweiz als Fritz Hans Ballmer geboren worden, dreieinhalb Meilen südlich des Schweizer Dorfes Balm, 74 Meilen südlich des deutschen Dorfes Balm und rund 50 Meilen nordwestlich von Zürich. Als er 23 Jahre später an die US-Armee schrieb „Ich möchte mich um eine Stelle bewerben" und „biete meine Dienste für eine Bundesanstellung im besetzten Deutschland an", hieß es in seiner Bewerbung: „Ich bin Deutschschweizer und habe sechs Jahre das Gymnasium in Beinne (in der französischen Schweiz) sowie fünf Jahre die Volksschule besucht. Danach besuchte ich die Zürcher Handelsschule (deutsche Schweiz) und schloss sie erfolgreich ab. [...] Ab dem Frühjahr 1944 studierte ich vier Semester am Tropeninstitut der Universität Basel und schloss das Studium erfolgreich mit einem Diplom in Landwirtschaft, Wirtschaftswissenschaften und Sprachen ab."

Fritz schloss die Bewerbung mit den Worten : „[...] ich sehe Ihrer Antwort mit Freude und Interesse entgegen, und ich wäre Ihnen sehr verbunden, wenn Sie mich über Einzelheiten der Stellung informieren würden, für die ich mich bewerbe, über die Lebensumstände, die Möglichkeit amerikanischer Staatsbürger zu werden, das Gehalt und wann ich die Arbeit antreten kann." Es war klar, was er wollte: Er wollte nach Amerika gehen. Die Gründe dafür sind allerdings etwas komplizierter.

Am 8. März 1945 hatte Fritz in Beale in der Schweiz Dolores Koepf geheiratet. Sieben Monate später, am 13. September, entband Dolores eine Tochter, Kay Katharina Kutz. Als Fritz sich für die Arbeit bei der Armee interessierte und dann nach Amerika gehen wollte, war gerade die Scheidung von Dolores vor einem Schweizer Gericht im Gange. Die Scheidung wurde am 19. Juni 1946 gewährt, und es wurde bestimmt, das Fritz Unterhalt zahlen müsse.

Der Zweite Weltkrieg war ein Jahr davor zu Ende gegangen, und es gab zahlreiche Möglichkeiten, den siegreichen Alliierten zu helfen; nicht nur bei der Umsetzung des Marshall-Plans, gemäß dem die Volkswirtschaften mehrerer Staaten Europas wieder aufgebaut werden sollten, sondern auch bei der schwierigen Frage, wie man die besiegten Deutschen bestrafen sollte. Fünfzig Jahre später sprechen die gleichen Argumente wie damals für beziehungsweise wider eine Verfolgung und Bestrafung von Microsoft. Die Frage nach der Bestrafung war 1943 aufgetaucht, angeblich während eines Wetttrinkens des Diktators Joseph Stalin und des britischen Premierministers Winston Churchill. Stalin hatte vor dem Krieg Hunderttausende Offiziere der Sowjetarmee umgebracht, weil sie anscheinend seine Macht bedrohten.

Daher passte es zu ihm, dass er vorschlug, einfach die obersten 50.000 Nazis abzuschlachten. Churchill gab zurück, eine zivilisierte Gesellschaft könne so etwas nicht tun. Stalin konterte, man könne ja zuerst Gerichtsverhandlungen abhalten und dann die obersten 50.000 Nazis erschießen. Nach dem Krieg wurde das International Military Tribunal (IMT) eingerichtet, das sich aus französischen, britischen, sowjetischen und amerikanischen Vertretern zusammensetzte. Präsident Harry Truman ernannte U.S. Supreme Court Justice Robert L. Jackson zum Chefermittler. Richter Jackson war sich der Schwierigkeiten vollkommen bewusst, vor denen das Gericht stand, nicht zuletzt weil Deutsche nach Gesetzen vor Gericht standen, die nicht galten, als die ihnen zur Last gelegten Verbrechen begangen wurden. Viele dachten, das Gericht würde nur die Schauprozesse liefern, die Stalin vorgeschlagen hatte, es würde die Mehrzahl der Beschuldigten verurteilen und ein paar freisprechen, um seine Legitimität zu beweisen. Jackson und seine Mannschaft wandten jedoch auf sorgfältige Weise internationales und deutsches Recht an, um eine gesetzliche Basis für die Strafverfolgung zu schaffen.

Auch der Ort der Verhandlungen wurde mit Bedacht gewählt. Nürnberg war eines der Ziele für die Bombenteppiche der Alliierten gewesen, eine Strategie, die unter Beteiligung von Physikern wie Freeman Dyson (Vater von Computerguru Esther Dyson) umgesetzt und in Romanen wie Slaughterhouse Five von Kurt Vonnegut schonungslos fiktionalisiert wurde. Noch wichtiger war es, dass Nürnberg eine Hochburg des Nazi-Nationalismus gewesen war; dort waren die berühmten Nürnberger Versammlungen abgehalten worden, und dort waren 1935 die niederträchtigen Nürnberger Gesetze verabschiedet worden, die den Juden einen rechtlichen Status verliehen, der dem amerikanischer Sklaven im Jahre 1835 vergleichbar war. Das, was wir heute als Nürnberger Prozesse kennen, waren in Wirklichkeit ein Dutzend Verhandlungen mit 190 Angeklagten. Die ersten Ermittlungen schufen den Rahmen und die rechtlichen Grundlagen für die weiteren Prozesse. Die vordringlichste Frage bestand darin, wen man weswegen anklagen sollte. Wenn die Leitung eines Unternehmens für schuldig befunden wurde, konnte später allen Firmenangehörigen der Prozess gemacht werden. Durch seine zwei Jahre als Leiter der Antitrust-Abteilung des Justizministeriums und durch seine zwei Jahre als General-Bundesanwalt war Richter Jackson auf die Tücken solcher Verhandlungen gut vorbereitet. Er wollte, dass Hitlers Helfer den vollen, wenn auch nicht unbedingt den allerletzten Preis für ihre Profite und Geschäftspraktiken bezahlten.

Nach langen Untersuchungen wurde ein wirtschaftsrechtlicher Vorwurf gegen deutsche Geschäftsleute und Nazis formuliert. Jacksons Assistent Francis Lewis schrieb in einer internen Mitteilung:

„Die Industrie- und Finanzbosse, denen die von Hitler geplante Verschwörung bekannt war, wurden dadurch zu Komplizen und wurden dafür reichlich entlohnt. Sie gaben Hitler finanzielle Mittel, um seine Macht zu sichern, sie arbeiteten zusammen, um den Import zu begrenzen, sie horteten Rohstoffe und Produkte, die für die Kriegswirtschaft unentbehrlich waren, sie stellten ihre Infrastruktur im Ausland zum Zwecke der Propaganda und der Spionage zur Verfügung, und sie schränkten die Produktion kriegswichtiger Güter im Ausland ein. Als Gegenleistung wurden Juden und Angehörige anderer Minderheiten aus dem Wettbewerb ausgeschaltet, und es standen billige Arbeitskräfte aus den Konzentrationslagern für ihre

Fabriken zur Verfügung. Nach Ausbruch des Krieges konnten sie Arbeits-
brigaden einsetzen, die in besiegten Ländern „beschlagnahmt" zwangs-
verpflichtet worden waren und nahmen wissentlich Grausamkeiten wie das
Aushungern der Arbeitskräfte in Kauf; außerdem bekamen sie die Kontrolle über die Industrie der eroberten Länder."

Der Nürnberger Ermittler stellte fest: „Der Beweis der Strafbarkeit hing
von Indizien dafür ab, dass die der Wirtschaftskriminalität Angeklagten
ausreichende Kenntnis von Hitlers Plänen hatten und dass sie ausreich-
end an seinen verbrecherischen Absichten teilgenommen hatten; dann
konnten sie der Kollaboration mit den Naziführern ordentlich überführt
werden." Ein anderer Ermittler, der New Yorker Rechtsanwalt Colonel
John Amen, sprach sich gegen diese Vorgehensweise aus. Er sagte, die
Aufgabe bestehe darin, die hauptsächlichen Kriegsverbrecher zu überführen und dann nach Hause zu fahren, und nicht darin „die Wirtschaft Europas zu reformieren". Amen war der Meinung, Sheas Vorhaben würde
„die Sache aufblähen" und „aus einem Kriegsverbrecherprozess einen
Antitrust-Fall machen". Aber Richter Jackson war fest entschlossen. Jetzt
mussten sie es beweisen.

Da kam der sechs Fuß drei Zoll große und 195 Pfund schwere Fritz Ballmer, der nach Amerika wollte, gerade recht. Er sprach Englisch, Französisch, Deutsch, Niederländisch, Italienisch und Malayisch. Auf deutsch
stenografierte er 70 Wörter pro Minute und schrieb auf der Schreibma-
schine 50 Wörter pro Minute. Nach Abschluss der Handelsschule hatte er
in Zürich Führungen für amerikanische Soldaten auf Urlaub geleitet. Im
wurde klar, wie dringend seine sprachlichen Fähigkeiten gebraucht wurden, und in seinem Bewerbungsschreiben an das Armeekommando berief
er sich als Referenz auf drei Oberstleutnants und einen Major. Am 8. Juli
1946 wurde Ballmer eingestellt und dem Büro von Robert Jackson als
Wirtschaftsrechercheur zugeteilt. Er arbeitete im zweiten Stock des Justiz-
palastes, neben der Abteilung, die gegen die gefürchtete SS und die Ge-
stapo ermittelte (aus irgendeinem Grund war er unter den mehr als 8.000
Mitarbeitern des IMT einer der Wenigen, die in ihrem Ausweis für das Ge-
richtsgebäude kein Foto hatten). Er übersetzte nicht nur beschlagnahmte
deutsche Dokumente, sondern überprüfte sie auch auf Abschnitte, die verwendet werden könnten, um die Industriellen mit ihren eigenen Worten zu
überführen; damit stärkte er Jacksons Position und leistete Grundlagenar-
beit für die künftigen Verhandlungen.

Obwohl Nahrungsmittel und Wohnraum in Deutschland sehr knapp waren,
wurden die IMT-Mitarbeiter gut bezahlt und in den besten Unterkünften

untergebracht, zum Beispiel im Nürnberger Grand Hotel. Sie nahmen an Banketten teil und durften die Freuden der beschlagnahmten gut gefüllten Weinkeller und Likörregale genießen. Erst kämpften sie für die gute Sache, und dann feierten sie mit den zahlreichen alleinstehenden Sekretä rinnen und Schreibkräften. Es war, wie Telford Taylor schrieb, eine „Zeit der Festivitäten". Von den 22 Angeklagten der ersten Verhandlung wurden 15 zumindest eines der Vorwürfe schuldig gesprochen, vier wurden aufgrund der Antitrustgesetze bestraft, und zehn wurden gehängt. Die Galgen waren so schlecht gezimmert, dass die Gehängten erst nach 18 Minuten tot waren. Keiner der Anwesenden beklagte sich, außer denen, die erstickten. Der erste Nürnberger Prozess war das europäische Medienergeignis des Krieges schlechthin. Tausende von Journalisten aus Dutzenden von Ländern berichteten über die Verhandlung, darunter auch Walter Cronkite von United Press International. Auch wenn Cronkite mir sagte, er könne sich nicht daran erinnern, Fritz Ballmer kennen gelernt zu haben – der Chef der Nürnberger Presseabteilung, Oberst McConnell, kannte ihn sicherlich.

Fritz Ballmer wurde fünf Monate nach seiner Einstellung als überflüssig befunden und nach Augsburg versetzt.

Oberst McConnell rief den Kommandeur seines neuen Büros an und sagte ihm, „dass Herr Ballmer Nürnberg mitsamt seinem Zimmerschlüssel verlassen hat, dass er das Fenster eines Taxis zerbrochen hat, zwar versprochen hat es zu bezahlen, es aber nicht getan hat, dass er Nürnberg verlassen hat, ohne eine weitere Taxirechnung von 9,70 US-Dollar zu bezahlen und dass er 'auf jeden Fall froh ist, Herrn Ballmer los zu sein', weil er ständig Ärger macht und sich bei mehreren Gelegenheiten ungebührliches Verhalten hat zu Schulden kommen lassen." Ballmer hatte die Stadt gewechselt.

Aus Augsburg berichtete Oberstleutnant Carroll Gray, dass Ballmer einen wilden Silvesterabend verlebt hatte. Er schrieb insbesondere: „Am Abend des 31. Dezember 1946 wurde Herr Ballmer im Apollo Community Club in einem Zustand der Trunkenheit gesehen, in dem er sich nicht mehr wie ein Gentleman verhielt. Sein Verhalten und seine Handlungen waren derart, dass er gebeten wurde, den Club zu verlassen. Angesichts dessen wird gebeten, die Befehle an Herrn Ballmer zurückzunehmen. Diese Abteilung wünscht seine Dienste nicht." Da aber Ballmers Sprachkenntnisse gebraucht wurden, berichtete Grays vorgesetzter Offizier, Oberst Ellis, er habe „mit Ballmer gesprochen und ihm gesagt, wir würden keine Spirenzchen mehr dulden". Also blieb Ballmer, obwohl er den Zorn des Presseoffiziers gereizt hatte. Er wurde gebraucht. Aber auch andere waren hinter ihm her.

Vier Monate nach seiner Versetzung erreichte den Militärattaché in der amerikanischen Botschaft eine Anfrage von der Schweizer Wohlfahrtsbehörde in Basel, in der nach dem Aufenthaltsort von Ballmer gefragt wurde. Das Amt sorgte sich um Fritzens „geschiedene Frau (und deren) (sic) Kind von uns unterhalten werden muss". Sie wollten mit ihm sprechen „betreffs Zahlung der Alimente, wie in dem Scheidungsurteil bestimmt." Seine Personalakte enthält keine Belobigungen, und er bezog weiterhin den gleichen Sold, bis er vier Monate später wegen Schwarzmarkthandels verhaftet wurde. Gemäß der Geschichte, die Ballmer später Beamten der amerikanischen Einwanderungsbehörde erzählte, war er nach Artikel 96 verhaftet worden, wodurch er seinen Soldatenstatus verlor (als Zivilist in einem besetzten militärischen Gebiet galt für ihn militärisches Recht). Sein Sold wurde ausgesetzt. Aus seiner Personalakte geht nicht hervor, ob er interniert wurde, aber im Februar wurde er vor das Kriegsgericht gebracht und freigesprochen. Er wurde sofort entlassen und kehrte zwei Tage später in die Schweiz zurück.

Am 18. Oktober 1948 tauchte Fritz Ballmer in New York City auf einem Freiheitsschiff, der SS Ernie Pyle, aus Antwerpen auf (weder aus den öffentlich zugänglichen Akten der Central Intelligence Agency [CIA] noch aus denen der Vorläuferorganisation Office of Strategic Services [OSS] geht hervor, dass sie einen Fritz Hans Ballmer beschäftigten). Er ging sofort nach Detroit. Ballmer hatte im ersten Jahr drei verschiedene Jobs und fand dann eine Anstellung bei der Ford Motor Company. Ein gemeinsamer Freund machte ihn mit Beatrice Dworkin bekannt.

Man stelle sich den Eindruck vor, den der große, gut aussehende, redegewandte und weltläufige Fritz auf die niedliche Bea machen musste, die in Detroit geboren und aufgewachsen war. Nicht nur hatte er in der Schweiz und in Deutschland gelebt, sondern er hatte auch geholfen, die Hauptschuldigen am Massenmord von sechs Millionen ihrer jüdischen Glaubensbrüder vor Gericht zu bringen. Er war ein Held. Sogar die Amerikanisierung seines Namens war romantisch – aus Fritz Hans wurde Frederic Henry, die Hauptfigur in Hemingways A Farewell to Arms.

Beatrice Dworkin wurde am 7. September 1920 in Detroit als Tochter des in Russland geborenen Samuel Dworkin und der New Yorkerin Rose Orning geboren. Sie hatte zwei Schwestern und einen Bruder namens Irving. Irving erzählt die Geschichte so: „Sam war Flickschuster bei der zaristischen Armee. Er machte die besten Stiefel. Die Offiziere mochten ihn und behandelten ihn gut. Ihm wurde nicht die grobe Behandlung zuteil, die die Soldaten den Juden sonst meistens zukommen ließen. Er kam aus dem russischen Pinsk nach Amerika. Er kam über New York und begegnete meiner Mutter. Die Aufzeichnungen von Ellis Island zeigen, dass im Jahre 1898 ein Samuel Dworkin aus Russland mit seiner Familie dort ankam. Er war damals drei Jahre alt. Einige Zeit später zogen Sam und Rose Dworkin nach Detroit, wo sie auf die in den Kinderschuhen steckende Autoindustrie stießen.

Steve Ballmer stand seinem Großvater mütterlicherseits so nahe, dass er seinen ersten Sohn Sam nannte. Irving sagt: „Steve besuchte Sam jede Woche. Mein Vater liebte das lärmende Geschäftsgetriebe. Er liebte das bewegte Leben als Geschäftsmann. Wahrscheinlich bewunderte Steve ihn deswegen."

Irvings Frau, also Steves Tante Olga Dworkin ist eine freundliche, umgängliche und mitfühlende Frau, laut deren Aussage Steve in eine Kleinfamilie gehört und es gewohnt ist, im Zentrum der Aufmerksamkeit zu stehen. Eine der Familie nahe stehende Person sagt, dass Bea ihren Sohn Steve bevorzugte, der somit seine Schwester Shelly in den Schatten stellte. Sie blühte erst später auf, als sie an der University of Michigan Sprachen und an der University of Chicago Soziologie studierte.

Steve und Shelly Ballmer hatten keinen engeren Kontakt mit ihren Cousins zweiten Grades, den Radners, obwohl ihre Großväter Brüder waren. Ein Grund dafür mag sein, dass Herman Radner, der Beas Schwester Henrietta heiratete, etwas zwielichtig war. Seine Tochter, die Komikerin und Schauspielerin Gilda Radner, wuchs in wohlhabenden Verhältnissen auf, und schloss 1964 eine exklusive Mädchenschule in Gross Point ab. Gilda betete ihren Vater an. In ihrer Autobiografie schrieb sie: „In den 20er-Jahren kaufte er die Walkerville-Brauerei im kanadischen Windsor, von Detroit aus gesehen am anderen Flussufer. Dort wurden Whiskey und Bier hergestellt. Niemand aus der Familie spricht gerne darüber, und keiner würde mir etwas sagen, aber mir ist klar, dass man in Kanada während der Prohibition Bier produzieren und exportieren durfte. Ich weiß, dass mein Vater Ende der 30er-Jahre viel Geld hatte, und es gibt da eine Geschichte, dass ihn einmal ein paar Leute in einer dunklen Gasse entführen wollten und ihm bei der Flucht in das Bein schossen. Ich weiß nicht, ob das irgendetwas mit organisiertem Verbrechen zu tun hat. In der Depressionszeit machte er aus der Brauerei eine kostenlose Essensausgabe und ernährte Tausende von Menschen." Viele Detroiter Alkoholschmuggler wurden damals von der üblen Purple Gang beschützt, die durch den Elvis-Presley-Song „Jailhouse Rock" als gefährliche Bande unsterblich gemacht wurde.

Bea half ihrem Vater in seinem Handel mit Autoteilen. Schließlich arbeitete sie als Buchhalterin und Assistentin in dem kleinen Radlager-Handel von Hank Borgman. Borgman: „Bea war sehr gründlich und sachkundig. Sie arbeitete im Büro, und die Negermädchen – damals nannte man sie noch „Neger" – waren im Laden und ölten Radlager. Wenn Bea mit ihrer Arbeit fertig war, krempelte sie die Ärmel hoch, ging nach hinten und ölte ebenfalls Lager. Sie musste das nicht tun, sie wollte einfach helfen. Das ist etwas, das auch zu Steve passt – seine Arbeit erledigen und dann den anderen helfen, was immer dazu auch nötig sein mag. Bea war die beste Angestellte, die ich je hatte."

Hank Borgman war Trauzeuge bei Freds und Beas Hochzeit, und die beiden Familien fuhren häufig gemeinsam zum Campingurlaub an verschiedene Orte in Michigan. Borgman lacht, wenn er über die Hochzeit spricht: „Fred war so richtig alte Schule und kannte sich mit den amerikanischen Sitten nicht so aus. Er fragte mich, ob er den Friedensrichter bezahlen müsse, und ich sagte ihm, ein Trinkgeld von zehn Dollar für ihn und fünf Dollar für seinen Assistenten seien üblich. Fred gab dem Richter nach der Zeremonie eine Zwanzigdollarnote und wartete auf sein Wechselgeld."

Fred und Bea heirateten 1951. Im Jahr danach beantragte Fred die amerikanische Staatsbürgerschaft, wobei er pflichtschuldig die Unterlagen über seine Haft, das Kriegsgericht, seine erste Frau und sein Kind vorlegte. Paul Schneider und seine Frau Sharon unterzeichneten als Bürgen; sie sagten, dass sie Fred schon seit zwei Jahren kannten.

Aber laut den Notizen des Beamten, der die Anhörung durchführte, konnte sich Fred nicht entsinnen, ob in seinem Scheidungsurteil Unterhaltszahlungen für seine Exfrau oder sein Kind verlangt wurden. Außerdem sagte Fred, er glaube nicht, dass das Kind von ihm sei. Dass er die Bestimmungen des Scheidungsurteils nicht befolgte, hätte ein Ablehnungsgrund für Freds Antrag auf Staatsbürgerschaft sein können, aber seine zweite Ehe war geschlossen und gültig, und das besiegelte den Deal. Sein Name wurde formell in Frederic Henry Ballmer umgeändert.

Einer der Highschool-Lehrer von Steve Ballmer beschreibt Bea als „sehr sanfte, sehr freundliche" Frau und die religiöse Kraft in der Familie. Das Judentum ist eine mütterliche Religion, sie wird von der Mutter an das Kind weitergegeben. Dass ihr Ehemann bei Ford arbeitete, sorgte bei der in Detroit geborenen Jüdin für eine gewisse Anspannung. Die Sachbuchautorin Aviva Kempner, Gewinnerin des Peabody Award, beschreibt in ihrer Dokumentation „The Life an Times of Hank Greenberg", der Biografie des Baseballstars der Detroit Tigers, detailliert, dass Detroit in den 20er- und 30er-Jahren unter der Führung von Henry Ford das

Zentrum des amerikanischen Antisemitismus war.

Ford hatte nicht nur ein Buch mit dem Titel „The International Jew" geschrieben, in dem er den Juden die Schuld an allem gab, vom Ersten Weltkrieg bis zu den hohen Bankzinsen, sondern seine bekannten Ansichten über den Zionismus sorgten auch dafür, dass er als einziger Amerikaner in Hitlers „Mein Kampf" erwähnt wurde. Deutschland verlieh ihm 1938 ebenso wie Thomas Watson und Charles Lindbergh den Orden des Deutschen Adlers, die höchste zivile Auszeichnung.

Und als Lindberghs Bewunderung für die deutsche Militärmacht und seine antisemitischen Ansichten ihn vom ersten Medienhelden Amerikas zum ersten gewesenen Medienhelden Amerikas machten – als er seine Geheimnisträgerschaft verlor und zum Ausgestoßenen wurde, verschaffte ihm Ford eine Stellung im Werk Willow Run. Während des Krieges wohnte Lindbergh in dem nördlichen Detroiter Vorort Bloomfield Hills, nur eine Straße von Vater Coughlin entfernt.

Wie Howard M. Sacher in A History of Jews in America schreibt, wurde Charles E. Coughlin 1926 zum katholischen Priester geweiht und in die vorwiegend von der unteren Mittelklasse bewohnten Vorstadt Royal Oak entsandt; Royal Oak grenzt an Birmingham, und dies wiederum an Bloomfield Hills, wo Coughlin den Shrine of the Little Flower einrichtete. Er kaufte bei dem örtlichen Radiosender Sendezeit und machte die Sendung Golden Hour of the Little Flower. CBS übernahm die Show in sein Programm. Coughlin säte Misstrauen gegen die protestantische Ethik und gegen den Kommunismus. Dann machte er sich an die „Shylocks" der Wall Street, die nur hinter den Erträgen aus ihren Investitionen in Europa her waren. CBS nahm ihn aus dem Programm. Er kaufte sich Sendezeit bei anderen Sendern.

Im Jahre 1931 erreichte er mit seiner Golden Hour 26 Bundesstaaten und nahm monatlich mehr als 60.000 US-Dollar ein. Mit seiner Sonntagabend-Sendung erzielte er Hörerquoten von fast 40 Prozent und übertraf damit die beliebten Sendungen von Burns and Allen oder Amos 'n' Andy. Franklin Roosevelt empfing ihn sogar im Weißen Haus. Und dann gewann die dunkle Seite Coughlins die Überhand.

Coughlin hatte Roosevelts Entscheidung befürwortet, den Goldstandard abzuschaffen. Als dann enthüllt wurde, dass Coughlins Radio League of the Little Flower fast 500.000 Unzen Silber gehortet hatte, verunglimpfte Coughlin den Finanzminister und seine „jüdischen Kohorten", die sich „wie Dillinger" verhielten. Er sprach des Weiteren davon, dass „die Kuehn-Loebs, die Rothschilds" und die jüdische Verschwörung hinter dem Kommunismus und dem New Deal steckten. Er lobte Mussolini und befürwortete Hitlers Ambitionen.

Im Dezember 1937 übernahm er ganz platt die Nazipropaganda von der „Herrschaft des Weltjudentums". Er hetzte seine Jünger bis zur Raserei auf und ermutigte sie dazu, mit den „Verrätern" (das heißt, den Juden) „nach der Franco-Methode" zu verfahren. Das Justizministerium unter dem späteren Richter Robert L. Jackson ermittelte gegen Coughlin wegen Volksverhetzung und sorgte dafür, dass der Erzbischof Coughlin befahl, sich aus der Politik herauszuhalten. Die hasserfüllte Golden Hour wurde endlich zum Schweigen gebracht. Aber die Gefühle, die Coughlin entfacht hatte, lebten weiter. Aviva Kempner spricht vielen Juden der Region Detroit aus dem Herzen, wenn sie sagt, dass sie immer noch eine Gänsehaut bekommt, wenn sie am Shrine of the Little Flower in der Woodward Avenue in Royal Oak vorbeikommt, zehn Meilen vom Haus der Ballmers entfernt. Bea Ballmer war eine eifrige Leserin und half Steve bei seinen Hebräisch-Aufgaben. Ballmer erinnert sich, dass er „sehr schüchtern" war und Bauchweh bei dem Gedanken bekam, dass er in den Hebräisch-Unterricht musste. Bea beruhigte ihn und hielt ihn zum Lernen an. Steve: „Die Familie war ihr wichtig, und das kam allen zugute. Meine Mama unterstützte mich bei allem, was ich tun wollte. Sie war eine großartige Partnerin und Vertraute." Niemand kann sich daran erinnern, dass er je schüchtern gewesen wäre.

Steves Bindung an Bea und seine extreme Traurigkeit bei ihrem Tod 1997 stammen zumindest teilweise aus dem jüdischen Konzept des naches (schlag uns), dem jiddischen Wort für Freude, vor allem für die Freude von Kindern. Steve Silbiger führt in „The Jewish Phenomenon" aus, dass ein gewisser Typ von jüdischen Kindern zu „einer naches-Maschine wird und danach strebt, die Bedürfnisse der Eltern zu befriedigen, um erfolgreich zu werden. Der Nachteil dieser naches-Maschinen ist, dass ihr Selbstwertgefühl von ihrem beruflichen Erfolg abhängt. Wenn sie keinen materiellen Erfolg haben und nicht die entsprechende Anerkennung bekommen, glauben sie, dass sie nicht liebenswert seien, und führen ein unglückliches Leben. Da sich diese Erfolgsdefinition immer wieder verschiebt, ist Zufriedenheit für diese naches-Maschinen nur schwer zu erreichen."

Bis Thanksgiving 1971 hatte es Fred Ballmer vielen ehemaligen Detroitern gleich getan und war nach Norden gezogen. Fred und seine Familie wählten allerdings einen ungewöhnlichen Weg in die nördlichen Vorstädte – sie gingen zunächst nach Belgien. In den 60er-Jahren musste politisch klugen Fordangestellten klar sein, dass man dem internen Grabenkrieg des Man-

agements am besten fernblieb, wenn man weiterkommen wollte. Am besten arbeitete man bei Ford International. Fred schlug diesen Weg 1963 ein und nahm die Versetzung auf ein Gelände der US-Armee in der Nähe des NATO-Hauptquartiers in Brüssel an; seine Familie nahm er mit (die europäische Gemeinschaft verlegte ihren Sitz erst später dorthin). Als Kennedy ermordet wurde, waren die Ballmers in Belgien. Der junge Steve wurde in eine höhere Klasse versetzt und lernte perfektes Französisch. Die Familie sprach (und spricht) nicht viel über diese Erfahrung. Auf Hank Borgmans Frage, wie es in Brüssel war, antwortete Fred nur:
„Belgien wurde von den Franzosen, den Deutschen und den Russen überfallen. Die haben alle hübschen Mädchen mitgenommen, und jetzt sind kaum noch schöne Frauen übrig." Belgien war von den Nazis und von Napoleon überfallen worden. Waterloo liegt in Belgien. In Brüssel hat die Wettbewerbskommission der Europäischen Union ihren Sitz, die auch gegen Microsoft ermittelt. Die Familie hinterließ nach ihrer Rückkehr einen tiefen Eindruck.
Anstatt nach Oak Park zurückzukehren, sahen sich Fred und Bea im August 1966 in den nördlichen Vororten von Detroit nach einem Heim um. Sie entschieden sich für ein Haus im Kolonialstil mit drei Schlafzimmern in der Lynford Road, in dem neu benannten Viertel Lincolnshire Estates in Farmington Hills. Das Haus liegt einen Block von der Kreuzung Middlebelt Road und Eleven Mile Road entfernt. Zu jener Zeit war Farming Hills noch recht ländlich (es gab dort immer noch Farmen), und die Eleven Mile Road war nicht asphaltiert.
Die gesamte Nachbarschaft blickte mit großem Staunen auf die Umzugslaster der Ballmers, darunter einen Tieflader mit Kranaufsatz, der die Holzkisten mit ihrer Habe ablud, auf denen exotische Zollaufkleber zu sehen waren. So gut wie alle Nachbarn waren ebenso wie die Ballmers Erstbesitzer ihrer Häuser. Unter den Nachbarn der Ballmers befanden sich ein Walt Whitman und ein James Mason, die mit dem gleichnamigen Schriftsteller respektive Schauspieler weder verschwägert noch verwandt waren. Walt Whitman war Ingenieur bei Ford und wohnte 30 Jahre lang ein paar Häuser von den Ballmers entfernt. Whitman sagt: „Fred und Bea waren gute Nachbarn, höflich und freundlich. Sie hielten viel auf sich. Bea pflegte den Garten. Der Rasen und das Haus waren immer gut in Schuss. Mit uns Nachbarn hatten sie nicht viel zu tun. Steve war da anders, er spielte mit den anderen Kindern. Aber seine Schwester Shelly sah man nur selten.
Etwas irritierte mich an Fred eine Zeitlang. Ich kam jeden Morgen am Haus der Ballmers vorbei und sah, dass Freds Thunderbird in der Einfahrt

stand. Und er stand da auch jeden Abend, wenn ich nach Hause kam. Ich fragte mich, ob er je auf die Arbeit ging. Dann fand ich heraus, dass er im Werk Wixon arbeitete, das in westlicher Richtung lag. Er fuhr entgegen dem Berufsverkehr und war in ein paar Minuten auf der Arbeit, während ich immer rund eine Stunde in der Rush-Hour verbrachte. Nicht dumm, der Mann." Laut der Familienüberlieferung erstellte Fred Ballmer Finanzprognosen für höhere Fordmanager einschließlich des Präsidenten Lee Iacocca und des CEO Philip Caldwell (Philip Caldwell sagte mir, er könne sich nicht an Fred Ballmer erinnern). Aus Gründen, die Ford nicht preisgibt, stieg Fred in der Hierarchie nicht sehr weit auf. Auf der 89-stufigen Karriereleiter von Ford brachte er es nur bis zur zehnten Stufe, und nachdem er 30 Jahre dort gearbeitet hatte, bestand seine einzige Rentenvergünstigung darin, dass er weiterhin einen Wagen leasen durfte. Wie Bea auch, war Fred Raucher, aber im Gegensatz zu ihr rauchte er Zigarren. Dies war ein ständiger Streitpunkt zwischen den beiden, bei dem Bea schließlich siegreich war und Fred in die Garage verbannte, wo er seine Stumpen anzünden durfte.

Fred war nicht sportlich, aber dafür maß er sich mit Steve im Schach. Stundenlang saßen sie einander am Schachbrett gegenüber. Fred war schwerhörig – in den letzten zehn Jahren seines Lebens war er fast völlig taub – und man musste die Stimme erheben, damit einen Fred verstand. Laut einem Freund der Familie sprach Fred gelegentlich über Nürnberg, über sein Leben in der Schweiz und seine derzeitige Arbeit. Steve erinnerte sich gegenüber Newsweek: „Mein Vater stellte gerne Fragen und durchdachte die Dinge bis ins Letzte. Ich erinnere mich, dass mir mein Vater, als ich noch ein Kind war, erklärte, wie der internationale Vertrieb durch Unternehmen mit Sitz im Inland funktionierte. Das war eine Steuersache, die die US-Regierung wohl niemals hätte einführen dürfen, aber nachdem sie es nun einmal getan hatte, musste sich Ford da durchbeißen. Aber es war schrecklich kompliziert. Ich verstehe bis zum heutigen Tag nicht, wie mein Dad mit den ganzen Details zurechtkam, wie er alle Möglichkeiten erkannte ... Von meinen Eltern hat keiner je ein College besucht, aber ich erinnere mich daran, dass mein Vater annahm, ich wollte das einmal tun." Als Steve den Behörden des Staates Washington den Tod seines Vaters anzeigte, schwor er, dass sein Vater „über vier Jahre" auf dem College verbracht habe, und Fred Ballmer hatte seiner Bewerbung für Nürnberg beglaubigte Abschriften aus dem College beigefügt.

Steve Ballmer wurde in der Nachbarschaft bald bekannt. Eigentlich wurde er gehört. Die meisten Familien in der Gegend hatten mehr als zwei Kinder, und etwa jedes zweite Haus hatte einen Basketballkorb an der Garage hängen (das Haus der Ballmers allerdings nicht). Steve nahm an den improvisierten Spielen teil, wann immer er konnte, und spielte mit den anderen Kindern im Hof auf einen Korb. Einer von ihnen, Rob Mason, bemerkt dazu: „Man sah schon damals, dass Steve dort landen würde, wo er gelandet ist. Er dribbelte den Ball immer durch bis zum Korb. Er war immer scharf auf den Wettkampf. Er organisierte diese Spiele – wir spielten andauernd. Er war sehr laut, er rief immer, ob jemand spielen wollte. Seine Stimme trägt weit."

Masons Vater James wohnte 30 Jahre lang bei den Ballmers um die Ecke. Er sagt, dass er Bea bei ihrer täglichen Ertüchtigung sah; sie ging mehrere Blocks weit zum Lebensmittelladen, wo sie Essen und Blumen kaufte (sie liebte Blumen). Sie winkte, sagte hallo und ging weiter. Er erinnert sich deutlich daran, wie er eines Tages Lärm auf dem Rasen vor dem Haus hörte. Er ging hinaus und sah, dass Steve und Rob miteinander kämpften. Steve war mehrere Jahre älter und weitaus größer. Steve brüllte seinen heulenden Sohn an, schubste ihn beiseite, griff sich den Basketball und rannte die Straße hinunter, um in einer anderen Einfahrt Körbe zu werfen. Wohl ein Fall von „das ist mein Ball, und wir spielen nach meinen Regeln"? „Nein", so James, „der Basketball gehörte Rob."

Steve Ballmer besuchte die East Junior High School, die ein paar Blocks vom Elternhaus entfernt war und ging dort jeden Morgen zu Fuß hin. Eine Beraterin der Schule, die sich besorgt fragte, was ihre Schule Steves Intelligenz wohl bieten konnte, nahm in beiseite und sagte ihm, sie wären auf so jemanden wie ihn nicht eingerichtet, sie hätten keine Begabtenklassen. Sie sagte ihm, dass es in der Nähe eine Privatschule gab, die Detroit Country Day School, an der es jedes Jahr einen Wettbewerb um ein vom Direktor finanziertes Stipendium gab. Die Beraterin riet ihm, es zu versuchen. Rob Mason erinnert sich: „Steve stach alle aus. Als er das Stipendium gewann, wussten wir alle, dass er etwas Besseres werden würde. Nicht dass es ihn als Person verändert hätte, er war immer noch unser alter Steve, aber wir wussten, dass er groß rauskommen würde, und wir wussten, dass er seinen Weg gehen würde. Wenn sich Steve etwas in den Kopf gesetzt hat, dann gibt er nicht nach." Steve Ballmer verbrachte den größten Teil der Zeit, die er noch in der Region Detroit blieb, in dem anstrengenden Umfeld von Birmingham.

BIRMINGHAM

Birmingham in Michigan ist eine Stadt mit 20.000 Einwohnern, die vorwiegend der oberen Mittelklasse angehören, weiße Protestanten angelsächsischer Herkunft. Dort gibt es Straßennamen wie „Puritan" und „Pilgrim". Das Gebiet liegt 15 Meilen nördlich von Detroit und wird häufig in einem Atemzug mit der Nachbargemeinde Bloomfield Hills als Birmingham-Bloomfield oder einfach nur als Birmingham bezeichnet. Die Region weist das zweithöchste durchschnittliche Pro-Kopf-Einkommen der Vereinigten Staaten auf, so etwa auf dem Niveau von Pacific Palisades, Mercer Island,

Scarsdale oder Lake Forest. Wenn man einen Detroiter fragt, was er von den Bewohnern Birminghams hält, antwortet er vermutlich so ähnlich wie folgende Äußerung von Micheal Dukakis: „Manche Menschen sagen, ich wäre arrogant, aber ich weiß, dass ich besser bin."

Im Jahre 1971 war Detroit heiß und cool, die Stadt war eine Muse. Detroit und Birmingham waren inspirierend. Nach seinem riesigen Erfolg mit dem Drehbuch zu seinem Roman Airport erhielt Arthur Hailey die damalige Rekordsumme von einer Million US-Dollar als Vorschuss auf sein nächstes Buch, und er kam in die Region Detroit, um für „Wheels" Recherchen zu betreiben. Zu Thanksgiving stand „Wheels" auf Platz zehn der Bestsellerliste der *New York Times*. Harold Robbins, der keine Gelegenheit auslässt, einen schnellen Dollar zu machen (oder eine Frau anhand ihres Sexualtriebs beziehungsweise anhand von Körperteilen zu beschreiben), fand seinen Reißer „The Betsy", der in Detroit und Birmingham spielt, auf der Liste ein paar Striche unterhalb von „Wheels" wieder (aus dem Buch von Robbins wurde ein wirklich schrecklicher Film gemacht, und aus dem Buch von Hailey eine wirklich schreckliche TV-Miniserie). Hailey und Robbins traten damit in die Fußstapfen von Joyce Carol Oates, die einen Teil ihres 1968 erschienenen Romans „Expensive People" in Birmingham angesiedelt hatte. Die letzte Miss America, Pamela Anne Eldred, wohnte in Birmingham. Die Stadt war ein spezieller Ort in einer speziellen Zeit, und CBS drehte ein Special darüber.

Der Korrespondent Charles Kuralt begann seine gut aufgebaute Studie „Was wäre, wenn der (amerikanische) Traum wahr würde?" mit folgendem Text aus dem Off, während die Kamera eine Autofahrt entlang der von Bäumen gesäumten Cranbrook Road zeigte: „Birmingham, Michigan, liegt nördlich von Huck Finn und Tom Sawyer. Es liegt östlich von Babbitt und westlich von Lederstrumpf, aber es hallt von all den amerikanischen Geschichten wider, die man dort hören kann. Man weiß, was in den Häusern vor sich geht. Eine Liebesaffäre mit dem Offensichtlichen – mit gutem Essen, schönen Kleidern und der besten Ausbildung. Das hier ist das, was Amerika angeblich immer werden wollte." Auf dem Bildschirm erscheint ein Cheerleader von der Highshool und schreit: „He Ihr, wir schlagen schlagen schlagen euch. He Ihr, wir schlagen schlagen schlagen euch."

In dem Special geht es vor allem um die Familie des Bank-Vizepräsidenten Sam Greenawalt, seine kummervolle Frau Jane und seine drei Kinder – Sheri, 14 Jahre alt, Tami, 12 und den Sohn Sani, 10 Jahre alt. Sam, ein dekorierter Marineveteran aus dem Koreakrieg, beschreibt, wie hart er daran gearbeitet hat, das zu erreichen, was er erreicht hat. Er ist stolz darauf und

fragt sich, warum seine Kinder ihn ablehnen. Kuralt fragt: „Wenn die Frau-
en von Birmingham von zu Hause weg sind und ihre Identität suchen,
wenn die Männer von Birmingham von zu Hause weg sind, um ein Vermögen zu machen, was passiert dann mit den Kindern von Birmingham?"
Als das Special gesendet wurde, zog Birmingham ein paar Kinder heran,
deren Einfluss ihre Anzahl weit übertrifft; er reicht bis in den Weltraum,
gestaltet den Cyberspace und berührt Film, Fernsehen sowie die meisten
Arbeitsplätze. Darunter sind mehrere Oscar-Preisträger, Robin Williams
und Christine Lahti; ein Emmy-Preisträger, Tim Allen; die für den Emmy
nominierte Laura Innes aus ER; außerdem der Verleger und Medienstar
Michael Kinsley. Und dann wären da noch die beiden Computermanager,
deren Konkurrenzkampf aus dem Markt durch die Säle des Kongresses bis
in den Supreme Court überströmen sollte: Steve Ballmer und der Mitgründer sowie CEO von Sun Microsystems, Scott McNealy.
Wieso brachte so eine kleine Region so überdurchschnittlich viele Auf-
steiger hervor? Laut einem Bericht liegt es daran, dass es in Michigan die
niedrigste Konzentration an Lithiumsalzen und die höchste Dichte an manisch depressiven Menschen des Landes gibt. Christopher Peterson, Professor der Psychologie an der University of Michigan, tut die Wasser-The-
orie als moderne Legende ab und stellt fest, dass die Statistiken diese Behauptung nicht stützen. Ich wurde in Birmingham geboren und bin dort
aufgewachsen, und ich habe meinen Abschluss an der öffentlichen Seah-
olm High School in Birmingham gemacht. Ich glaube, dass die Petrischale
meiner Heimatstadt aufgrund ihrer Mischung aus intensivem und solider
akademischer Lehre, aus sportlichem sowie gesellschaftlichem Wettbewerb, aufgrund der hohen Erwartungen der Eltern sowie ihrer Teilnahme
und Unterstützung solche Stars hervorgebracht hat. Mitberücksichtigen
sollte man auch das Arbeitsethos des Mittleren Westens. Und während in
diesen nördlichen Vororten einer Stadt, die auf dem Verbrennungsmotor
basiert, einige Kinder verbrannten, waren diejenigen, die nicht verheizt
wurden, durch den intensiven Wettbewerb entweder bereit zu gedeihen,
oder es war ihnen zumindest vertraut. Es heißt auch, Hollywood sei wie
eine Highschool, aber eben mit Geld. Diese Kinder hatten, mit Ausnahme
von Steve Ballmer, schon in der High School Geld. In dem CBS-Special
wird keines der später berühmten Kinder gezeigt, dafür aber Birminghams
Youth Controlled Crisis Center, wo mehrere Unzufriedene zu Wort kommen. Einer sagt: „Hier wächst man mit dem Gefühl auf, als wäre jeder,
wissen Sie, wenn du aus Birmingham kommst, dann bist du besser als
alle anderen."

Michael Kinsley, der Microsofts Zeitschrift Slate aufbaute, sagte zu mir: „Wenn man eine Zeit und einen Ort heraussuchen müsste, wo man aufwachsen müsste, um die Grundlage für den Erfolg zu legen, dann wäre das Birmingham. Die Stadt war wie besessen von dem Großziehen von Kindern. In der Nachkriegszeit war Birmingham vielleicht der vorteilhafteste Ort in der Geschichte der Menschheit, an dem ein erfolgreicher Geschäftsmann aufwachsen konnte. Das war eine Zeit zwischen vielen schlimmen Dingen – dem Holocaust, dem Krieg – und kurz vor einem Haufen Müll – Vietnam, Drogen und der ewig wiederkehrenden Teeny-Krise. Es war ein erhabener Ort zum Aufwachsen und in die Schule gehen. Weil die gehobene Mittelklasse vorherrschte, hatte man alle Vorteile, war aber nicht so reich, dass man verdorben und ruiniert wurde. Wenn man die Wahl hätte und von einem Bus überfahren würde und man könnte entweder ein Kind der gehobenen Mittelklasse hinterlassen oder ein armes Kind, das sich seinen Weg von ganz unten erkämpfen muss, dann würde man sich doch für das Kind der gehobenen Mittelklasse entscheiden.“

In dem Special sagt Sam Greenawalt über die anderen Eltern: „Sie übten großen Druck auf ihre Kinder aus. Ich weiß nicht, ob das zu viel ist, denn manche Kinder zerbrechen daran, manche Menschen zerbrechen daran. Aber Leistung erfordert Druck. Man braucht diesen Druck. Ich wurde für den Wettbewerb trainiert. Besser zu sein als andere. Besser zu sein als andere oder besser zu sein als man normalerweise wäre, wenn man ein Schlappschwanz wäre. Man muss sich anschieben, um das Beste aus sich herauszuholen, und man muss sich selbst wehtun, um es zu bekommen. Dieses ganze Land ist aus dem Wettbewerb entstanden, und das heißt nicht, dass Wettbewerb schlecht sein muss. Wettbewerb kann sauber und anständig sein, und wie ich glaube, sehr gut.“

Sam Greenwalt beschließt, sich wieder dem Vorstadtvolk anzuschließen, und kauft anderthalb Meilen weiter in Bloomfield Hills ein Haus. Das Special endet damit, dass Kuralt feststellt: „Der amerikanische Traum umfasst Besitztümer und Grundbesitz und kennt keine Grenzen. Die Geschichte könnte fragen: 'Wollt Ihr wirklich diesem Traum vom Erwerb euere Treue schenken?' Wir befinden uns alle in einem Rennen, und es gibt weder einen Ruhepunkt noch eine Ziellinie.“

Eine Woche später war die örtliche Zeitung, die treffenderweise Birmingham Eccentric heißt, voll von Kritik an dem Kritiker. Angesichts der Tatsache, dass einige meiner Freunde in dem Special gezeigt wurden und die Eltern, gegen die viele von uns rebellierten, aufs Korn genommen wurden, fanden wir es ziemlich gut. Und da wir die erste Generation waren, die mit dem elektronischen Babysitter aufgewachsen ist, war es fantastisch, uns selbst aus der Röhre schauen zu sehen.

Für die meisten waren das ihre fünfzehn Minuten des Ruhms. Und die meisten wussten nur, dass alle Welt ihre tollen Autos fuhr, dass Bob Seger ihre schönen Lieder sang, dass ihre Schulen die besten und ihre Mädchen die hübschesten waren, und fuhren nicht alle im Winter nach Florida? Sie lebten für den Augenblick und wie Kinder sonstwo auch für den Augenblick, in dem sie weg könnten. Nur etwa einer von 20 meiner Klassenkameraden lebt immer noch dort.

Die Detroit Country Day School wurde 1914 vor allem für die Söhne der wachsenden Klasse der Angestellten in der Automobilindustrie gegründet. Sie liegt sechs Meilen von dem Haus der Ballmers entfernt in der Thirteen Mile Road und bot damals einer hinsichtlich der Religion und der Rasse gemischten Schülerschaft einen straffen Lehrplan. Und Country Day verlangte praktisch von den Eltern, dass sie sich an der Ausbildung ihrer Kinder beteiligten. Da Fred und Bea viel Unterstützung und Ermunterung gaben, nahm ihr Sohn Country Day im Sturm.

Ein Klassenkamerad erinnert sich: „Man hörte Steve schon, bevor er um die Ecke kam. Nicht unbedingt seine Stimme, die natürlich auch laut war, aber ich schwöre, dass er in den vier Jahren, in denen er die Schule besuchte, immer die gleichen Wingtips trug. Er hat sie wohl jedes Jahr neu besohlen lassen. Und er hatte Nägel an der Unterseite. Klack. Klack. Klack. Das klang wie Stiefel, wir nannten sie Shitkickers. Er trug diese Shitkickers, und er trug immer die Schuluniform – dunkler Blazer, weißes Hemd, dunkle Krawatte und graue Hose -, jeden Tag. Wir mussten sie nur einmal die Woche tragen, aber Steve trug sie jeden Tag. Er war knallhart. Er trug einen Bürstenhaarschnitt. Er sagte mir, das sei weniger Arbeit. Er sah ein bisschen aus wie Sergeant Carter in der Fernsehsendung Gomer Pyle, nur dass er etwa 250 Pfund wog. Er sah aus wie der typische Streber, mit allem drum und dran außer dem Taschenkamm."

Todd Rich, ein ehemaliger Klassenkamerad und heute Arzt und Genforscher bei Genentech im Silicon Valley, sagt: „Steve war die Leuchte der Leuchten. Nach wenigen Minuten erkannte jeder seine erstaunliche Intelligenz. Steve war immer – ich will nicht sagen überdreht, aber auf jeden Fall sehr aufgedreht. Geistig und körperlich. Als er in der neunten Klasse hierherkam, war er in Mathe so ungefähr anderthalb Jahre hinter uns. Nach der zehnten Klasse war er uns um anderthalb Jahre voraus. Ohne Witz.

Wir waren in einer schnellen Klasse, und er schaffte es in zwei Jahren von anderthalb Jahren Rückstand auf anderthalb Jahre Vorsprung; also schaffte er fünf Jahre, während wir zwei machten. Erstaunlich. Er machte den ganzen Matheunterricht durch und begann mit dem College, als er noch in der Sekundarstufe war.

Er saß in der ersten Reihe. Wir besprachen gerade etwas, und wenn der Lehrer etwas fragte, sah man, wie er richtig nervös wurde, weil er es nicht herausbekam. Sein Appetit auf das Lernen ist einfach unersättlich. Er rastete fast aus, wenn er etwas nicht herausbekam. Er blieb nach dem Unterricht in der Schule. Er sagte: ‚Ist mir egal, wie lange es dauert.' Er war in dieser Hinsicht ein Getriebener. Es begeisterte ihn, einem Klassenkameraden etwas zu erklären. Er setzte sich hin und begann zu zeichnen, und wissen Sie, drei Viertel der Zeit konnte ihm sowieso keiner folgen, weil er so schnell war. Es ließ ihn einfach nicht mehr los, es nagte an ihm." Rich lacht. „Er schrieb wie ein Verrückter, er beugte sich über den Tisch und war begeistert, wenn er etwas zum ersten Mal begriff. Und wenn er es dann hatte, wenn er es ausgerechnet hatte, dann machte er ‚OH! OH! OH!' Und alle sagten dann: ‚Sei still, Steve.'

Wenn man den Steve nehmen würde, den wir auf der Country Day kannten, und 20 Jahre nach vorne springen würde, dann würde man denken, er müsste Computerchips entwerfen. Oder Astrophysik betreiben. Oder Kosmologie oder irgendwas mit Gleichungen und Zahlen und solchen Sachen. Theoretische Physik. Er wäre eher ein Freeman Dyson als eine Esther Dyson. Wenn ich denke, dass er dann zu P & G [Procter & Gamble] und später zu Microsoft ins Marketing ging, dann passt das nicht zu meinem Bild von Steve in der High School.

Vielleicht weckte P & G seinen Appetit und bündelte die gleiche Begeisterung. Alles was ich über Steve gelesen habe – ob er sich nun bei einem Meeting die Stimmbänder zerrissen hat, dass er aufsteht und brüllt, dass er manchmal Dinge brüllt, die nicht unbedingt von der feinen Art sind –, das ist genau das, was ich erwartet hätte. (Das gehört alles) zu seinem Charakter. Das passt alles mit genau demselben Burschen zusammen, der er in der zehnten Klasse war."

Einer von Ballmers Mathematiklehrern, Gerald Hansen, erinnert sich: „Steve stand auf und ging an die Tafel, um eine Aufgabe zu erklären. Er hatte seine Hände überall, während sich die Kreide bewegte. In der einen Hand hatte er die Kreide, und in der anderen das Tuch. Er schrieb und wischte gleichzeitig. Er hatte das, was ich als intellektuelle Energie bezeichne. Ehrlich gesagt weiß ich nicht, wie er nachts zur Ruhe kommt. Ein sehr hohes Niveau von intellektueller Energie. Man konnte ihn nicht in Verlegenheit bringen. Nie. Es klingt lächerlich, aber er wäre ein toller Kandidat für Who Wants to Be a Millionaire.

Bea und Fred kamen oft in die Schule. Sie unterstützten ihn wirklich. Bea fuhr ihn zum Matheunterricht in die Lawrence Tech. Sie fuhr ihn quer durch den Staat zu Mathematikwettbewerben. In einem Jahr war er der Drittbeste im Bundesstaat. Fred erzählte von seinen Erlebnissen in Nürnberg, wie er den Job wegen seiner Sprachkenntnisse bekommen hatte und dass er froh war, dass Steve französisch gelernt hatte. Es ist wirklich eine Sache, für die wir Lehrer leben, wenn wir sehen, was aus unseren Schülern geworden ist. Lehrer haben keine lebensbezogene Bildung – sie freuen sich diebisch über ihre Schüler, und jeder ist stolz, wenn er jemanden hat, der so erfolgreich ist wie Steve. Er wird dann wirklich zum persönlichen Helden."

Hansen wurde schließlich Schulleiter, und er trifft sich regelmäßig mit Ballmer. Ballmer ist ebenso wie Sam Greenawalt Mitglied im Förderverein der Schule. Hanson bemerkt, dass Ballmer der Schule gegenüber „sehr großzügig" ist und schon mehr als zehn Millionen US-Dollar gespendet hat. Eine Quelle besagt, dass Ballmer das Stipendium für den vielversprechenden Basketballspieler Chris Webber bezahlt hat, damit er diese Schule besuchen kann (Webber ist derzeit der Starstürmer der Sacramento Kings in der NBA). Es ist schon eine Ironie, allerdings vollkommen unfreiwillig, dass Country Day für Spender den Status der diamantenen Mitgliedschaft geschaffen hat und dass Steve und Connie Ballmer die einzigen Diamant-Mitglieder sind. Die Ironie besteht darin, dass Microsoft, als die Ballmers den Status Diamond Member bekamen, mehrfach wegen Verletzung des Sherman Antitrust Act vor Gericht stand. In 60 Minutes auf CBS wurde berichtet, dass der Diamantenpreis künstlich hochgehalten wird, weil der Händler DeBeers den Markt kontrolliert; dabei handelt es sich um ein illegales Kartell, dessen Verantwortliche nicht in die Vereinigten Staaten einreisen können, weil Anklagen wegen Verstoß gegen die Antitrustgesetze vorliegen.

Ein weiterer Klassenkamerad, Don Gregario, ist Rehabilitationsberater bei der Hazelden Foundation in Minnesota. Er bemerkt: „Es ist nicht ungewöhnlich, dass man hier in Hazelden Menschen aus Birmingham-Bloomfield begegnet. Die Kinder dort haben viele Probleme mit Drogenmissbrauch – sie haben genug Geld und sie langweilen sich. Aber Steve nicht. Überhaupt nicht. Und generell die Country Day School nicht. Naja, vielleicht haben ein paar Leute auf der Country Day Haschisch geraucht, aber auf der Cranbrook Academy waren die ganzen Freaks, die Drogen nahmen. Bei uns gab es nicht viele davon."

Ein anderer Klassenkamerad, K. C. Jensen, erinnert sich: „Steve – ich hatte gleich nach ihm Mathe – Algebra für Blödiane oder so etwas. Der Lehrer kam in den Schulsaal und traf dort auf Steve – er war noch geblieben, weil er an einem Problem arbeitete. Dem Lehrer, Don Hocevar, gingen die Augen über. Er verstand es nicht einmal. Er wischte es einfach weg. Wir baten ihn zu erklären, was Steve da machte, und Don Ho sagte: ‚Dafür habe ich jetzt keine Zeit.‘

Steve war uns ein Rätsel. Man wusste nie so recht, was in ihm vorging. Er kam daher wie ein Ausbund von Streber, rein äußerlich, aber er brachte einen gleich wieder auf den Boden, denn er war sehr umgänglich, bodenständig, plauderte gerne und war hilfsbereit. Er hatte den Dreh raus, sich überall einzufügen, wenn er es wollte. Er war aber kein Zelig, er verstrikkte sich nie vollständig. Es war, als wäre er zu Höherem berufen und als wüsste er das. Er hatte mit allen Cliquen der Schule zu tun, aber er trat nie in eine Clique ein – er hatte ein sehr gutes Gefühl für sich selbst, er war mit sich selbst zufrieden. Er konnte an jeden herankommen. Das, was er jetzt bei Microsoft zeigt, erkenne ich jetzt in seinem damaligen Geist. Er konnte jeden erreichen. Das war für das durchschnittliche Hirn der Country Day nicht typisch."

Zu einigen Lehrern hatte Steve ein besonders enges Verhältnis, unter anderem zu John Campbell. Campbell wird immer als „Original" und als „unorthodox" beschrieben. Einer seiner ehemaligen Schüler, Robin Williams, gibt zu, dass seine Darstellung der Figur Mr. Keating in dem 1989 gedrehten Film Der Club der Toten Dichter auf John Campbell basiert. In dem Film geht es um einen Lehrer, der die Schüler dazu ermuntert, die Tradition eines Geheimbundes fortzuführen, sich in Poesie und Prosa zu finden und Thoreaus Credo zu folgen: „Sauge das Mark des Lebens ein." Mr. Keating sagt seinen Schülern, sie sollten die Einleitungsseite ihres Gedichtbuches herausreißen.

Campbell sagt: „Rob – wir kannten ihn als Rob – hat da einen Fehler gemacht. Ich habe nämlich gesagt, sie sollten das ganze Buch in den Papierkorb werfen." Das Credo des Films, carpe diem – „nutze den Tag" – ist schnell in den allgemeinen Sprachgebrauch übergegangen. Campbell sagt: „Rob war sehr still. Ich war auch Trainer für die Ringermannschaft, und Rob gehörte dazu. Eines Tages kam ich in die Umkleide und hörte, dass die Ringer laut lachten. Als sie mich sahen, wurden sie still. Später bekam ich heraus, dass Rob eine perfekte Imitation meiner Stimme vorgeführt hatte. Robin wurde – nachdem er Robin geworden war – natürlich berühmt, als er Mork, den Außerirdischen vom Planeten Ork, spielte (in der Endsiebziger-Fernsehserie Mork vom Ork)." Im fnanzneurotischen Birmingham, wo Angehörige der Mittelklasse als arm galten, galt die gehobene Mittelklasse als Mittelklasse und die Reichen waren einfach reich, hatten eine Villa und Dienstboten. Robin Williams war ebenfalls ein Ford-Kind. Er war der Sohn eines der Vizepräsidenten von Lincoln-Mercury und eines der wahrhaft reichen Kinder. Er wuchs in einer Villa mit 40 Zimmmern auf, auf einem Anwesen von 20 Acres in Bloomfield Hills.

John Campbell fährt fort: „Steve Ballmer. Steve vergisst man nicht. Er saß immer in der ersten Reihe, er meldete sich ständig und wusste immer eine Antwort. Schüchtern? Keineswegs. Und es war lustig ihm zuzusehen. Manchmal erschien so ein verwirrter Ausdruck auf seinem Gesicht, und man sah, dass er versuchte zu verstehen; und als es ihm dann kam, sprang er fast vom Stuhl auf und sagte: ‚OH! OH! OH!' Ich sagte, ‚Sehr schön, Steve, aber jetzt sei still.'

Als ich für das Repräsentantenhaus des Staates Michigan kandidierte, veranstalteten Steves Eltern ein Kaffeekränzchen für mich. Es war hoffnungslos. Ich war liberaler Demokrat und befürwortete einen Mindestlohn und das Gleichberechtigungsgesetz; Farmington war bestenfalls gemäßigt konservativ, aber Fred und Bea waren Demokraten. Meine Schüler gingen von Haus zu Haus und machten Wahlkampf für mich, auch Steve. Er verteilte Flugblätter. Er dachte, ich hätte ihm geholfen und wollte sich revanchieren. Jeden Samstag veranstaltete ich einen Vereinte-Nationen-Wissenschafts-Wettbewerb. Gruppen von Schülern stellten verschiedene Länder dar; sie gingen in verschiedene Klassenzimmer und arbeiteten Strategien aus, wie sie ihre Ressourcen einsetzen sollten – Land, Nahrungsmittel, Menschen, Waffen –, um sich zu schützen oder ihre Reiche zu vergrößern. Steve war darin ziemlich gut, aber schließlich war er in allem ziemlich gut, auf das er seinen Geist richtete. Er liebte es zu lernen. Er liebte den Wettstreit. Das war bei ihm von Natur aus so."

Nachdem Robin Williams ihn in „Der Club der Toten Dichter" gespielt hatte, begann Campbell unter dem zu leiden, was als „Robin-Williams-Syndrom" bekannt geworden ist. Genauso wie Dr. Oliver Sachs entlassen wurde, nachdem Williams ihn in „Zeit des Erwachens" porträtiert hatte, verlor Campbell seine Stellung. Nach 28 Jahren an der Country Day wurde er wie Mr. Keating gefeuert, weil er „die akademischen und professionellen Regeln der Schule nicht beachtete". Campbell war der einzige Lehrer, den Ballmer namentlich erwähnt hatte, als er ein Jahr vor Campbells

Rausschmiss eine Rede zum Schuljahresbeginn hielt. Campbell bemerkt: „Ich passte einfach nicht zu dem Image von Country Day." Rückblickend sieht Campbell, dass „Steve seine raubtierartige monopolistische Persönlichkeit erst entwickelte, nachdem er Country Day verlassen hatte. Der Steve, den ich Reden halten sehe und solche Sachen, der war auf der Country Day nicht so. Er spielte nicht Theater, sondern war Präsident des Clubs für Politikwissenschaft und des Computerclubs."

In Detroit floss der Wohlstand durch Unternehmen wie den Computerhersteller Burroughs Corporation (jetzt Unisys), der über ein TC-500-Terminal fast unbeschränkten Zugang zu seinen Mainframe-Computern gewährte (im Gegensatz dazu musste die Lakeside School in Seattle, an der Bill Gates und Paul Allen programmierten, Flohmärkte veranstalten, unter anderem um die Computerzeit der künftigen Microsoft-Gründer zu bezahlen).

Ein französischer Austauschschüler erinnert sich an Country Day: „Die Schule war wahrscheinlich eine der ersten High Schools in den Staaten, die einen Computerraum hatte; die Geräte könnte man heute sicher im Museum ausstellen. Ich erinnere mich, dass Steve dort viel Zeit verbrachte. Wenn der Schultag vorbei war, sagten wir: ‚Steve, wir gehen raus, gehst du mit?' Er klebte an der Tastatur und sagte: ‚Nein danke, ich habe noch zu tun.' Er war ein netter Kerl, er ging mir immer zu Hand, denn er sprach fließend französisch, und mein Englisch war noch nicht besonders, als ich in die Vereinigten Staaten kam."

Beverly Hannett-Price, eine von Ballmers Englisch-Lehrerinnen, beschreibt Steve und seine Familie in den glühendsten Farben. Sie bemerkt, dass er zwar die Standardbücher der Vorbereitungsschule las, die fast schon als Trilogie galten – „The Catcher in the Rye", „A Separate Peace" und „Death Be Not Proud" –, dass sein Lieblingsbuch jedoch „Unterm Rad" von Hermann Hesse war. Ballmers Leben an der Country Day ist ein Spiegelbild des Hesseromans. In der Erzählung rät ein Schulleiter seinem besten Schüler: „So ist's gut, so ist's recht, mein Lieber. Nur nicht matt werden, sonst kommt man unters Rad." Hannett-Price: „So war auch Steve, er ließ nie locker und wollte nie unters Rad kommen."

Wie so viele andere Detroiter auch, waren viele der Kinder Birminghams sport- und autobegeistert. Als die Detroit Tigers 1968 die Weltmeisterschaft gewannen, schweißte ihr Griff nach der Siegerkrone das Gemeinwesen derart zusammen, dass manche Menschen behaupten, nur dadurch sei der erneute Ausbruch von gewalttätigen Unruhen im Stadtzentrum verhindert worden, wie es sie im Vorjahr gegeben hatte – sie hatten 44 Menschenleben gefordert. Aber an diesem Thanksgiving waren die fanatischen

Fans vom Amateursport gefesselt. Fünf Tage davor hatte die Footballmannschaft der University of Michigan das Team der Ohio State University
gedemütigt; sie gewann damit die „Big Ten"-Meisterschaft und schloss die
Saison unbesiegt als zweitbeste Mannschaft der Nation ab. Woody Hayes,
der besessene Trainer von Ohio State, hatte einen seiner berüchtigten Wut-
anfälle. Er nahm eine Linienmarkierung und zerbrach sie, dann nahm er
eine zweite Markierung und schleuderte sie auf das Spielfeld; seine Spieler mussten ihn davor bewahren, dass er einen der Linienrichter schlug.
Die Michigan-Fans dagegen bewarfen ihn mit Schneebällen, als er vom
Feld geführt wurde, und skandierten dazu: „Good-bye Woody, good-bye
Woody, wir sind froh, dass du gehst." Der damalige Zeitgeist spiegelte das
Credo wider, das Vince Lombardi, dem Green Bay Packer-Trainer zuge-
schrieben wird: „Gewinnen ist nicht alles, es ist das Einzige." Dieser
Spruch klebte später an einer Tür der Wahlkampf-Finanzierungszentrale
von Richard Nixon (Lombardi sagte dazu: „Hätte ich diesen verdammten
Satz doch nie gesagt!").

Sportlich betätigte sich Steve Ballmer zuerst in der Juniormannschaft der
Schule; im Herbst spielte er dann in der Footballmannschaft, im Winter
managte er die Basketballmannschaft, und im Frühjahr stieg er in die Läu-
fermannschaft ein. Beverly Hannett-Price: „In seinem ersten Jahr auf der
Schule nominierte ich Steve als Sportler des Jahres. Er hatte kein großes
Talent, aber darum ging es nicht. Es gab da einen großen, gutaussehenden
und hellhäutigen Schüler, der der Quarterback der Footballmannschaft war
– ein Naturtalent. Ich glaube, er gewann dann auch den Titel, aber es hätte
anders kommen müssen. Ihm wurde die Begabung geschenkt. Steve hatte
Pickel und Übergewicht, aber er strengte sich viel mehr an als alle anderen. Es gehörte zu den Bedingungen seines Stipendiums, dass er sich in
drei Sportarten betätigte. Und Steve strengte sich an."

Stephen Pollack, heute Vizepräsident bei Boston Fleet, war im Football-
team ein mit allen Wassern gewaschener Center und musste gewöhnlich
Steve blocken, wenn es zu einem Rückpass-Handgemenge kam. Pollack
erinnert sich, wie Steve seine athletischen Fähigkeiten durch pure Hart-
näckigkeit aufbesserte: „Er ging immer wieder gegen mich an. Sein Ent-
husiasmus war groß."

Steve arbeitete auch unter dem Basketballtrainer John Hansen. Er sagt
dazu: „Steve wollte zur Mannschaft gehören, und so wurde er Manager. Er
war der beste Basketballmanager, den ich je hatte. Alle Handtücher waren
an ihrem Platz, die Basketbälle waren in ordnungsgemäßem Zustand, und
er führte perfekt Buch. Wenn die Spieler vom Feld kamen, warteten Was-

serflaschen und Handtücher auf sie, und außerdem feuerte er sie natürlich an. Es war immer alles in Ordnung. Er war so diszipliniert."

Ein Klassenkamerad erinnert sich: „Ich spielte in der Eishockeymannschaft. Da wir kein Eisstadion hatten, spielten wir immer meilenweit entfernt. Wir waren dann also irgendwo in Hintertupfingen, mitten im Nichts, und spielten gegen diese oder jene Mannschaft, die immer ihren Heimvorteil hatte, ihr eigenes Spielfeld und ihre Freunde, die sie anfeuerten; und dann kam Steve. Also, es war so, wir hatten nur Steve, und die hatten Dutzende von Leuten, und Steve übertönte sie.

Alleine weil er da war, spielten wir besser. Er war kein Eishockeyfan – sein Sport war Basketball –, aber er kam zu fast allen Eishockeyspielen, um uns anzufeuern. Er bürdete sich eine Menge Arbeit auf, er besuchte den Matheunterricht am College, er trieb seinen eigenen Sport, und doch tauchte er auf und feuerte uns an. Wir spielten besser, ganz einfach, weil wir wussten, er war da. Es war unglaublich."

Ballmer feuerte Country Day an, als die Mannschaft gegen den Erzrivalen Eishockey spielte, gegen die Konkurrenzschule vom anderen Ende der Stadt, Cranbrook. Todd Rich erzählt: „Country Day war im Vergleich zu Cranbrook das arme Stiefkind. Wir hatten nur ein festes Gebäude und drei mobile Einheiten, wohingegen Cranbrook einen Campus wie Ivy League hatte."Der Stürmer der Eishockeymannschaft von Cranbrook war der große und schlaksige 16-jährige Scott McNealy. In den drei Jahren, in denen McNealy und Ballmer Teil des Kontinuums Country Day-Cranbrook waren, gewann das finanziell besser ausgestattete, besser ausgerüstete und über ein Eisstadion verfügende Cranbrook acht von dreizehn Spielen gegen Country Day.

Scott McNealys Vater hatte Harvard besucht und auf der Harvard Business School seinen Abschluss gemacht. William Raymond McNealy war Vizepräsident der American Motors Corporation (AMC) und arbeitete unter anderem an dem neuen Modell Pacer (später wurde er stellvertretender Vorstandsvorsitzender von AMC). An der Tür des Büros eines seiner Managerkollegen hing ein Plakat, das bei den Detroiter Autoherstellern damals recht populär war. Darauf hieß es: UND WANDRE ICH AUCH IM FINSTREN TAL, SO FÜRCHTE ICH DOCH KEIN ÜBEL, DENN ICH BIN DER ÜBELSTE HURENSOHN IM GANZEN TAL. In Detroit wusste jeder, dass AMC seine Existenz ausschließlich dem Sherman Antitrust Act zu verdanken hatte. Wenn General Motors am Markt seine Muskeln hätte spielen lassen, dann hätte die Gesellschaft sowohl Chrysler als auch AMC von der Landkarte verschwinden lassen und Ford ziemlich nervös machen können.

So wie Country Day und Cranbrook an den entgegengesetzten Enden von Birmingham-Bloomfield lagen, so standen Ballmer und McNealy an den entgegengesetzten Enden der sozioökonomischen Hackordnung. McNealy wohnte in der Nähe von Robin Williams in einer Villa. Er behauptet, dort habe er mit Freunden seines Vaters – dem Fordpräsidenten Lee Iacocca und dem GM-Vorsitzenden Roger Smith – über geschäftliche Strategien gesprochen. McNealy hatte ebenso wie Ballmer mit Sport zu tun, aber eher als aktiver Teilnehmer: als erklärter Eishockey- und Golf-Freak war er in beiden Mannschaften Kapitän.

Und dann war da noch die bekannteste Detroiter Leidenschaft: Autos. Während sich Ballmer nicht viel aus Autos machte – laut einem Freund fuhr er einen alten, heruntergekommenen Buick –, fuhr McNealy in die Woodward Avenue, die an dem Cranbrook-Gelände entlangführte, und fuhr dort Rennen. „Woodwarding" nannte man das. Beim Woodwarding waren die besten Autos keineswegs die schönsten oder die teuersten – genauso wenig wie außerhalb gewisser Birminghamer Kreise die Menschen. Scott McNealys Wagen war da eine Ausnahme.

Dank der Position seines Vaters bekam er kostenlos vollkaskoversicherte Firmenwagen – es ist eine schlechte Reklame, wenn die Autos der Führungskräfte schäbig aussehen oder kaputtgehen (der Sohn eines American-Motors-Managers fuhr im Jahre 1971 drei fabrikneue Autos zu Schrott, bevor ihm sein Vater das Firmenwagen-Privileg entzog). Da es als Ketzerei galt, ein Auto der Konkurrenz zu fahren, konnte man in Birmingham und Farmington Hills anhand der Marke des Wagens, der in der Einfahrt parkte, feststellen, wo jemand arbeitete. Scotts Vater ließ ihn einen Gremlin X fahren – mit auffälligen Sportextras einschließlich Levis-Jeans-Sitzbezügen und einem Achtfach-Cassettengerät. Aber das Geheimnis seines Erfolges war nicht auf den ersten Blick zu erkennen.

Scott hatte von seinem Vater einen der Gremlins aus der NASCAR-Produktionsserie bekommen, mit einem Sechs-Liter-Motor, einem V8-Triebwerk, das jeden Kubikzentimer unter der Haube hervorholte. Niemand, der in einem PS-starken Auto saß, machte sich Gedanken, wenn sich ein hübscher kleiner gepuderter Gremlin neben ihn schob. McNealys Renngegner nahmen ihn erst ernst, wenn er plötzlich draufdrückte und wie eine Rakete beschleunigte; bis dahin lagen sie schon zu weit zurück um aufzuholen.

Das Schülerjahrbuch 'Brook von 1972 macht sich über McNealys stutzerhafte, aufschneiderische Art und seine ständige Rederei lustig: „Scotts stille und bescheidene Art bescherte ihm zahlreiche Freunde, die seinen jederzeit wohlbedachten Rat schätzen gelernt haben. Obwohl er auf seine sportlichen und schulischen Leistungen keinen Wert legt, schnitt er in beiden Bereichen hervorragend ab. Last not least soll alle Welt erfahren, dass Scotts Gremlin X wirklich der allerschnellste war."

Laut Irving Dworkin, Ballmers Onkel mütterlicherseits – und entsprechend der Atmosphäre, die „Der Club der Toten Dichter" zeigt, wo die von Ethan Hawke gespielte Figur von ihrem Vater gesagt bekommt, er müsse nach Harvard gehen –, sagte Fred Ballmer seinem Sohn, als er acht Jahre alt war, dass er nach Harvard gehen würde. In Harvard gibt es regionale Quoten, und es gibt „Werber", die die Regionen besuchen und Schüler für die Aufnahme empfehlen. Einer, der zugelassen wurde, sagt: „In Birmingham war der Wettbewerb um einen Platz in Harvard so intensiv, das mir folgender Rat gegeben wurde: Wenn mich der regionale Werber, Don Hocevar, nicht empfehlen würde, dann sollte ich nach Montana übersiedeln und Oboe lernen, das sei dann der einzige Weg hineinzukommen. Und Hocevar muss an McNealy irgendetwas gefunden haben außer der Tatsache, dass sein Vater auch schon in Harvard war, damit er ihn empfohlen hat." Don Hocevar gab an der Country Day Mathematik. Don Hocevar unterrichtete auch Steve Ballmer in Mathematik, und auf seinem morgendlichen Weg zur Schule hielt er am Haus der Ballmers an und nahm seinen Schüler im Auto mit. „Steve war kein Speichellecker oder so was.", so ein Schulkamerad. „Es war ganz natürlich, dass die beiden (Hocevar und Ballmer) zusammen kommen mussten, das sah man." Ballmer und McNealy sahen sich bei den Treffen für künftige Harvardstudenten mit Don Ho. Sie hatten kein enges Verhältnis, aber Ballmer schlief in McNealys Neulings-Schlafraum, A-31 in Mower Hall, als er im Frühjahr eine Campusbesichtigung machte.

Steve hatte sein Abgangszeugnis, und ebenso wie McNealy, Bill Gates und ein weiterer Bewohner von Farmington Hill, Bill Joy, hatte er im Mathematikteil die vollen 800 Punkte bekommen. Obwohl Steve beim MIT und bei der Cal Tech angenommen wurde und entweder Mathematik- oder Physikprofessor werden wollte, führte der Spruch seines Vaters dazu, dass sich der gute Sohn Steve für Harvard entschied. Und Harvard entschied sich für Steve. Kein Wunder.

Im Juni 1973 hielt Ballmer die Jahrgangsabschiedsrede in Country Day. Außerdem bekam er den White Cup für den Schüler mit dem besten Notendurchschnitt der letzten vier Jahre. Er hatte einen perfekten Schnitt von 4,0. Seine Leistungen in den Fortgeschrittenen-Einstufungstests in Mathematik, Französisch, Englisch und Geschichte waren so gut, dass Harvard ihn als Student im zweiten Jahr zuließ. Bea und Fred wollten davon aber nichts hören. Wie die Eltern von Tiger Woods wollten auch sie, dass ihr genialer Sohn Steve so normal wie möglich aufsteigen würde.

Ballmer hatte während seiner Highschoolzeit in den unmöglichsten Jobs gearbeitet; unter anderem für zwei Dollar die Stunde als Caddy im Franklin Country Club. Das machte er auch in dem Sommer vor seinem Umzug nach Cambridge. Niemand kann sich erinnern, dass er je davon gesprochen hätte, eine Firma zu gründen. Ballmer war, wie es ein Freund ausdrükkte, kein Unternehmertyp. Laut Aussage eines Freundes musste er sich auf andere Dinge konzentrieren. Er hatte andere Pläne. Und er besuchte ein College, das von vielen als eine der besseren geisteswissenschaftlichen Schulen des Landes betrachtet wurde.

> KAPITEL 3 <

HARVARD

Im Sommer 1973 begann Steve Ballmer mit seinem intellektuellen Umzug nach Boston, indem er durch seine sommerliche Lektüreliste flog.
Der Besuch des Harvard-Campus im Frühjahr half ihm dabei, sich schnell
an die dünne Luft zu gewöhnen. Als er im August als offizieller Mathe-
matikstudent in Cambridge ankam, prägte er sich alle Namen und Gesich-
ter aus dem Ersttrimester-Buch ein. Die Kommilitonen staunten nicht
schlecht, als dieser stämmige Fremde, der aussah wie ein Rausschmeißer,
sie mit Namen ansprach und sich mit ihnen darüber unterhielt, woher sie

kamen und wo sie zur Schule gegangen waren.

Der Kommilitone Gordon Adler erinnert sich: „Ich glaube, dass es Steve so ging wie vielen von uns, die die Erlösung feierten und voller Ehrfurcht dastanden und dachten: ‚Wie kommt es, dass ich hier bin?‘ Hier gab es nicht einen Steve Ballmer, es gab 30 Steve Ballmers (die den besten Matheabschluss ihrer Schule hatten). Es war, als hätten wir die Schlüssel zum Königreich bekommen.“ Anderen Jahrgangskollegen fiel es leicht, sie lernten mehr von ihren Studienkollegen als in den Lehrveranstaltungen. Ballmer war nicht aufgrund von Familienbanden oder Geld in Harvard, er hatte es sich selbst verdient. Wie in Country Day bemühte er sich auch hier sehr, dazuzugehören, aber das war ein bewusster Vorgang.

Einer der damaligen Studienanfänger, der von einer öffentlichen Schule in Birmingham gekommen war, erzählt: „Boston und Harvard waren ein Kulturschock. Sie erschreckten uns in zweierlei Hinsicht. Erstens kamen wir aus Vorstädten des Mittleren Westens, und Harvard ist städtische Ostküste. Zweitens waren die Reichen in Birmingham-Bloomfield Neureiche, wohingegen die Reichen in Harvard die Cabots und die Lodges waren, also die Verkörperung der traditionell Reichen.“

Jamie Coldre, ebenfalls Studienanfänger in jenem Jahr, sagt: „Harvard ist so hierarchisch. Alle reichen Studenten schienen sich schon zu kennen, bevor sie kamen. Und dort waren sie immer zusammen. Sie schauten einfach durch einen hindurch. Sie taten so, als existierte man gar nicht.“ Diese Reichen waren anders als Du und Ich, sie hatten ihre eigenen Geheimgesellschaften und Dining Clubs, zum Beispiel den Porcelain Club, so etwas ähnliches wie Skull and Bones in Yale. Laut dem damaligen Freshman und heutigen Karikaturisten der Baltimore Sun Kevin Kallaugher (Kal) bestanden diese Clubs aus „einem Haufen 18-jähriger Kinder, die dasaßen, Zigarren rauchten und sich benahmen wie 45-jährige.“ Das Harvard, das Steve Ballmer in sich aufsaugte, befand sich nach den Worten von Kal „in einem Übergangszustand zwischen dem Radikalismus der 60er-Jahre und der 80er-Jahre-Mentalität des ‚Gier ist gut‘.“ Wie alle Neulinge musste auch Ballmer im Harvard Yard wohnen. In seinem Fall war es Thayer Hall, und sein Zimmergenosse Kenneth Argentieri ist heute Anwalt in Pittsburgh. Harvard hatte damit begonnen, seinen verschwindenden Frauenanteil zu erhöhen, und Harvard Yard machte eine der radikalsten Wandlungen in den drei Jahrhunderten seines Bestehens durch: Es durften Frauen dort wohnen. Judith Kaplan, die 1973 dort wohnte, sagt: „Dort waren elfhundert achtzehnjährige Typen, die zum ersten Mal von zu Hause weg waren, und dazu 280 Frauen. Sie ließen uns weder im Erdgeschoss noch im obersten Stockwerk wohnen, sie meinten, sie müssten uns beschützen. Aber vielen passte unsere Anwesenheit nicht." Es kam einem vor wie in einem Burschenverein. Und es war auch einer.

In Ballmers Erstlingsjahr 1973 verlieh das Satiremagazin der Uni, Harvard Lampoon, den Preis für den schlechtesten Kinofilm an den Pornostar Linda Lovelace für Deep Throat. Sie bekam den nicht gerade begehrten „Wilde Oscar", der jedes Jahr an „den Schauspieler oder die Schauspielerin [ging], der oder die am heftigsten die Konventionen gebrochen hat und bei der Verfolgung künstlerischer Ziele die Verurteilung durch die Öffentlichkeit in Kauf genommen hat." Frau Lovelace erschien auf dem Campus im Oscar Meyer Wienermobile – einer 25 Fuß langen Hotdog-Nachbildung. Ihre Ankunft wurde von dem Harvard Orchestra angekündigt, Jongleure und Clowns samt einem Chor von girlandenbehängten Jungfrauen säumten ihren Weg. Das war definitiv nicht Birmingham.

Laut Beverly Hannett-Price offenbarte Ballmer bei dem Vater-Sohn-Essen von Country Day im Jahre 2001, dass ihm in seinem ersten Studienjahr ganz plötzlich die Augen aufgegangen waren. Als er in Harvard anfing, hatte er absolut damit gerechnet, dass er Mathematik- oder Physikprofessor werden wollte, aber nachdem er sieben Stunden am Stück über einer Physikaufgabe gesessen hatte, sagte er sich: „Das ist kein Spaß. Das hat keinen Spaß gemacht. Das will ich nicht mein Leben lang machen." Siebenhundert Meilen von Fred und Bea entfernt, frei von der stellenweise provinziellen und nervenden Konformität sowie dem Konservatismus von Birmingham, umgeben von den wohlhabendsten, privilegiertesten und begabtesten Studenten der Welt, war Ballmer nun ungebunden und fragte sich, was aus ihm werden sollte. So langsam veränderte sich der Idealist mit den Finanzproblemen. Im August 1974 zog Ballmer nach Currier House, fast eine Meile vom Yard entfernt.

Currier House ist ein in E-Form angelegter Komplex von fünfstöckigen Wohnheimgebäuden. Zwischen den drei Flügeln befinden sich Innenhöfe und ein zweistöckiges Gemeinschaftsgebäude. Die Gebäudeteile sind durch unterirdische Gänge miteinander verbunden. Audrey Bruce Currier absolvierte 1956 Radcliffe und starb 1967 bei einem mysteriösen Flugzeugabsturz. Ihre Mutter war die Tochter des ehemaligen Finanzministers Andrew Mellon und die Frau des Botschafters David Bruce. Sie sammelte Geld von Freunden wie David Rockefeller, Thomas Cabot und Nelson Aldrich, um für ihre Tochter ein lebendiges Denkmal auf der Höhe der Zeit zu bauen. Die Wohnheime sind nach vier Radcliffe-Absolventinnen benannt: der Historikerin Barbara Tuchman, der Journalistin Mary

Bingham, der Vorsitzenden des Fördervereins von Radcliffe Helen Gilbert und der Komponistin und Musikerin Mabel Daniels. Steve Ballmer zog in den vierten Stock von Currier-Daniels, wo es passend zur Namensgeberin einen Konzertsaal mit 100 Sitzplätzen und sieben Musikzimmer sowie einen kleinen Computerraum gab. Der Bürokomplex von Microsoft, der auch als Campus bezeichnet wird, sollte später Currier House ähneln.

Currier House war ein Experiment. Die Projektberater, zu denen auch der bekannte Psychiater Erik Erikson gehörte, wollten eher ein Gemeinwesen bauen als ein Wohnheim. Es sollte den Bewohnern helfen, „ihre geistigen Interessen zu entwickeln, neue Felder zu erkunden sowie sich miteinander zu vergnügen und voneinander zu lernen". Hier lernte Bill Gates Steve Ballmer kennen. Als Gates gefragt wurde, warum er sich für Currier House entschieden habe, sagte er, es sei eine Insel von Wissenschaftlertypen. Ballmer sagte auf seine rauere Art, „weil es dort mehr Frauen gab". Und damit hatte er Recht. In Currier House wohnten 233 Frauen und 84 Männer. In dem Harvard von Gates und Ballmer stand die sexuelle Revolution in voller Blüte. Die Pille hatte die Angst vor Schwangerschaften weitgehend beseitigt, von AIDS wusste man noch nichts, und die freie Liebe war der Ruf der rasenden Hormone. Ein Student aus Birmingham verkündete stolz, er strebe in Harvard nach „Einsern und anderen Nummern". Der Bewohner Jamie Coldre: „Currier war ein einziges Rudelbumsen. Meine Freunde und ich glaubten, dass früher oder später jeder mit jedem geschlafen haben würde. Außer Bill Gates. Niemand wollte mit Gates zusammen sein. Er war einfach schräg." Wasser, überall Wasser, aber nicht ein Tropfen ... Da er bekannt dafür war, dass er weder sich selbst noch seine Kleider regelmäßig wusch und da er als bekloppter Mathefreak bekannt war, sammelte der vergeblich nach einer Freundin suchende Gates *Playboy* und *Penthouse*, und er trieb sich im Rotlichtbezirk von Boston herum, der verrufenen Combat Zone. Seinen Biografen Stephen Manes und Paul Andrews erzählte Gates: „Ich hing eine Zeitlang in der Zone herum und beobachtete, was vor sich ging. Meistens saß ich in einer Pizzeria und las." Dr. Judith Kaplan, die auf dem gleichen Flur wie Gates und Ballmer wohnte und jetzt praktizierende Psychiaterin in Seattle ist, sagt: „Ballmer war definitiv manisch. Ich habe die depressive Seite nie erlebt, vielleicht war sie da, aber vielleicht entwickelte sie sich auch erst später."

Wenn es damals eine Wahl zum hübschesten Burschen in Currier House gegeben hätte, dann wäre der Titel mit Sicherheit weder an Ballmer noch an Gates gegangen, sondern an das musikalische Wunderkind Yo Yo Ma. Ma hatte sein Musikstudium in Julliard im Alter von acht Jahren begonnen; er übte entweder im Konzertsaal des Wohnheims oder draußen auf dem Dach; er nahm sein Cello und spielte seinen Mitstudenten Serenaden. Und wie stolz müssen die treuen Demokraten Fred und Bea Ballmer gewesen sein, als ihnen Steve von seiner neuen Mitbewohnerin erzählte, einer Prinzessin aus der amerikanischen Familie, die am ehesten einer Königsfamilie nahe kommt: Caroline Kennedy. Jamie Coldre: „Caroline war sehr eingebildet, eine Frau, die nirgendwo hingehen konnte, ohne die Blicke auf sich zu ziehen. Ihr Mutter war sehr hübsch und anmutig. Sie trat ohne Brimborium auf und benahm sich genauso wie die meisten anderen Mütter."

In einem Bericht heißt es zwar, dass ein dritter Bewohner des Wohnheims Gates und Ballmer einander vorstellte, aber da Mr. Loud in Zimmer 403 und Gates auf dem gleichen Flur in Zimmer 417 wohnte, schien es vom Schicksal bestimmt, dass sich die beiden Mathematikmagier kennen lernten. Gates sagte gegenüber PBS: „Ich hatte meine Freunde, und Steve hatte seine Freunde, das waren verschiedene Kreise. Steve war der Mittelklassetyp, der in Harvard alles mitbekommen wollte. Ich verbrachte die meiste Zeit an den Computern." Ballmer ist der einzige Freund, der Gates aus seiner Zeit in Harvard geblieben ist.

Ballmer sagte: „Im zweiten Studienjahr wohnten wir auf dem gleichen Flur, und ich hörte immer wieder von diesem ziemlich verrückten Typen, der nachts immer spät heimkam, und er kam aus Seattle, was zumindest von Boston aus gesehen weit weg war, und die meisten von uns waren noch nie am großen Pazifik gewesen, und er schlief nicht gerade viel, und er hatte diese schrägen Gewohnheiten, aber die Leute sagten mir, weißt du, er ist ein Mathe-Typ. Ich war auch ein Mathe-Typ, und ich lernte ihn vielleicht zwei Monate später kennen, und wir wurden ganz gute Freunde, weil wir beide ganz gerne über wissenschaftliche Sachen und über Mathe und so redeten, weil es uns Spaß machte."

Weder Ballmers Wissensdurst noch seine allgemein manische Art ließen viel Zeit zum Schlafen. Der introvertierte Gates mit seiner unterentwickelten sozialen Kompetenz fand bei den regelmäßigen Pokerspielen im Wohnheim zu einem gewissen Zugehörigkeitsgefühl. Er konnte von den Spielen, die mit sieben Karten gespielt wurden, nicht genug kriegen. Die Stadt Seattle hatte in einem Versuch, sich von ihrer kratzbürstigen Vergangenheit zu befreien, auch die legalen Glücksspiele verboten. Aber jetzt konnte Gates ein paar Schritte von seinem Schlafraum entfernt und mit einem millionenschweren Treuhandfonds in der Hinterhand seinen Durst nach Belieben stillen. Seine Pokerkumpels rieben sich schon die Hände, wenn er hereinkam und sagte: „Hier kommt der Gates mit dem großen Geld." Nicht selten verlor Gates in einer Nacht Hunderte von Dollar (so viel verdiente Ballmer als Caddy in einem Monat) und gewann in anderen Nächten fast genauso viel. Einmal gab er Paul Allen sein Scheckbuch, ein andermal gab er es Ballmer, und er sagte, sie sollten es von ihm fern halten. Trotz gegenteiliger Berichte hat Ballmer niemals gespielt. Niemals (und in der Schweiz, wo sein Vater herkam, ist das Glücksspiel verboten).

Nach langen Pokernächten schaute Gates gewöhnlich noch einmal in Ballmers Zimmer vorbei, wo die beiden eine hirnige Version von „Rock around the Clock" ablieferten. Stellen Sie sich den wuselnden Gates vor, der sich hinsetzt und wie immer beim Reden in sein autistisch anmutendes Vor- und Zurückwippen verfällt. Stellen Sie sich dazu den höchst aufgeregten Ballmer vor, wie er sich die Schenkel reibt und vor- und zurükkwippt wie damals in Country Day. Zwar passten ihre Neurosen teilweise zusammen, aber ihre Persönlichkeiten nicht. Gates' Zimmergenosse Andy Braiterman: „Bill und Steve waren polare Gegensätze. Bill war wirklich kein geselliger Mensch. Er war nicht der Typ, der die Zeit mit vielen Menschen verbringt." Jamie Coldre: „Wir nannten Steve ‚Old Man Ballmer', weil ihm die Haare ausgingen. Er war sehr nett, keiner von uns hatte auch nur die leiseste Ahnung, was aus ihm werden sollte."

Gates hatte zusammen mit Paul Allen ein Programmierunternehmen gegründet, als sie beide in Seattle auf der Lakeside School waren. Als Gates in Harvard war, betrieb er das Geschäft weiter. Ballmer hatte keine unternehmerische Ader in seinem großen Leib. Gates hatte einen scharfen Sinn für das, was ihm zustand, Ballmer dagegen arbeitete dafür, dass er das Gefühl hatte, etwas beanspruchen zu dürfen. Der kalte, berechnende Gates. Der leidenschaftliche, freigebige Ballmer. Gates nahm sich Dinge – er stahl Rechenzeit auf den Computern in Lakeside und Harvard, er hatte Temperamentsausbrüche und er war ein Spieler –, Ballmer dachte an so etwas nicht einmal. Ballmer war taktvoll, Gates mangelte es an Takt. Gates hatte ein tiefe Tasche, Ballmer war zutiefst schmeichlerisch. Gates' Eltern gaben ihm großen Freiraum. Ballmers Eltern schickten ihn auf einen schmalen und schnurgeraden Weg. Gates hatte eine hohe Meinung von sich selbst (die von den wenigsten Kommilitonen geteilt wurde, und schon gar nicht vom Chef der Computerabteilung in Harvard, der ihn als „das abscheulichste menschliche Wesen" bezeichnete, das er je gekannt habe). Aber dann wiederum hatten beide keine feste Freundin. Beide hatten keine Brüder. Beide standen ihrer Mutter sehr nahe. Gates dachte konzentriert nach. Ballmer hatte Glücksausbrüche. Sowohl ihre Gehirne als auch ihr Wippen folgten versetzten Rhythmen.

Ballmer sagte dem Autor John Heilemann, dass es in einer seiner ersten ernsthaften Unterhaltungen mit Gates unter anderem um den Antitrust-Prozess gegen Wonder Bread ging, an dem Gates' Vater als Anwalt gearbeitet hatte. Unter der offiziellen Bezeichnung Utah Pie Company gegen Continental Baking wurde der Prozess angestrengt, als Continental (Wonder Bread) in Salt Lake City die Preise für Brote senkte, die in den gleichen Regalen lagen wie die Brote örtlicher Bäckereien, hier vertreten durch Utah Pie. Da sich Utah Pie vor Ort befand, waren die Transportkosten niedriger als für Wonder Bread, ein natürlicher Wettbewerbsvorteil. Also verkaufte Wonder Bread ganz einfach mit Verlust und hielt so lange durch, bis die örtlichen Bäckereien aufgeben mussten. Dann erhöhte Wonder Bread wieder die Preise. Diese Strategie stammt unmittelbar aus Rockefellers Handbuch „Auch Sie können Monopolist werden". Der Oberste Gerichtshof entschied, dass ein solcher Preiskampf, hinter dem eine „unmittelbar zerstörerische Absicht" steht, nach Abschnitt 2(a) des Sherman Antitrust Act verboten war.

Eine der ersten gemeinsamen gesellschaftlichen Aktivitäten von Gates und Ballmer war der Besuch eines Doublefeatures mit dem Musical „Singing in the Rain" und Stanley Kubricks „A Clockwork Orange". Im Regen zu singen war für einen Sänger aus Seattle sozusagen eine Pflichtübung; der gleichnamige Song ist der Schlüssel zu Kubricks Handlung. In „A Clockwork Orange" geht es um eine außer Kontrolle geratene Jugendbande in England, die in brutaler Weise prügelt, raubt und vergewaltigt und dabei immer dieses Lied singt. Als der Anführer am Ende verhaftet wird, wird er zum Objekt einer Regierungsstudie, die herausfinden soll, ob die Aversionstherapie geeignet ist, um sein antisoziales Verhalten umzuprogrammieren.

Aber aufgrund der Beseitigung der naturgegebenen Neigungen des Schlägers ist er nach der Therapie und nach seiner Entlassung unfähig sich zu schützen, was zu seinem Untergang führt. Kubrick hat damit eine Metapher für übertriebene Einmischung des Staates geschaffen, und das ähnelt dem Anti-Antitrust-Denken von Microsoft. Laut Aussage der Autoren Stephen Manes und Paul Andrews weideten sich Ballmer und Gates an diesem Film; Ballmer sang den Titelsong derart laut, dass ein Wohnheimgenosse ihm beinahe eins verpasst hätte.

Ballmer hatte in Harvard einen ausgedehnten Freundeskreis, der von dem Country-Day-Mitschüler Stephen Pollack bis zu seinen Kumpanen im Fox Club reichte, in den er unter anderem deswegen aufgenommen worden war, weil er eine Vorbereitungsschule besucht hatte. Aufgrund seiner Fähigkeit, Brücken zwischen verschiedenen Kreisen zu schlagen, brachte Ballmer Gates dazu, über seinen Schatten zu springen und in den Fox Club einzutreten. Sein Aufnahmeritual umfasste viele alkoholische Getränke, einen Rundgang über den Campus mit verbundenen Augen, einen Vortrag über ein mysteriöses Computerthema sowie das Auswendiglernen geheimer Lieder und ein geheimer Händedruck (das einzige was fehlte, war ein geheimer Ring). Gates war immer noch ein Außenseiter, und er erinnert sich an diese Zeit als bedrückend. Es bereitete ihm Schwierigkeiten, in einer Welt zu leben, in der er nicht das intellektuelle Alphatier war.

Gates und Ballmer lernten gemeinsam und um die Wette. Anders als in Country Day oder Lakeside gab es keine Anwesenheitspflicht. Nachdem beide von einer volkswirtschaftlichen Lehrveranstaltung nur die erste Stunde besucht hatten, sagte Gates, als die Zwischenprüfung heranrückte: „In diesem Kurs sind wir gearscht." Er machte zusammen mit Ballmer nächtelang durch, und dessen Ausruf von der Vorbereitungsschule wandelte sich von „Oh! Oh! Oh!" in „Wir sind die besten!", wenn er ein Problem gelöst hatte. Aus seiner Verzweiflung wurde „Wir sind verratzt!" Beide bestanden den Test glänzend. Dann gingen sie die prestigeträchtige Putnam-Mathematik-Prüfung an. Ballmer kam unter die besten Hundert, Gates unter ferner liefen.

Als Ballmer 1990 in Country Day die Abiturrede hielt, sagte er den gebannten Zuhörern: „Ich habe entdeckt, dass derjenige, der in Harvard die Football-Mannschaft managt, es fast jedes Jahr schafft, auf die Harvard Business School zu kommen; ich sagte mir: ‚Business, das ist für mich etwas Neues. Ich interessiere mich jetzt für das Business.'" Er erinnerte sich bei der Gelegenheit auch daran, dass er zum Highschool-Abschluss 17 Jahre zuvor „etwa 160 Pfund wog, sehr sehr schüchtern war und Computer hasste". Nichts davon ist wahr. Ballmer wurde Gerätewart des Fooballteams unter dem ehemaligen Cheftrainer der Canadian Football League Joe Restic, bekannt unter dem Namen „The Razor". Restic war berühmt für seine Philosophie: „Du musst den Preis zahlen." Mannschaftskapitän war Tackle Dan Jiggitts, der später Profi bei den Chicago Bears wurde und dann Sportreporter in Chicago.

Jiggitts, ein gesprächiger Mann, der seine Worte sorgfältig und schnell wählt, sagt, dass er, als er bei der NFL anfing, festgestellt habe, wie fortgeschritten Joe Restics Spielstrategie war; deshalb war er den anderen Neulingen im Trainingslager eine Nasenlänge voraus. Jiggitts erinnert sich, dass Ballmer „ungewöhlich organisiert, ruhig und nett [war]. Wenn er mit mir sprach, merkte man, dass er befürchtete etwas zu sagen, das mir nicht gefiel. Er war sehr zugeknöpft, fast devot. Vor zehn Jahren schrieb eine meiner Töchter einen Brief an ihn, und Steve antwortete mit einem lieben Brief sowie kostenloser Software. Als Steve nach Chicago kam und der Verantwortliche für die öffentlichen Schulen mit ihm darüber redete, einer Gruppe von unterprivilegierten Kindern eine Computerausbildung zu verschaffen, da öffnete er den Kindern die Microsoft-Ausbildungs-Einrichtungen und sagte mir: 'Vielleicht brauchen wir sie eines Tages als Arbeitskräfte.'"

Jiggitts kennt sowohl Michael Jordan als auch Ballmer, und er findet, dass sie einander ähnlich sind: „Steve mag den Teamcharakter des Business, die Kameradschaft, genauso wie Michael den Mannschaftscharakter von Basketball mag, und nichts – auch nicht die Familie oder die Kirche – ist damit vergleichbar. Als Steve, wie auch Jordan, einmal Blut am Wettbewerb geleckt hatte, wurde ihm klar, dass er den Erfolg brauchte und dass er dafür arbeiten musste. Beide sind wettbewerbssüchtig, sie brauchen den Stress. Jordan verließ die NBA als Bilderbuchspieler, und er hatte so viele MVP-Trophäen, dass man meinen könnte, er habe alles erreicht. Aber er kann nicht genug bekommen. Beide sind Familienmenschen und halten ihre Familien aus dem Rampenlicht heraus. Aber wenn sie einmal das Wettbewerbsgen aktiviert und auf den Wettbewerbsknopf gedrückt haben, dann können sie nicht mehr abschalten. Der Schalter ist kaputt." Überraschenderweise verhielt sich Ballmer am Spielfeldrand gedämpft, wenn Harvard spielte. Dagegen überrascht es nicht, dass er zu einer Gruppe im Zentrum des gesellschaftlichen Lebens von Harvard gehörte und die Rolle des Fans annahm.

Seltsamerweise hatte das Footballspielen in Harvard auch Hitler beeinflusst. Laut seinem früheren Außenminister Ernst „Putzi" Hanfstaengl, Harvardabsolvent 1909, stammt die Idee für den Ruf „Sieg!", auf den die Menschenmassen mit „Heil!" antworteten, aus Putzis Erzählungen, wie die Footballfans auf den Ruf „Harvard!" einstimmig mit „Harvard!" antworten und so in Begeisterung geraten. Sehr deutlich erkennt man die Wirkung in den Filmaufnahmen von Hitlers Massenveranstaltungen in Nürnberg. Entsprechend seinem Charakter nahm sich Ballmer das Credo des Trainers Restic, „Du musst den Preis zahlen", so sehr zu Herzen und rief es so laut und so häufig, dass, wie sich Judith Kaplan erinnert, der Zimmergenosse Paul Valenstein ein Lied über Old Man Ballmer komponierte, das mit der Zeile endete: „Du musst den gottverdammten Preis zahlen."

Ballmer spielte zwar keine offizielle Rolle in den Basketballmanschaften von Harvard, nahm aber an Gelegenheitsspielen teil. Sein Kommilitone Kal, der in der Mannschaft der Neulinge spielte, sagt: „Aufgrund seiner Größe konnte er nicht springen, aber er gab gute Vorlagen", so dass der Gegner geblockt war und sein Mannschaftskollege einen schönen Wurf anbringen konnte. Später gab Ballmer auch Gates gute Vorlagen.

Gates' bester Freund während seiner Zeit in Harvard war sein Schulkamerad aus Lakeside, Paul Allen, der nicht nur eine Freundin hatte, sondern auch nach Boston gezogen war, um Gates nahe zu sein und bei Honeywell zu arbeiten. Anders als 99 Prozent aller anderen Menschen verstand Ballmer einen großen Teil von Gates' verquerem Gerede; Allen konnte sogar noch besser folgen (Allen teilt Ballmers Basketballbegeisterung und kaufte später die Portland Trailblazers).

Nachdem Allen in Popular Electronics eine Titelstory über den Personal Computer Altair gelesen hatte, eilte er frohlockend nach Currier House und erzählte Gates davon, der seine Begeisterung teilte. Gates verführte den schüchternen Mitstudenten Monte Davidow dazu, dass er ihm half, Rechenzeit auf dem von dem Verteidigungsministerium zur Verfügung gestellten Harvard-Computer zu stehlen und ein krudes BASIC-Programm für den Altair zu schreiben; Harvard erteilte Gates dafür einen kräftigen Tadel und änderte seine Computerzugangspolitik. Davidow bekam an dem, was er mitgeschaffen hatte, kein Eigentumsrecht, und obwohl er später bei Microsoft arbeitete, vergaß Gates seinen Beitrag zum Aufbau des Unternehmens.

An einem Frühlingstag des Jahres 1975 gingen der spätere Karikaturist Kal und sein Zimmergenosse über den Campus, als sie dem ungleichen Paar Ballmer und Gates begegneten. Gates war von vielen Dingen erfüllt, aber vor allem von sich selbst, und er sagte: „Ich habe in Harvard alles gelernt, was ich hier lernen kann. Ich steige aus." Kallaugher war von Gates' Unverfrorenheit zunächst irritiert, fand dann aber, dass er ein beeindruckender Kerl sei. Aus verschiedenen Gründen, unter anderem um das Gesicht zu wahren, bricht man Harvard nicht ab, sondern man „ist beurlaubt". Obwohl Gates am Ende des zweiten Studienjahres ausgestiegen ist, wird er nach 27 Jahren immer noch als „beurlaubt" geführt (noch 25 Jahre danach bezeichnete Richter Thomas Penfield Jackson Gates als „sophomoric" [im zweiten Studienjahr befindlich, Anm. d. Übers.]). In jenem Sommer zog der beurlaubte Gates nach Albuquerque in New Mexico und gründete zusammen mit Paul Allen Microsoft. Das Unternehmen erstellte Programmiersprachen für den Altair-Computer. Ballmer blieb in Harvard und machte seinen Abschluss.

Dem Technik-Journalisten Dan Gilmor sagte Ballmer, er habe an der Harvard Business School einen Kurs mit der Bezeichnung „Management und Führung in den Künsten" belegt. Laut Beth Potier vom Harvard News Service dürfen Studenten vor der Zwischenprüfung keine Lehrveranstaltungen an der B-School (Business School) belegen, und an der Schule gibt es keine Aufzeichnungen über eine Einschreibung Ballmers. Die B-School ist schon rein räumlich vom Harvard College entfernt und liegt auf der anderen Seite des Charles River, und es ist auch politisch wie geistig von den jüngeren Semestern isoliert. Wenn man Ballmer beim Wort nimmt und er in seinem ersten Jahr wirklich einen Kurs an der B-School besucht hat, dann wäre einer seiner Kurskollegen der Sohn reicher und gesellschaftlich gesegneter Eltern George W. Bush gewesen, der damals in seinem letzten B-School-Jahr war und einem Kurs angehörte, der derart wichtig für den Aufbau der neuen Weltwirtschaftsordnung war, dass Professor John Kotter den Kursverlauf in seinem 1998 verfassten Text „The New Rules" beschreibt. Der spätere Präsident wird darin nicht erwähnt.

Seine Leistungen in den Kursen waren durchschnittlich, aber Ballmer nannte sich in Harvard zu Recht „Mr. Extracurricular"; er verbesserte seine Beziehungen zu den Zulassungsbeauftragten der Business School und sammelte Managementerfahrung durch seine Mitarbeit bei der Campuszeitung *Crimson* sowie bei der Literaturzeitschrift *Harvard Advocate*. Der Washington-Korrespondent des *New Yorker*, Nicholas Lemann, war 1975 Chefredakteur des *Crimson*. Er sagte mir: „Ballmer verkaufte Anzeigen. Er war der beste Anzeigenverkäufer, den die Zeitung je hatte. Das gefiel mir sehr gut, denn die Zeitung musste Gewinn machen. Es war sehr wichtig, dass der *Crimson* seine finanzielle Unabhängigkeit von der Schule bewahrte. Nach den Studentenstreiks des Jahres 1969 hatte der *Crimson* viel von seinen Einkünften und Anzeigenkunden verloren, und er schrieb rote Zahlen. Er steckte in der Krise. Der Verwaltungsrat wurde gekippt. Wir steckten in einem modifizierten Konkursverfahren. Im schlimmsten Fall hätte uns die Schule übernehmen können.

Der Crimson hat eine sehr spezielle Methode, seine Redakteure auszuwählen. Die Redakteure bestimmen ihre Nachfolger. Die ganzen Jungen kommen rein und schlagen vor, was sie machen wollen. Steve kam und bewarb sich um den Topjob [business manager]. Er bekam ihn nicht. Und der Grund für die Ablehnung war, dass man ihn für zu ätzend hielt. ,Zu ätzend', dachte ich mir. Mich störte das nicht, er war genau das, was der *Crimson* brauchte. Er flößt Vertrauen ein."

Michael Kinsley traf Ballmer zum ersten Mal, als er in den

Räumlichkeiten der Zeitung seinen guten Freund Lemann besuchte. Kinsley hatte sein Rhodes-Stipendium in Oxford abgeschlossen und studierte jetzt in Harvard Jura; außerdem war er Tutor in Kirkland House. Kinsley: „Die Geschichten aus Harvard über Steve als lauten, manischen Adrenalinjunkie sind alle wahr. Aber von all jenen, die ich dort kannte, stand ein anderer Student ganz unten auf meiner Liste derer, die erfolgreiche Geschäftsleute werden würden, nämlich Scott McNealy. Ich war im Speisesaal und sah, dass dieser Typ ein Cranbrook-Eishockey-T-Shirt trug; so was sieht man nicht jeden Tag, und daher stellte ich mich vor."

McNealy kam nie in die Eishockeymannschaft von Harvard, die zu den besten des Landes gehörte. Nach eigener Aussage studierte er im Hauptfach Bier. Er war ein typischer Burschenschaftler, bloß dass es in Harvard keine Studentenverbindungen gibt. McNealys offizielles Hauptfach waren Wirtschaftswissenschaften, und im Jahre 1976 schloss er sein Studium mit einer Dissertation über Kartelle ab: „Competition and Performance in the United States Transit Bus Manufacturing Industry" (Wettbewerb und Leistung der amerikanischen Omnibushersteller).

Ballmer verbrachte den Sommer 1976 in Boston, zum Teil wegen der Zweihundertjahrfeier, an der schätzungsweise 700.000 Menschen die Stadt übernahmen und feierten. Er lebte außerhalb des Campus und hatte einen Mitbewohner, der sich daran erinnert, wie Ballmer einmal Laken kaufte, die für sein Bett zu klein waren. Er benutzte sie trotzdem und zeigte einen Charakterzug, für den er später bekannt werden sollte – die einen bezeichnen Ballmer als sparsam, für die anderen ist er einfach nur billig. Schließlich wurde Ballmer auch Herausgeber der ältesten universitären Veröffentlichung der Nation, des Harvard Advocate. Das war das erste Unternehmen, das Ballmer leitete, und es arbeitete profitabel. Einer der früheren Chefs des Advocate war der spätere Präsident Teddy Roosevelt (der den Trust Standard Oil zerschlug); er hatte einige der ersten Werke von T. S. Elliott veröffentlicht, und die Arbeiten eines kleingewachsenen Juden aus Brooklyn namens Norman Mailer, der im Aufsichtsrat des Blattes saß. Ballmer überwachte den Prozess der „Verjüngung und Neuorganisation" des Advocate. Der Advocate-Autor Peter Alter: „Ballmer hatte keinerlei literarische Ambitionen. Er war da, um die geschäftliche Seite zu erledigen." Zwar hält man Harvard meistens für eine Hochburg des Liberalismus, die von den „bunten Kommunistenfreunden" der Sechziger bevölkert ist, und die Verwaltung ist meistens liberal, aber die Studenten in Harvard decken alle politischen Flügel und alle philosophischen Schulen ab. Ballmer veröffentlichte liberale Autoren wie zum

Beispiel Maura Moynihan, Tochter des späteren US-Senators Daniel Patrick Moynihan, oder die Dichterin Jo Salter; aber er arbeitete auch eng mit dem bekanntermaßen erzkonservativen Grover Norquist zusammen, der später als Lobbyist für Microsoft fungierte und der derzeit einen Kreuzzug für die Errichtung von Ronald-Reagan-Denkmalen in allen Countys der 50 Bundesstaaten führt. Ballmers literarische Abenteuer entsprangen weniger der Liebe zur Literatur als dem Wunsch, seinen Lebenslauf anzureichern. Im Advocate erschien nie auch nur eine einzige Zeile seiner eigenen Prosa.

Im Frühling seines letzten Studienjahres traf Ballmer in New York Bill Gates, der dort ein BASIC-Programm verkaufte. Sie aßen im Fox Club und er-redeten (oder erkauften) sich den Zutritt zu dem damals angesagtesten Laden, dem Studio 54. Dort begegnete Ballmer seiner Cousine zweiten Grades Gilda Radner, die gerade mit ihrem Kollegen aus Saturday Night Live, John Belushi, unterwegs war (Belushis Körpersprache ähnelte derjenigen Ballmers). Es gibt keine Berichte darüber, dass Ballmer Belushis Drogenkonsum nachgeahmt hätte.

Es wurde berichtet, dass Ballmer sein Studium 1977 magna cum laude abschloss; der Harvard News Service schrieb mir ebenfalls, Ballmer habe mit „magna" abgeschlossen, aber der Archivar von Harvard kann diese Behauptung nicht bestätigen, und es gibt keine Dokumente darüber, dass er eine entsprechende Abschlussarbeit verfasst hätte (in dem Film „With Honors" aus dem Jahre 1994 mit Brendan Fraser und Joe Pesci wird ausführlich geschildert, wie man in Harvard zu „honors" gelangt). Der Pressedienst-Website von Microsoft (microsoft.com) ist zu entnehmen, dass Ballmer in Mathematik und Wirtschaft abgeschlossen hat. Aus dem Archiv geht jedoch hervor, dass er nicht zwei Hauptfächer hatte, sondern einen B.A. (Bachelor of Arts) in Angewandter Mathematik abgelegt hat, und keinen B.S. (Bachelor of Science). Er besuchte mehr Lehrveranstaltungen in den Geisteswissenschaften als in den exakten Wissenschaften. In keinem der Jahrbücher aus der Zeit, als Ballmer Harvard besuchte, findet sich ein Bild von ihm. Was lag nun vor ihm?

An der Harvard Business School liegt keine Bewerbung von Ballmer vor, aber er bewarb sich an der Stanford Business School und wurde dort angenommen. Beide Schulen empfehlen den Studenten, ein paar Jahre praktische Erfahrungen im „richtigen Leben" zu sammeln, bevor sie sich bewerben. Er ließ sich für den Antritt des Studiums in Stanford zwei Jahre zurückstellen. Eine messerscharfe Erklärung dafür ist, dass Ballmer arbeiten musste, um Geld aufzutreiben.

Wohin gingen die besten Möchtegern-Geschäftsleute nach dem Studium? Ballmer brauchte nicht weit zu gehen, um zu sehen, dass Lee Iacocca, der Präsident von Ford, durch die Marketing-Tür in sein Privatbüro gekommen war. Seinen Wurzeln im Mittleren Westen und seiner Lust am Verkaufen treu, beschloss Ballmer, zu dem Konsumartikel-Giganten Procter & Gamble nach Cinicinnati in Ohio zu gehen, etwa drei Autostunden von Farmington Hills und von Fred und Bea entfernt. Das war Ballmers erste Reise in die Geschäftswelt.

> TEIL 2 <

DER LAUF DER WELT

Mache dich für jemanden unentbehrlich.

RALPH WALDO EMERSON

> KAPITEL 4 <

PROCTER & GAMBLE UND STANFORD

In den 150 Jahren bevor Steve Ballmer dort arbeitete, hatte sich Procter & Gamble von einem lokalen Seifen- und Kerzenhersteller für die Bewohner von Cincinnati zu einem weltweiten Erzeuger zahlreicher Produkte entwickelt. Das Unternehmen nahm zunächst Shampoo und Waschmittel sowie viele andere Dinge in sein Sortiment, zum Beispiel Wegwerfwindeln (Pampers), Mittel gegen Erkältung (Vicks) und Lebensmittel: Die Produktlinie Crisco wurde durch die Übernahme des Kaffeeunternehmens Folger's erweitert. Das Unternehmen erfand die Pringles-Chips und verkaufte Gebäckmischungen, vor allem Duncan Hines.

Als Ballmer dort anfing, galt P & G als weltgrößter Vertreiber von Konsumartikeln in der weltgrößten konsumorientierten Volkswirtschaft. Gemäß einer gut informierten Quelle entfallen 80 Prozent des Preises für Crest-Zahnpasta nicht auf die Bestandteile, sondern auf die Vermarktung. P & G gab sich große Mühe, seine Vertriebskräfte zu trainieren und stattete sie mit dem größten Werbebudget des Landes oder sogar der Welt aus. Steve Ballmer sagt, er habe keinen großen Plan gehabt, als er als Branding Assistant in die Food Products Group von P & G kam. P & G hatte das Markenmanagement in den vorangegangenen 50 Jahren mehr oder weniger erfunden und in die Tat umgesetzt. Bei dem so genannten „Branding" geht es um das visuelle, emotionale, rationale, textuelle und kulturelle Bild, das man mit einem Unternehmen oder einem Produkt verbindet.

Branding ist der Grund dafür, dass viele Amerikaner an Seife denken, wenn sie das Wort „Elfenbein" hören – nicht an Klaviertasten oder Elefantenstoßzähne, sondern an Seife; und zwar nicht an irgendeine Seife, sondern an Seife von Procter & Gamble. Marken wurden in Unternehmensbilanzen ab einem gewissen Zeitpunkt als Vermögenswerte unter der Rubrik Goodwill verbucht (das wörtliche Gegenteil von Goodwill, nämlich „bad will" (böser Wille), wird an sich nicht aufgeführt, aber wenn es zu Prozessen kommt, erscheint es trotzdem. Man denke beispielsweise an die Exxon Valdez). Heute ist Branding ein eigenständiger Vermögenswert und wird separat aufgeführt. Eine weltweite Erhebung der Consultingfirma Interbrand ergab im Jahre 2001, dass die Marke Microsoft die zweitwertvollste nach Coca Cola war – 61 Milliarden US-Dollar im Vergleich zu 68 Milliarden US-Dollar. Die Markensammlung von P & G, das so genannte Brand Portfolio, ist ebenfalls das zweitgrößte der Welt; mit einer Bewertung von 45,5 Milliarden US-Dollar liegt es allerdings 25 Milliarden unter dem Portfolio von Johnson & Johnson.

Gemäß dem Konzept des Brand Managements liegt ein Produkt in den Händen eines einzigen fähigen Managers, der somit sein gesamtes Management- und Marketing-Geschick darauf verwenden kann. Und tatsächlich war es bei P & G nicht ungewöhnlich, dass die einzelnen Brandmanager miteinander am Markt konkurrierten. Ballmer wurde als Verkaufs-Trainee sofort hinaus in die Welt geschickt. Er arbeitete in Dallas und Denver mit den Vertretern der Duncan-Hines-Gebäckmischungen Moist & Easy.

Ballmer managte eine eigene Verkaufsabteilung, und hier traf er zum ersten Mal auf den Konsumentenmarkt. Er musste einen Anzug tragen. Er half bei Präsentationen für neue Kunden, und er analysierte die Geschäfte der Konkurrenten sowie seine eigenen. Er lernte, wie man aus einer Idee seines Brandmanagers einen Plan macht und wie ihn die Verkäufer dann umsetzen. Er verstand, was gute Präsentation im Laden bedeutet. Er ging in die Supermärkte und sah, wie die Produkte dort präsentiert wurden und um den Platz im Regal kämpften. Und dann hatte er eine einfache Idee, die er mit zurück nach Cincinnati nahm und – nachdem sein Boss Nes Cockburn ihm grünes Licht gegeben hatte – in die Tat umsetzte.

Ballmer stellte fest, dass man die Schokoladenkeks-Schachtel auf die Seite drehen und die Beschriftung waagerecht anstatt senkrecht aufdrukken konnte – so nahm sie im Regal mehr Platz weg. Wenn der Supermarkt nichts änderte und genauso viel Moist & Easy bestellte wie zuvor, dann müssten Konkurrenzprodukte aus den Regalen verschwinden. Schlau.

Ballmer fiel auch die Aufgabe zu, den Coldsnap Freezer Dessert Mix einzuführen – er wurde ein trauriger Fehlschlag (in Ballmers Büro bei Microsoft hängt ein gerahmtes Etikett davon an der Wand. Es soll ihn daran erinnern, dass selbst die allerbesten Marketingpläne völlig daneben gehen können). Eines Abends im Jahre 1978 feierte Ballmer mit Kollegen eine Junggesellen-Party. *PC Week* berichtete: „In einem Pub im Zentrum von Cincinnati begannen die Kumpanen nach einigen Runden Bier mit einem Frage-und-Antwort-Spiel. ‚Steve blies alle um‘, erzählt der Mitarbeiter Gordon Tucker. ‚Er wusste, dass Beaver Cleaver in Folge 43 dieses oder jenes sagte und solche Sachen.‘ Später wurden sie wegen Lärms aus einer Pizzeria geworfen. Dann stiefelten sie über die Brücke hinüber in das wilde, wollene Kentucky. Dort passierte etwas Bemerkenswertes, aber Tucker musste Ballmer schwören, dass er nichts davon erzählte.“

Es dauerte nicht lange, bis sich Ballmer bei P & G langweilte. Bei einer Rede in Country Day erzählte er den Schülern später: „Ich habe mich in meiner Zelle im Stuhl zurückgelehnt und mit meinem Zellengenossen Jeff Immelt Zimmer-Basketball gespielt.“ Immelt ist derzeit CEO von General Electric (über die Zusammenarbeit mit Ballmer sagt Immelt nur: „Wir waren unverbesserlich.“).

Wie immer bei seinen erwachsenen Unternehmungen war Ballmer von außergewöhnlich intelligenten und begabten Menschen umgeben. Bei P & G gehörte Ballmer zu einer Gruppe höchst aktiver junger Führungskräfte, die später auf andere Bereiche des Marktes losgingen: Scott Cook arbeitete ein paar Türen weiter an den Marken Crisco und Fluffo. Er wurde Mitgründer des Softwareunternehmens Intuit, das vor allem für seine Finanzsoftware Quicken bekannt ist (Cook war die Konkurrenz gegen Microsoft leid und akzeptierte ein Übernahmeangebot von Bill Gates in Milliardenhöhe, aber die Übernahme wurde vom Justizministerium zunichte gemacht, weil Microsoft dadurch zu einer ungebührlichen Vorherrschaft auf dem Markt für Finanzsoftware gelangt wäre). Jetzt sitzt Cook im Vorstand von P & G.

Sein Saufkumpan Gordon Tucker, der an Pringles arbeitete, als er und Ballmer sich kennen lernten, gründete später E-Greetings. Kurz nach Ballmers Abschied kam ein Typ namens Steve Case zu P & G. Er arbeitete als Brand Assistant für den Haarfestiger Abound! und für Lilt, die Dauerwelle für zu Hause. Später wurde er CEO von America Online, und schließlich Vorstandsvorsitzender, als aus dem Unternehmen AOL/Time Warner wurde. Laut *Business Week* gewannen dadurch, dass die Marken schnell zu den Juwelen der Unternehmen wurden, die Brandmanager immer mehr Einfluss. Ballmer war also zur richtigen Zeit am richtigen Ort. Als Ballmer zu P & G kam, wusste jeder, dass gegen das Unternehmen ein Antitrust-Prozess im Gange war; schon ein kurzer Blick in den Jahresbericht zeigte das. Im Jahre 1957 hatte die Federal Trade Commission (FTC) auf Betreiben der Purex Corporation entschieden, dass die Übernahme der Clorox Corporation durch P & G den Handel nach den Bestimmungen des Clayton Act einschränkte, der dem Sherman Antitrust Act vergleichbar ist. Der Fall ging durch mehrere Instanzen bei der FTC und vor Bundesgerichten, bis schließlich der Supreme Court die Entscheidung bestätigte, dass P & G sich von Clorox trennen musste. P & G entsprach dieser Aufforderung sofort. Der Antitrustprozess wurde fortgesetzt, als Purex für den durch Clorox entstandenen Verlust die nach dem Clayton Act mögliche dreifache Entschädigung einforderte. Der Fall wurde zwölf Jahre lang verhandelt, bis Purex die Tatsache anerkannte, dass es an seinen eigenen Irrtümern lag und nicht an irgendetwas, das Clorox getan hätte, dass sein Marktanteil und seine Gewinne zurückgingen. All das zeigte, wie kompliziert Antitrust-Prozesse sind und in welchem Schneckentempo sie fortschreiten. Noch eine gute Erfahrung für das, was noch vor Ballmer lag.

Ballmer sagte dem *Rolling Stone* im Jahre 2000, er habe bei P & G nie jemanden getroffen, der mit Begeisterung das Waschmittel Tide oder andere Produkte aus dieser Serie verkauft hätte. Diesen Mangel an emotionalem Engagement gibt er als einen der Gründe für seinen Weggang an. Was immer auch der wahre Grund war, Anfang 1979 packte er seinen Mustang voll und fuhr in Richtung Westen, nach Hollywood. Selbstverständlich hatte er seinen Studienbeginn an der Stanford Business School weiter aufschieben lassen; er sollte dort im Herbst anfangen, also war sein Abstecher nach Hollywood auch nichts weiter als eben ein Abstecher. Sein Mitschüler von der Country Day, Robin Williams, war gerade mit der Fernsehserie Mork vom Ork berühmt geworden, und Mindy [Originaltitel: Mork and Mindy] wurde von Pam Dawber gespielt, die in Farmington Hills aufgewachsen war.

Vielleicht hatte sich Ballmer von dem Aufstieg mitreißen lassen und wollte etwas von der Aufmerksamkeit abbekommen, die den beiden zuteil wurde. Er traf sich mit einem anderen Harvardabsolventen, Jeff Sagansky, der damals eine leitende Stellung bei CBS hatte und inzwischen Leiter des Fernsehsenders PAX ist. Er erinnert sich, dass er Ballmer als Skript-Korrektor empfahl. Also las Ballmer Skripts für NBC und parkte die Autos von Berühmtheiten. Es liegt im Bereich des Möglichen und würde zu Ballmer passen, dass er um Filmrollen vorgesprochen hat, aber Sagansky erinnert sich nicht, dass er das getan hätte.

Im Juli fand Ballmer die Zeit, nach Seattle zu fahren und die Zeit mit seinem Freund Bill Gates zu verbringen. Sieben Monate vorher waren Gates und Paul Allen mit ihrem langsam flügge werdenden Softwarehaus dorthin umgezogen, unter anderem um der Animosität zu entgehen, die Gates bei seinem Hauptvertragspartner Micro Instrumental and Telemetry Systems (MITS) ausgelöst hatte. Ed Roberts, der Leiter von MITS, sagt, mit Gates „kann man unmöglich auskommen. Er ist ein im wahrsten Sinne des Wortes verdorbenes Kind; das war das Problem." Roberts verkaufte MITS an die Pertec Corporation, die sich am Ende mit Gates und Allen auf einen Gerichtsbeschluss hin in einem Schlichtungsverfahren über den Microsoft-Vertrag einigen musste. Der Schlichter war der erste in einer langen Reihe von Schiedsrichtern, die gezwungen waren, im Sinne von Microsoft zu entscheiden. Ballmer fuhr wieder nach Kalifornien und begann 1981 sein Studium an der Stanford Business School mit großen Hoffnungen und großer Zuversicht. Laut seiner Tante Olga Dworkin dachte Ballmer damals mit keinem Gedanken daran, nach Seattle zu gehen oder für Microsoft zu arbeiten.

Die Stanford Business School wurde 1925 auf Anregung des Stanfordabsolventen und späteren Präsidenten Herbert Hoover gegründet. Kurz vor Ballmers Immatrikulation trat der Dekan und frühere Fordpräsident Arjay Miller zurück, und im nächsten Jahr übernahm Rene McPherson das Amt. McPherson war ehemaliger Vorstandsvorsitzender der Dana Corporation, eines der zehn Unternehmen, die in Tom Peters' Bestseller „In Search of Excellence" porträtiert werden. Er war auf der Höhe der Zeit, was die allgemeinen Veränderungen betraf, die in der Luft lagen, und er erkannte, dass Stanford so langsam Harvard das Wasser reichen konnte, vor allem weil es die Gründung neuer Unternehmen förderte und konkret unterstützte. Nebenbei gesagt lautete McPhersons Devise bei Dana: „Autorität in Frage stellen." Das passte gut auf ein Campus, auf dem die Studenten 1975 in einer Abstimmung den Spitznamen der Schule von Indianer (Indians) in Räuberbarone (Robber Barons) geändert hatten. Die Robber Barons waren im 19. Jahrhundert eine Bande skupelloser Diebe, der auch der Schulgründer Leland Stanford angehört hatte (die Verwaltung erklärte die Namensänderung sofort für ungültig, und man übernahm nur die Farbe, nicht den Vogel selbst).

Offiziell heißt die Schule Stanford Graduate School of Business (GSB). Im Aufsichtsrat saßen der General-Motors-Vorstand Thomas Murphy, der IBM-Vorstand Frank Cary, John Young, Präsident von Hewlett Packard und Warren Buffett, der Chef der privaten Investmentgesellschaft Berkshire Hathaway. Die GSB machte Harvard den Platz als Nummer eins für bereits graduierte Wirtschaftsstudenten streitig. Ein paar Jahre später würden die GSB-Studenten zu ihren Kollegen in Harvard sagen: „Ihr wart auf der B-School; zu schade, dass Ihr es nicht auf die A-School geschafft habt."

Ballmers Jahrgang umfasste 260 Studenten, die sich in den gleichen Begriffen an ihn erinnern wie seine Kommilitonen in Harvard: „laut", „manisch" und „getrieben". Aber anders als seine Harvard-Kollegen wollte keiner der Menschen, die 1981 zu Ballmers Jahrgang gehörten, auf Band sprechen. Zu seinen Mitstudenten gehörten Frank Quattrone, der spätere Leiter der Credit Suisse First Boston Technology Group, der Venturekapitalist Vinod Khosla, der spätere Chef von Great Plains Software Doug Burgum – das Unternehmen wurde im Jahre 2001 von Microsoft übernommen, und Burgum wurde einer der Vizepräsidenten von Microsoft.

Eine der Pflichtveranstaltungen von Ballmer hieß „Einsatz von Computern und Computermodellen im Management". Für diesen Kurs mussten die Studenten den sicheren Umgang sowohl mit Großrechnern (DEC 2040 und HP 2000) als auch „mit kleinen Computern" lernen. Ballmer musste die Programmiersprache BASIC erlernen und ein Modellpojekt zu einem Managementproblem entwickeln.

Was die Wahlfächer betrifft, können sich die Studienkollegen nicht daran erinnern, dass Ballmer je „Wirtschaft und Gesetz" oder „Management und Ethik" belegt hätte. Der Kurs „Regulatorische Aspekte der Gesetzgebung" wurde in jenem Jahr nicht angeboten, aber wenn dies der Fall gewesen wäre, dann hätte ihn vielleicht der an der juristischen Fakultät von Stanford als Ronald-Reagan-Verehrer bekannte William Baxter geleitet. Nachdem Ronald Reagan 1980 zum Präsidenten gewählt worden war, wurde Baxter in seinem Amt als Leiter der Antitrustabteilung im Justizministerium bestätigt. In Stanford hieß es damals: „Es ist besser den Richter zu kennen als die Gesetze zu kennen."

In seinem ersten Jahr nahm Ballmer an zwei mit zehntausend US-Dollar dotierten Wettbewerben teil und gewann beide: einmal bei der Boston Consulting Group und einmal bei Bain & Company. Und er hatte eine neue Angewohnheit: Mitstudenten erinnern sich, dass er mit den Praktikumsstellen prahlte, die ihm angeboten wurden, und einige wendeten sich wegen dieses Ticks von ihm ab. Und zum zweiten Mal war auch an dieser Schule Scott McNealy einen Jahrgang über Ballmer (anders als Ballmer war McNealy von der Schule zweimal abgelehnt worden, obwohl er nach eigener Aussage Empfehlungen von Menschen wie Donald Peterson hatte, des Präsidenten von Ford).

Gegenüber den Detroit Jewish News erinnerte sich Ballmer daran, dass er gegen Ende seines ersten Jahres in Stanford ein Vorstellungsgespräch bei Ford hatte, und „ich sprach mit allen möglichen Investmentbanken. Mein Vater war richtig begeistert davon, dass ich auf der Business School war. Er sagte: 'Du wirst heimkommen und in der Autoindustrie arbeiten – das wird toll.',"

So toll wäre es dann doch nicht geworden, denn um 1980 herum steckte die amerikanische Autoindustrie in einer tiefen Krise. David Halberstam stellt in seiner 1985 erschienen Studie „The Reckoning" fest, dass eine Kombination aus Fehlentscheidungen seitens des Managements, aus hohen Lohnkosten und der Tatsache, dass die japanischen und deutschen Autohersteller die Kundenbedürfnisse besser erfüllten, zur Entlassung von Hunderttausenden Automobilarbeitern führte. Viele Arbeiter und Führungskräfte schrieben die Schuld am Zerbrechen des geteilten amerikanischen Automonopols „dem Staat" in die Schuhe. Schuld an ihrem Schicksal waren angeblich die teueren Sicherheits- und Abgasvorschriften, wobei sie übersahen, dass die ausländischen Hersteller mit den gleichen Gesetzen konfrontiert waren und ganz einfach die besseren Autos bauten – und zwar so viel besser, dass der meistverkaufte Wagen in Detroit im Jahre 1980 der VW Golf war.

Detroit war also nicht der richtige Platz, und Bill Gates suchte verzweifelt jemanden, der die geschäftliche Seite seiner Partnerschaft mit Paul Allen regelte. Ballmer suchte für den Sommer vor seinem letzten Jahr in Stanford einen Ferienjob. Gates rief ihn an, aber Ballmer sagte, er stehe nur für diese kurze Zeit zur Verfügung. Gates brauchte eine Vollzeitkraft und brachte Ballmer dazu, nach Seattle zu kommen; und dort kamen seine wohlsituierten Eltern ins Spiel. William und Mary Gates hatten Ballmer zwar schon vorher kennen gelernt, aber dieses Mal luden sie ihn zum Essen ein und zeigten ihm die große Stadt. Beim Begräbnis seiner Mutter 1994 sprach Gates darüber, wie seine Mutter dazu beigetragen hatte, dass Ballmer zu Microsoft kam. Laut Aussage von Ballmers Tante Olga war William Gates von Ballmer derart beeindruckt, dass er seinen Sohn Bill nach dem Essen beiseite nahm und zu ihm sagte: „Du musst Steve kriegen. Er ist genau der, den du brauchst." Ballmer sagte 1990 in seiner Ansprache zum Schuljahresbeginn in Country Day: „Und so dachte ich schließlich, irgendetwas ist an diesem Bill Gates; er war absolut der intelligenteste Junge, den ich je kennen gelernt habe, und er war so enthusiastisch und so konzentriert; er konnte sich grenzenlos auf etwas konzentrieren. Er hatte die Fähigkeit, sich auf eine Sache zu konzentrieren, genau zu wissen, was er tat, die Sache komplett zu durchdenken und sie zu lieben. Nun, dachte ich mir, wenigstens arbeite ich für einen, den ich wirklich toll finde. Er ist mein Freund, und wir werden eine Menge Spaß haben."

Ballmers Tante Olga: „Es war sehr interessant, denn Steve konnte sich nicht dazu entschließen, [Stanford] zu verlassen. Sein Vater sagte immer: ‚Du solltest auf der Schule bleiben', denn selbstverständlich war die Ausbildung das Wichtigste. Dann sprach er mit seiner Mutter, und sie sagte: ‚Naja, vielleicht solltest du es versuchen.' Bea rief sogar [meinen Mann] Irv an, der zu ihr sagte: ‚Ich finde, er sollte es versuchen. Er kann jederzeit zurück auf die Schule. Bei seiner Intelligenz braucht er sich keine Sorgen zu machen. Er kann in jede Universität hineinspazieren, und die nehmen ihn.'" Trotzdem war es eine mutige Entscheidung, und Ballmer hatte Angst, sein Vater würde sie nicht akzeptieren. Bea und Irv überzeugten Fred vom Gegenteil. Nach einigen Verhandlungen, die teilweise über Küstenfunk geführt wurden, weil Gates gerade Urlaub machte, wurde Ballmer als Assistent des Präsidenten eingestellt. Und so brach der Sohn eines College-Abbrechers sein Studium ab und schloss sich der Geschichte von Gates & Allen an, „Dropouts R Us".

BILL UND STEVES TOLLES ABENTEUER

Den Amerikanern flogen am Dienstag, dem 10. Juni 1980 die Köpfe weg. Die New York Times berichtete von einer damals radikalen, inzwischen aber anerkannten Theorie, nach der vor 65 Millionen Jahren ein Asteroid auf der Erde eingeschlagen ist und zum Aussterben der Dinosaurier geführt hat. Der Präsident von United Airlines wurde in New Jersey verletzt, als er eine Briefbombe öffnete. Er fiel einem eifernden Technik-Gegner zum Opfer, der als „der Unabomber" bekannt wurde. In Los Angeles hatte der Komödiant Richard Pryor eine Überlebenschance von eins zu eins, nachdem die Hälfte seiner Körperoberfläche bei dem Versuch verbrannt war, Kokain herzustellen. Als Präsident Jimmy Carter in Seattle im Bundesstaat Washington vor der Bürgermeisterkonferenz sprach, lag immer noch Asche vom Ausbruch des 130 Meilen weiter nördlich gelegenen Mount Saint Helens in der Luft, der drei Wochen davor ausgebrochen war (und am nächsten Tag erneut ausbrechen sollte). Bob Dylan sang „Gotta Serve Somebody". Und Steve Ballmer arbeitete bei Microsoft für Bill Gates. Auch er sollte viele Male explodieren. Aber in den nächsten drei Monaten handelten Ballmer, Gates und Paul Allen Verträge aus, die unbestreitbar die zwei besten geschäftlichen Abkommen des 20. Jahrhunderts waren und aus denen Hunderte von Milliarden Dollar – und viel Bitterkeit – herausströmen sollten wie heiße Lava.

Ballmer wurde der Angestellte Nummer 28 von Microsoft, auch wenn er der *Washington Post* später sagte, er sei Nummer 24 gewesen (in der offiziellen Microsoft-Historie „Microsoft: Inside and Out" sagt Ballmer, er sei Angestellter Nummer 15 gewesen. Schülern der Country Day sagte er später, er betrachte sich als Mitgründer des Unternehmens). Zum ersten Mal in seinem Leben hatte Ballmer einen Job, bei dem er zwar wusste, für wen er arbeitete, aber nicht was. Als Ballmer eingestellt wurde, machte Microsoft 12,5 Millionen US-Dollar Umsatz im Jahr, und die Bücher wurden handschriftlich auf Papier geführt.

Ballmer war nicht, wie Vanity Fair berichtete, der erste Nichtprogrammierer, der eingestellt wurde. Zu den anderen 27 Beschäftigten gehörten auch ein paar Sekretärinnen und Hilfskräfte, die Gates derart schlecht bezahlte, dass sie eine Klage bei dem State Board of Labor and Industries (Behörde für Arbeit etc.) einreichten. Die Angestellten gewannen. Wie immer, wenn er nicht seinen Willen bekam, wurde Gates wild. Die Buchhalterin Marla Wood erinnert sich: „Bill kam in mein Büro und sagte, er habe einen Anruf von [Labor and Industries] bekommen [und er war] fuchsteufelswild. Das war das erste Mal, dass ich auf der Empfängerseite eines seiner Wutausbrüche stand – also er schrie herum und meinte, das würde seinen Ruf ruinieren." Marla Wood und ihr Ehemann Steve Wood verließen das Unternehmen bald danach.

Microsoft bestand im Wesentlichen aus Programmierern – „Code-Affen" nannte man sie später. Ballmers Einstellung kam bei den Code-Affen nicht gut an. Als ein Programmierer eine Kopie von Gates' Einverständniserklärung mit Ballmers Angebot sah – Ballmer sollte 50.000 Dollar im Jahr (mehr als die Programmierer) und eine Beteiligung von fünf bis zehn Prozent an der Gesellschaft bekommen, während sie keine Anteile bekamen –

heftete er den Brief an das Schwarze Brett. Sicherlich, Ballmer kam von Harvard, aber sie waren auch nicht einfach nur dumpfe Werkzeuge; sie fragten sich, wie viel Ballmer wohl wirklich vom Geschäft verstand. Er hatte anderthalb Jahre Kekse verkauft und war dann zehn Monate auf der Business School gewesen. Außerdem heißt es, sie hätten gedacht, er habe mit Technik nichts am Hut – er wäre kein Technikfreak –, und Microsoft war ein Technologieunternehmen.

Ballmer versteht mehr von Technik als er Außenstehende wissen lässt. Wie wir gesehen haben, leitete er nicht nur den Computerclub in Country Day, sondern er benutzte auch in seinem Studium der Angewandten Mathematik in Harvard Computer und hatte in Stanford Programmieren in BASIC gelernt. Aber zwischen Gates und Ballmer besteht eine Trennlinie, gemäß deren Gates der Techniker ist. Ballmer dringt in dieses Territorium nicht ein, auch wenn er damit sehr vertraut ist.

(Code zu erstellen – Programmieren – ist wie ein Buch zu schreiben. Eine Codezeile ist so lang wie eine Buchzeile. Der Hauptunterschied besteht darin, dass im Computercode die Ziffern eins und null für die Kommunikation verwendet werden. Er ist binär. So wie eine Zeile Prosa weitschweifig sein kann, so kann Code plump, ungenau und indirekt sein. Ein Code-Affe kann sich nach dem Lesen eines von einem anderen geschriebenen Programms zurücklehnen und wie bei einem Werk von Hemingway oder Raymond Carver begeistert sein von der eleganten Einfachheit. Er kann sich aber auch, wie bei einem Dickens-Roman, fragen, wieso der Autor so lange braucht, um seine Geschichte zu erzählen [Dickens wurde nach der Anzahl der Wörter bezahlt]. Wenn Code versucht, alles für alle zu leisten, dann ist er wie eine schlechte politische Rede. Windows ME besteht aus mehr als 29 Millionen Zeilen Code. Ausgedruckt würden sie 970 Bücher mit 500 Seiten füllen).

Nachdem er das Angebot von Gates angenommen hatte, fuhr Ballmer mit seinem Mustang von Palo Alto hinauf nach Seattle und wohnte bei seinem Freund. Sein Büro bestand aus einem Platz auf der Couch in Gates' Büro. Seine offizielle Bezeichnung war Assistent des Präsidenten. Seine Aufgabe war es, sich um betriebliche Vorgänge zu kümmern – Einstellung, Buchhaltung, rechtliche und sonstige Dinge. Doch schon nach einigen Wochen war Ballmer aus Gates' Haus ausgezogen und stand am Rande der Kündigung. Gates und Ballmer fochten einen Kampf aus. Ballmer war schnell klar geworden, dass das Unternehmen mindestens 50 zusätzliche Mitarbeiter brauchte, um die bereits bestehenden Verträge zu erfüllen. Ballmers Anmaßung löste bei Gates einen seiner Wutausbrüche aus. Ballmer wurde später für sein damaliges Verhalten bekannt: Er stand da und ließ sich von dem vor Wut rauchenden Gates nicht einschüchtern. Gates war das nicht gewohnt und rief: „Du treibst mich in den Bankrott! Du treibst mich in den Bankrott!" Ballmer ging. Gates' Vater mischte sich ein, und schließlich gab Gates nach. Als Ballmer zurückkam, machte er sich schnellstens unentbehrlich.

Als erstes beschloss er, die astronomischen Lohnkosten in den Griff zu bekommen. Er dachte sich ein neuartiges Entlohnungsmodell für Programmierer aus, das dann ungefähr so beliebt war wie Herpes. Vor Ballmer wurden den Code-Affen die Überstunden bezahlt, was angesichts der immensen Stundenzahl, die von ihnen verlangt wurde, ins Astronomische ging. Nach dem neuen Plan gab es ein festes Gehalt ohne Überstunden und eine Bonuszahlung von 15 Prozent am Jahresende. Die Technikfreaks kommen von Haus aus mit der Arithmetik zurecht, und sie rechneten sich aus, dass die Bonuszahlung fünf Stunden pro Woche entspräche, obwohl viele Mitarbeiter Zwölfstundentage hatten. Die Code-Affen beschwerten sich. Der Plan blieb.

Lange Arbeitszeiten. Mieses Arbeitsklima. Mittelmäßige Bezahlung. Warum sollte man als Programmierer bei Microsoft arbeiten? „Es machte Spaß", sagt einer der frühen Programmierer. „Wir waren an vorderster Front, technisch gesehen. Und wir konnten uns anziehen wie wir wollten, von mir aus auch barfuß gehen. Bill Gates war für uns wie ein Gott. Er war einer von uns. Er sprach die Sprache der Technik. Wir wussten, es war wichtig, für ihn zu arbeiten."

Steven Levy beschrieb 1984 in einer zukunftsweisenden Studie über Programmierer und ihre Kultur mit dem Titel „Hackers" die „Gipfelstunde", in der ein Programmierer „einen Zustand reiner Konzentration erreicht. Wenn man einen Computer programmierte, musste man jederzeit wissen, wo die Tausende Bits an Information von einer Instruktion zur nächsten hingingen ... Wenn man die gesamte Information in seinem Gehirn untergebracht hatte, war das fast so, als würde der menschliche Geist mit der Computerwelt verschmelzen. Manchmal dauerte es Stunden, bis man an den Punkt gelangte, an dem man das gesamte Bild gedanklich erfassen konnte; und wenn man diesen Punkt erreicht hatte, wäre es zu schade gewesen, den Moment ungenutzt verstreichen zu lassen, also versuchte man marathonmäßig durchzuhalten und entweder am Computer zu arbeiten oder über dem geschriebenen Code zu sitzen." Bei Microsoft lebte man nur für diese Gipfelstunden. Aber jetzt, wo sich Ballmer um das Geschäftliche kümmerte, hatten die Code-Affen immer weniger Einfluss auf das Unternehmen, das sie geschaffen hatten.

Ballmer wurde schnell zum Personalchef; darin war er gut, und er hat damit auch nie aufgehört. Er suchte Menschen mit „enormer Intelligenz, Energie und Antriebskraft". Seine Einstellungsphilosophie fasst er so zusammen: „Wenn man einen Typen bekommt, der einen umhaut, dann muss man ihn nehmen. Haben wir eine beschränkte Mitarbeiterzahl? Nee. Es gibt Typen, die trifft man nur einmal im Leben. Warum also lange fackeln?"

Dem Autor technischer Bücher und Moderator bei PBS (Public Broadcasting Service) Robert X. Cringely sagte Ballmer: „Personalbeschaffung ist eine stetige Herausforderung. In den ersten drei Jahren habe ich mit allen Bewerbern Bewerbungsgespräche geführt. Man wurde nicht eingestellt [ohne mit mir zu reden], denn ich war die Personalabteilung. Wir hielten es für wichtig, eine Art Kultur festzulegen um sicherzustellen, dass wir nur überdurchschnittlich brillante und überdurchschnittlich motivierte Leute bekamen."

Einer der Technikfreaks, von denen er dachte, er würde einen umhauen, war der „verrückte Ungar" Charles Simonyi (aus komplizierten Gründen werden viele ungarische Emigranten, auch der Entwickler der Wasserstoffbombe Edward Teller und Andy Grove von Intel, als „verrückter Ungar" bezeichnet. Genaueres können Sie in „The Curve of Binding Energy" von John McPhee nachlesen). Unwissentlich rührte Ballmer an eine Goldgrube für Qualitäts-Code-Affen, die späteren Personalchefs bekannt werden sollte: ehemalige Kommunisten. Ein ehemaliger Microsoft-Mitarbeiter erzählt: „Da diese Kommunisten mit Computern arbeiteten, die nicht viel Arbeitsspeicher hatten, musste ihr Code sehr dicht geschrieben sein, annähernd perfekt, wenn die Maschine damit arbeiten sollte.

Das ist wie mit den Indianern und den Büffeln – sie nutzten alle möglichen Teile des Büffels, von der Haut über die Hufe bis zum Dung, wohingegen der Weiße Mann meistens nur die Haut verwendete. Die Indianer mussten das tun, denn sie wussten nie, wann sie auf die nächste Herde stoßen würden. Außerdem arbeiteten die Kommunisten auch gut im Team."

Simonyi wurde 1948 in Budapest als Sohn eines Elektrotechnik-Professors geboren. Durch seinen Vater bekam er Zugang zu dem russischen, lastwagengroßen Ural-II-Computer, der ungefähr so viel Arbeitsspeicher hatte wie der Altair, für den Gates, Davidow und Allen erst in Harvard und dann für MITS in Albuquerque Programme geschrieben hatten. Im Jahre 1955, dem Geburtsjahr von Bill Gates, floh der 16-jährige Simonyi nach Dänemark, emigrierte in die Vereinigten Staaten und schrieb sich an der Westküstenhochburg der Computerfreaks ein, an der „University of Michigan des Westens", auch bekannt unter der Bezeichnung University of California mit Sitz in Berkeley.

Simonyi empfahl Ballmer, einen Freund von ihm einzustellen, einen Programmierer namens Richard Brodie. Brodie erinnert sich: „Steve Ballmer verstand von Computerprogrammierung ungefähr so viel wie ich von Segelregatten. Aber er hatte eine recht gute Menschenkenntnis. Er hatte einen Trick – er fragte Programmierer immer über „Hash tables" aus. „Hash tables" sind ein computertechnischer Kunstgriff, um in Tabellen schnell etwas zu finden, höchst effiziente mathematische Werkzeuge, die Indizierungs-Nummern speichern und verarbeiten. Er verstand nicht viel davon, aber er wusste, ob eine Antwort richtig oder falsch war." Ein Mitarbeiter, der nach dem Börsengang 1986 eingestellt wurde, erinnert sich: „Ballmers Einstellungsgespräche waren psychoanalytischer Schwachsinn." Er stellte Fragen wie: „Warum sind Kanaldeckel rund?" oder „Wie viele Tankstellen gibt es in den Vereinigten Staaten?", nur um zu sehen, wie man sich eine Antwort zurechtlegte. Der Mitarbeiter fährt fort: „Und man wurde bei Microsoft schlechter bezahlt, aber man bekam Zuschläge in Form jener Bonbons, die man Aktienbezugsrechte nennt."

Sechs Wochen nach Ballmers Einstellung wurde Bill Gates in Seattle von IBM aus Boca Raton, Florida, angerufen: Dieser Anruf sollte die Welt der Computer verändern. IBM, das größte Computerunternehmen der Welt, war so beherrschend, dass nicht nur das Justizministerium 1969 ein Antitrustverfahren eingeleitet hatte, sondern dass sogar die Anwälte, die in dem Prozess verhandelten, eine eigene Kanzlei eröffnet hatten.

Gegen IBM zu prozessieren war ein eigenständiger Industriezweig geworden. Davon unbeeindruckt hatte „I've Been Moved", wie das Unternehmen genannt wurde, den Minicomputer unter Führung von Radio Shack und Apple auf seinem Radarschirm auftauchen sehen; und IBM war bereit zu reagieren. Ähnlich wie im Falle von Data General (eine gute Chronik findet sich in Tracy Kidders mit dem Pulitzer-Preis ausgezeichneten Buch „The Soul of a New Machine") nahm IBM eine kleine Gruppe abtrünniger Mitarbeiter und gab ihnen die Mittel, unter der Projektbezeichnung Project Chess (PC) einen Minicomputer zu bauen. In jener Zeit brauchte es in dem sittenstrengen, reglementierten und im Gleichschritt marschierenden Unternehmen IBM nicht viel, damit ein Mitarbeiter als rebellisch galt: Es kursierte der Witz, dass ein IBM-Angestellter eines Tages mit einem blauen statt des vorgeschriebenen weißen, zugeknöpften Oxford-Hemdes zur Arbeit kam; sein Chef spöttelt: „Sie sind wohl auf Urlaub!"

Die Truppe unter dem seit 20 Jahren bei IBM beschäftigten Jack Sams hatte ein Jahr zur Verfügung, um die kleine Maschine zu produzieren. Um diese Frist einhalten zu können, beschlossen sie, möglichst viele Komponenten von der Stange zu nehmen, die bereits produziert wurden. Im August 1980 traten sie an Bill Gates wegen der Schaffung eines Betriebssystems für ihren Husch-Husch-Mikrocomputer heran. Gates verwies sie an Digital Research, das unter der Leitung von Gary Kildall mit dem Betriebssystem CP/M auf dem Gebiet der Kleincomputer mit Abstand führend war. David A. Kaplan erzählt in seiner 1999 erschienen Studie „The Silicon Boys and Their Valley of Dreams", was dann als Nächstes geschah. Kildalls Partner Tom Rolander sagte zu Kaplan: „Gary und ich hatten schon einen Früh-Termin am Oakland Airport mit einem CP/M-Vertreiber vereinbart." Also flogen sie mit Kildalls Flugzeug dorthin, und die IBM-Schwerenöter trafen auf Kildalls Frau Dorothy. IBM legte Kildall seinen üblichen Nicht-Offenlegungs-Vertrag vor, der derart übertrieben und einseitig war, dass Dorothy den Firmenanwalt anrief. Gary Kildall kam am Nachmittag dazu und sträubte sich gegen IBMs Vorschlag, das Betriebssystem gegen eine Einmalzahlung von 700.000 US-Dollar anstatt gegen eine Gebühr von zehn Dollar pro Kopie zu lizenzieren. Kildall hatte bereits Lizenzeinnahmen in Millionenhöhe und rückte von seiner Position nicht ab. IBM ging wieder und traf sich mit Bill Gates. Warum Gates? Mary Gates hatte bei United Way (landesweite ehrenamtliche Organisation, die auf kommunaler Ebene arbeitet) mit einem hohen Tier von IBM gearbeitet, der später angeblich jedes Mal, wenn er etwas von Microsoft hörte, sagte: „Der Chef ist doch der Sohn von Mary Gates, oder?" IBM bat Gates nach Boca Raton in Florida zu kommen und einen Beratervertrag zu besprechen. Viele Microsoftianer sagten später, DRI habe den Vertrag nicht bekommen, weil „Gary geflogen ist."

Gates, Ballmer und der Programmierer/Mathematiker Bob O'Rear nahmen den Nachtflug von Seattle nach Miami, um sich mit IBM zu treffen. Microsoft hatte keine Probleme mit der Unterzeichnung des Nicht-Offenlegungsvertrags. Ballmer sagte später einmal zu Paul Andrews: „Ich war ein guter Anzug-Typ ... Wir sind große Jungs und können entscheiden, was wir [IBM] sagen wollen und wir können entscheiden, was wir ihnen nicht sagen wollen. Und es gab nichts Besonderes, was wir ihnen nicht sagen wollten." Innerhalb von zwei Tagen meißelten sie ein Abkommen, gemäß dem Microsoft vier Hochsprachen – BASIC, FORTRAN, COBOL und Pascal – für IBMs Personal Computer liefern würde, und außerdem ein Betriebssystem auf Disketten. Die Anwendungsprogramme sagen dem Computer mittels des Betriebssystems, wann die Glocken geläutet und wann die Pfeifen geblasen werden sollen. Stellen Sie sich ein Betriebssystem wie eine Steckdose in der Wand vor, an die man das Programm anschließt. Microsoft überzeugte IBM davon, dass Microsoft das Urheberrecht auf das Betriebssystem behalten und an IBM eine Lizenz vergeben würde. Das ist zumindest die Version, die Microsoft erzählt. Jack Sams von IBM erinnert sich an etwas anderes: „Wir hatten ein Riesenproblem, weil uns dauernd Leute verklagten, wir hätten ihr Zeug geklaut. Es konnte schrecklich teuer werden, wenn unsere Programmierer Code anschauten, der jemand anderem gehörte, denn die kamen dann zu uns und sagten, wir hätten ihn gestohlen und das ganze Geld kassiert. Wir haben da ein paar Prozesse verloren. Wir gingen zu Microsoft unter der Voraussetzung, dass wir deren Produkt in Lizenz nehmen würden."

Angesichts der halsbrecherischen Frist, die sich IBM gesetzt hatte und da es schien, als könnte Microsoft die Sache erledigen, unterzeichnete IBM am 6. November 1980; Ballmer trug einen Anzug, und Gates trug ein „Sweatshirt, wobei die Betonung auf sweat [Schweiß] lag." Dann sagte Gates zu Ballmer: „Also, Steve, jetzt können wir loslegen." Gates und Ballmer hatten ein Problem: Microsoft hatte gar kein PC-Betriebssystem. Paul Allen hatte ein paar Wochen davor angefangen, sich darum zu kümmern. Allen war bei den Programmierern sehr beliebt, und er wusste, dass ein kleines Unternehmen vor Ort, Seattle Computer Products, ein Betriebssystem entwickelt hatte, das mit dem gleichen Chip funktionierte, den auch IBM benutzte. Tim Patterson, ein Zauberer im Programmieren, hatte für Seattle Computer Products eine Software namens QDOS entwickelt – Quick and Dirty Operating System [Quick and Dirty: auf die Schnelle geschrieben, funktioniert grundsätzlich, enthält aber noch sehr viele Fehler und Ungenauigkeiten, Anm. d. Ü.].

Allen kontaktierte Rod Brock, Pattersons Chef, und brachte ihn mit Ballmer und Gates zusammen. Ballmer brachte den Handel in schriftliche Form. Für 75.000 US-Dollar kaufte das dynamische Duo eine Lizenz auf das Produkt, verschwieg aber natürlich, dass es für IBMs PC gedacht war. Sie erlaubten Seattle Computer Products, QDOS an andere OEMs (Original Equipment Manufacturers, Hersteller von Originalgeräten im Unterschied zu reinen Montageunternehmen) zu verkaufen; dies sollte ihnen später immer wieder Ärger bereiten. Jetzt mussten sie erst einmal das QDOS anpassen, das sie in MS-DOS umgetauft hatten. Sie hatten dafür drei Monate. Und wie so oft, vor allem bei Microsoft, konnten sie die Frist unmöglich einhalten.

IBM brachte neun Exemplare des in Entwicklung befindlichen Computers nach Seattle, unter der Maßgabe, dass das System um jeden Preis geheim gehalten werden müsse. Ballmer stellte die Kisten in eine drei mal zwei Meter große Abstellkammer, die zur ersten Microsoft-Version der Hölle wurde. In diesem fensterlosen, ungelüfteten Raum mussten die Programmierer häufig bei Temperaturen von über 40 Grad Celsius arbeiten. Der Verfolgungswahn von IBM war so groß, dass das Unternehmen den Microkids Safes zur Verfügung stellte, in denen sie die Dokumentation aufbewahren sollten, und dass sie verlangten, die Tür zu dem Raum immer abgeschlossen zu halten. Bei einer IBM-Visite war die Tür – o Gott! – eingeschlagen, um ein wenig Luft hereinzulassen. Ein andermal rief jemand von IBM Ballmer an, und der fragte zuckersüß, wie denn das Wetter in Boca sei. Der Mann sagte, das wisse er nicht, denn er sei in Seattle und gleich da. Ballmer rannte auf den Flur und brüllte: „Macht die Tür zu! Schließt den Safe ab! Sie sind da!"

Bis dahin war Microsoft immer noch eine Partnerschaft von Gates und Allen. Ensprechend seinem Selbstbild und dem Bild, das allle Welt hatte, gehörten Gates 64 Prozent und Allen 36 Prozent. Ballmer begann auf eine AG zu dringen, aber das sollte erst im Juli des Folgejahres etwas werden.

Gary Kildall verstarb 1994 an den Folgen eines Unfalls und hinterließ eine unveröffentlichte Autobiografie – laut seinem Sohn unveröffentlicht aus Angst vor rechtlicher Verfolgung durch Gates. Darin bezeichnet er Gates als „Manipulator", einen Mann, der „mir und der Branche vieles weggenommen hat" und der „Zwietracht sät". Kein Wunder. Er sagte zu Robert Cringely: „Frag' mal Bill, warum Function Code 6 [in MS-DOS] mit einem Dollarzeichen endet. Außer mir weiß das niemand auf der Welt." Nachdem IBM Wind davon bekommen hatte, dass Kildall fand, Gates' Betriebssystem sei dem seinen „verdächtig ähnlich", kam IBM zu ihm zurück und nahm CP/M gegen Gebühren in Lizenz. IBM bot CP/M als Alternative zu dem von Microsoft in MS-DOS umgetauften QDOS an. Das Problem war nur, dass IBM dem Kunden zwar die Wahl zwischen CP/M und MS-DOS ließ, dass aber CP/M das Sechsfache von MS-DOS kostete. Und das bedeutete für das System den Tod.

Kildall hatte den Verdacht, dass Gates bei der Preisgestaltung ein Wörtchen mitgeredet hatte. Sowohl Gates als auch Ballmer hatten in ihren Mathematikveranstaltungen in Harvard die so genannte Spieltheorie kennen gelernt. Kern der Spieltheorie ist die einfache Tatsache, dass ein Spiel umso leichter zu gewinnen ist, je weniger Mitspieler es gibt. Das ist so, wie wenn man eine Regatta gewinnt, indem man die anderen Boote versenkt. Die

Spieltheorie ist der springende Punkt der Geschäftsstrategie von Microsoft, der Urquell des Gedeihens.

Bob O' Rear hatte bei der NASA an Spionagesatelliten gearbeitet, war dann nach Albuquerque zu Microsoft gegangen und war mit dem Unternehmen nach Belleview umgezogen. Er leitete die Software-Anpassung für Project Chess. Nachdem er die Bestandteile von Project Chess hatte, bestand O'Rears Tagesablauf in dem, was für viele Microsoft-Programmierer zur Normalität werden sollte: Aufstehen, 18 Stunden arbeiten, heimgehen, schlafen. Thanksgiving, Weihnachten und Neujahr wurden zu abstrakten Begriffen. Stattdessen beschäftigte er sich intensiv damit, wie die Hardware von IBM mit der QDOS-Software zusammen arbeitete. Zu Cheryl Tsang, dem Autor von Microsoft First Generation, sagte er: „Ich wollte auf dem Prototyp an der Software arbeiten, aber das funktionierte nicht so wie es eigentlich sollte. Ich versuchte etwas auf Disk zu speichern, aber der Drucker reagierte nicht, und noch andere merkwürdige Dinge. Ich bemühte mich verzweifelt, die Dinge zum Laufen zu bringen, und es machte micht glatt wahnsinnig. Tagelang schlug ich mit dem Kopf gegen die Wand [in dem heißen, fensterlosen Raum], und zwar wegen Problemen, die eigentlich einfach und leicht lösbar hätten sein müssen." Leider verfehlte Microsoft die Frist, die am 12. Januar ablief, und brauchte noch einen weiteren Monat, um das System auf die Füße und zum Laufen zu bringen.

Während zahlreiche Microsoftler an MS-DOS arbeiteten, managte der Anzugträger Ballmer das Geschäftliche, als das System Form annahm. Gates, Allen und O'Rear trugen die Last der Reprogrammierung und pendelten nach Bedarf zwischen Seattle und Boca Raton. Im Juni 1981 war MS-DOS fast fertig, und das Unternehmen hatte eine gute Presse, obwohl sein größtes Projekt immer noch verhüllt war. Die Zeitschrift *Fortune* brachte in jenem Monat einen Artikel über führende Angehörige der Computerbranche, unter anderem auch über Gates und Allen. Ballmer schickte daraufhin ein Memo an alle Angestellten, in dem es hieß: „So langsam die Fortschritte auch scheinen mögen, manchmal bewirken wir etwas."

MS-DOS schleppte sich dahin. Rod Brock, der Chef von Seattle Computer Products, hatte ein Angebot über 250.000 US-Dollar für den Kauf eines QDOS-Update mit der Bezeichnung 86-DOS erhalten. Brock informierte Gates über das Angebot. Brock: „Microsoft ist wohl mächtig nervös geworden, denn die haben Ballmer rübergeschickt. Er versuchte uns zur Eile zu drängen, uns zu einigen und [ein Abkommen, das Microsoft das exklusive Nutzungsrecht an 86-DOS gab] zu unterzeichnen. Ich traf mich persönlich mit ihm. Im Grunde sagte er mir, das wäre ein gutes Geschäft, und es würde ja nichts ändern, ob es ihnen gehören würde oder uns, denn wir hätten ja ebenfalls das unbeschränkte Nutzungsrecht. Ich glaube, er hat mich überzeugt, denn ein paar Tage später rief Paul an und bat mich nach Belleview zu kommen und die Papiere zu unterschreiben." Was Brock dann auch tat.

Nachdem der IBM-Deal unterzeichnet war, wurde Ballmers Verhältnis zu einem der Geschäftspartner von Gates immer enger, und zwar zu dem Ingenieur und Venture-Kapitalisten David Marquart. Sowohl Gates als auch Ballmer waren von seinen geschäftlichen Tricks beeindruckt; Ballmer arbeitete eng mit ihm zusammen, um die Partnerschaft von Gates und Allen neu zu organisieren – richtiger ausgedrückt: um daraus eine Aktiengesellschaft zu machen. Mit Marquarts Hilfe ließ sich Microsoft zum 1. Juli als Aktiengesellschaft registrieren, wobei natürlich William H. Gates III. als Vorstandsvorsitzender eingetragen wurde und Paul Allen dem Vorstand angehörte. Die Aktien wurden folgendermaßen aufgeteilt: Gates 53 Prozent, Allen 31, Ballmer 8, Simonyi 1,5; die restlichen 6,5 Prozent wurden auf die restlichen Programmierer verteilt. Inzwischen hatte Microsoft mehr als 100 Mitarbeiter, und viele waren von dem Aktienbesitz ausgeschlossen, unter anderem auch O'Rear. Die Ur-Microsoftler wurden schnell unruhig. Ballmer suchte nach einer Möglichkeit, ihnen eine Hausanzahlung zukommen zu lassen, falls sie hart arbeiteten.

Natürlich war es nicht unüblich, den Angestellten einfach das Gehalt zu erhöhen oder ihnen Kredit zu gewähren (Ballmer selbst machte später einmal davon Gebrauch, um eine unerwartete Steuerschuld auf seine Firmenanteile in Höhe von mehr als 500.000 US-Dollar zu begleichen). Aber stattdessen führte Ballmer die „Bonbons" ein, Aktienbezugsrechte, die es einem Unternehmensangehörigen erlaubten, mindestens 2.500 Anteile zu 95 US-Cent das Stück zu kaufen. Diese Aktien sollten nach einer mehrjährigen Wartezeit über vier Jahre hinweg im Abstand von sechs Monaten ausgehändigt werden. Brillant!

Anders als der Bonusplan, der immer noch gültig war, kosteten die Aktienbezugsrechte threoretisch keinen Pfennig und gaben den Angestellten das Gefühl, als hätten sie einen Eigentumsanteil an dem, was sie produzierten, wenn auch einen kleinen (James Fallows bemerkte später, dass durch diese Maßnahme alle zu einem Team wurden: dem Microsoft-Bezugsrechts-Team. Viele Mitarbeiter sprechen von ihrer Firma als MSFT, das ist das NASDAQ-Symbol der Gesellschaft). Wieder mal eine Karotte, um neue Mitarbeiter zu locken. Zusätzlich band dies die Beschäftigten für fünf Jahre an das Unternehmen, bis sie eben voll ausbezahlt waren; sozusagen goldene Handschellen. Was dieses Programm noch großartiger macht, ist die Tatsache, dass die Aktienbezugsrechte mindestens um ein Drittel niedriger besteuert wurden als unmittelbar ausbezahltes Einkommen.

Wie üblich hatte Microsoft dieses Modell nicht erfunden. Im vorangegangenen Dezember hatte der weitaus größere Konkurrent Apple Computer seinen Mitarbeitern vor dem Börsengang Anteile angeboten. Allerdings war Steve Jobs, Mitgründer von Apple, dermaßen unwillens, den Finanzkuchen mit seinen Mitarbeitern zu teilen, dass sein Partner Steve Wozniak sein eigenes Stück weiter unter denen aufteilte, die es verdienten.

Am 12. August 1981 stellte IBM der Welt seinen Personal Computer vor. Sein Name war Personal Computer. Damals wurde der PC-Markt von Commodore, Apple und Radio Shack beherrscht; gemeinsam besetzten sie 75 Prozent des Marktes. IBM sendete eine erfolgreiche Serie von Fernsehspots, in denen eine Charlie Chaplin ähnliche Figur in dem berühmten Chaplin-Stil bewies, dass selbst ein treuherziger Depp mit dem Gerät zurecht kam. Innerhalb von zwei Jahren verkaufte IBM mehr als 500.000 PCs. Und was noch wichtiger ist, vor allem für Microsoft: IBM setzte damit den Hardwarestandard für PCs, und damit wurde MS-DOS de facto das Standard-Betriebssystem.

Am 13. November 1981 hielten Gates und Ballmer zum zweiten Mal ihre Unternehmensvollversammlung ab. Über Hundert Mitarbeiter drängten sich in einem Konferenzraum des Ramada Inn in Belleview, hauptsächlich um zu hören wie Gates und Ballmer darüber sprachen, wie gut es dem Unternehmen im letzten Jahr ergangen war und was die Zukunft bringen würde. Ballmer griff auf seine Erfahrungen von Country Day und Harvard zurück und zeigte, warum man ihn als Firmen-Cheerleader bezeichnete. In jenem Jahr sollte Microsoft 15 Millionen US-Dollar Umsatz erzielen. Aber in jenem Jahr war es der verrückte Ungar und nicht Mad Dog Ballmer, der im Zentrum der Bühne stand.

Charles Simonyi war bei Microsoft für die Entwicklung von Anwendungsprogrammen zuständig. Er hatte vier Jahre im Forschungszentrum von Xerox in Palo Alto gearbeitet, das gemeinhin als PARC bezeichnet wird (Palo Alto Research Center). Xerox hatte einige der besten und glänzendsten Köpfe der Computerwelt engagiert, darunter auch den MIT-Doktor und Stanford-Professor Bob Metcalfe; im Wesentlichen saßen sie herum und dachten über das nach, was sie am meisten interessierte: Wie man den Computer verbessern könnte.

Das PARC hatte eine geradezu unheimliche Fähigkeit, Dinge zu erfinden – die Computermaus, die grafische Benutzeroberfläche und nach Meinung einiger auch den ersten Personal Computer – und eine ebenso unheimliche Unfähigkeit, die Erfindungen auf den Markt zu bringen. Metcalfe selbst schlug Simonyi vor, einen seiner Pläne mit „diesem Verrückten in Seattle" zu besprechen.

Da Gates gerade beschäftigt war, traf er auf Ballmer und erklärte ihm genau seinen Plan für ein Textverarbeitungsprogramm und andere Anwendungen. Ballmer rief aus: „Das muss sich Bill ansehen!" Das tat Bill auch und tat sich sofort mit Simonyi zusammen. Später besichtigte Gates das PARC; er sperrte seine Augen weit auf und saugte alles auf, was er sah; der verrückte Ungar war dabei sein Führer.

Auf der Jahresversammlung 1981 schlug Simonyi vor, dass Microsoft verschiedene Anwendungen „übernehmen" sollte: Tabellenkalkulation, Textverarbeitung, etwas Neues, das sich elektronische Post nannte (Electronic Mail, E-Mail) und computergestütztes Design (Computer Aided Design, CAD). Simonyi präsentierte ein Diagramm, das zeigte, was passieren würde, wenn Microsoft-Anwendungen auf allen möglichen Plattformen laufen würden. Die Grafik sah aus wie eine Skipiste – von unten betrachtet. Er sagte der Menge, wenn Microsoft diese Anwendungen mit Erfolg entwickeln würde, dann wäre das eine „Umsatz-Bombe". Das gehört zu den prophetischsten Worten, die je gesprochen wurden. Simonyi huldigte dem Kapitalismus wie eine Figur von Ayn Rand, er war wie ein Bruder für Gates und arbeitete gut mit Rah Rah Ballmer zusammen.

Das meistverkaufte Anwendungsprogramm der damaligen Zeit war Visi-Calc, eine Tabellenkalkulation. Kleinunternehmen waren davon begeistert, weil man die Daten nur einmal eingeben musste und dann zahlreiche Konten gleichzeitig auf den neuesten Stand gebracht wurden. Und was noch besser war: Man konnte sofort sehen, wie sich eine Veränderung der Kosten oder des Verkaufspreises auswirken würde.

VisiCalc stammte von dem bedeutendsten Anbieter von PC-Software, Visi-Corp, es lief aber nur auf dem Apple II. Eine aufsteigende Programmierfirma, die Lotus Corporation, stand kurz davor, ihre Tabellenkalkulation Lotus 1-2-3 herauszubringen, die ausschließlich auf IBM-PCs und entsprechenden Clones lief. Gates und Ballmer war klar, dass Simonyi ins Schwarze getroffen hatte und dass eine Einnahmen-Bombe explodieren würde, wenn sie die richtigen Anwendungen hätten. Also nahm Microsoft die Verfolgung auf und entwickelte den Totschläger für VisiCalc und Lotus 1-2-3: Excel.

Gleichzeitig verbesserte das Unternehmen MS-DOS. Wie könnte man die Menschen dazu bringen, dass sie lieber Excel als Lotus 1-2-3 benutzen?

Eine Möglichkeit wäre es, ein besseres Produkt herzustellen – nicht gerade Microsofts Stärke. Die andere Möglichkeit war es, es so aussehen zu lassen, als hätte Microsoft das bessere Programm. Veröffentlichten Berichten zufolge zitierten die Programmierer einen Ausspruch von Gates, wenn sie sagten: „DOS isn't done until Lotus won't run." [DOS ist erst dann fertig, wenn Lotus nicht läuft.] Die Codeaffen konnten so mit dem Code des Betriebssystems herumjonglieren, dass eine Anwendung damit langsamer oder gar nicht lief. Indem Microsoft die Spieltheorie bei der Aktualisierung von MS-DOS anwendete, gab das Unternehmen der Bemerkung von Robert Frost eine virtuelle Bedeutung: „Arbeit ist ein Spiel mit tödlichem Einsatz." Ungefähr zu der Zeit schrieb James Fallows in *The Atlantic Monthly*: „Der Krieg um den Standard für Personal Computer ist so ziemlich vorbei. Das entscheidende und bitter umkämpfte Terrain [der Betriebssysteme wurde erobert von] einem DOS mit der Bezeichnung CP/M; es wurde zum Industriestandard und bringt einem ehemals kleinen Unternehmen namens Digital Research Einnahmen in Millionenhöhe. Fast alle Computer, die man derzeit kaufen kann, haben CP/M ... eine wichtige Ausnahme [ist] IBM."

Durch den hohen Preis – etwa 4.000 US-Dollar für ein voll ausgerüstetes Gerät – öffnete IBM selbst weit die Tür für andere Hersteller von Personal Computern, sich auf dieses Feld zu begeben. Das taten sie auch, und die entsprechenden Geräte nannte man IBM-Clones. Einer dieser Clones stammte von Compaq. Compaq hatte einen Chip entwickelt, der dem IBM-Chip ähnlich, aber nicht völlig identisch mit ihm war. Er war mit dem IBM-Personalcomputer kompatibel. Aufgrund höherer Effizienz und geringerer Kosten verkaufte Compaq seine Computer wesentlich preiswerter als IBM. Gates spann ein Abkommen mit Compaq; Compaq sollte eine Version von MS-DOS bekommen, die auf seine Computer abgestimmt wäre. Und als dann Ballmer Wind davon bekam, dass Hewlett-Packard für seine neuen Computermodelle Gary Kildalls Betriebssystem CP/M-86 benutzen wollte, überzeugte er HP davon, dass es wegen der Vorherrschaft von IBM und weil IBM MS-DOS einsetzte, weniger riskant wäre, mit Microsoft zu arbeiten.

Gates und Ballmer verkauften MS-DOS weiterhin und verwendeten ein Bezahlungssystem, das man als genial bezeichnen muss. Im Grunde verkauften sie die Betriebssysteme an die Originalhersteller (OEMs) und kassierten eine feste Lizenzgebühr von 50.000 US-Dollar, unabhängig von der Anzahl der von den Herstellern verkauften Computer. Wenn ein Unternehmen 100.000 Stück verkaufte, dann betrug der Preis pro Betriebssystem 50 US-Dollar. Wurden 200.000 Stück verkauft, betrug der Preis eben 25 US-Dollar. Angesichts des Endverkaufspreises zwischen 1.500 und 2.000

Dollar kostete das Betriebssystem unter Umständen weniger als fünf Prozent des Gesamtpreises für einen Personalcomputer. Im Jahre 2002 bekam man bei Dell einen Computer mit 20 Gigabyte – 20 Milliarden Bytes – Plattenspeicher für weniger als 800 US-Dollar. Bedenkt man, dass ein IBM-PC im Jahre 1981 zwischen null und 48.000 Byte Speicher hatte, enthält ein einziger preiswerter Dell-Computer im Jahre 2002 mehr Speicher als alle 200.000 IBM-PCs zusammen, die im ersten Jahr verkauft wurden.

DU KOMMST AUS DEM GEFÄNGNIS FREI

Im Jahre 2000 sagte Steve Ballmer gegenüber *USA Today*, er sei kein Student der Geschichte, auch wenn sich John Campbell erinnert, dass er in Detroit auf der Country Day ein hervorragender Geschichtsschüler gewesen war. Ballmers Ansicht erinnert an Henry Fords berühmtes Credo, „Geschichte ist Mist", eine frühe Formulierung des heutigen „Was haben Sie in letzter Zeit für mich getan?" – des Mantras der Verkaufsmanager in aller Welt. Wenn Ballmer die Geschichte des Wilden Westens studiert hätte, dann hätte er festgestellt, dass der 8. Januar 1882 ein trauriger Tag für San Francisco war. An diesem Tag starb Kaiser Norton. Noch einige Jahre zuvor war Joshua Norton einer der erfolgreichsten Geschäftsleute der Stadt gewesen, aber war bei dem Versuch, den Reismarkt in der San Francisco Bay in die Enge zu treiben, bankrott gegangen und war einfach verschwunden. Ein paar Monate später kreuzte er in der Redaktion einer Lokalzeitung auf, in voller militärischer Montur, und hatte eine Story für die Zeitung: Er, Joshua Norton hatte sich zum Kaiser der Vereinigten Staaten und des Protektorats Mexiko ausgerufen. Die Story wurde gedruckt, und Norton wurde der Stadt-Exzentriker.

Er druckte sein eigenes Geld, das von örtlichen Händlern, Restaurants und Tavernen auch akzeptiert wurde. Die Haute Volée leistete seinen Launen Vorschub. Die Zeitungen zitierten seine Meinung zu Tagesereignissen. Als seine Uniform abgetragen war, stimmte der Stadtrat dafür, ihm eine neue zu kaufen. Als einer seiner Hunde namens Brummer starb, stand das auf der Titelseite der Zeitung. Zu der Beerdigung von Kaiser Norton kamen mehr als zehntausend Trauergäste. Auf den Tag genau 100 Jahre später kam es in Washington, D.C., zu einem anderen Trauerfall – einem Trauerfall, den eine vielfache Anzahl Bürger von San Francisco betrauerte, und das unter anderem wegen der Taten von Steve Ballmer. Es dauerte mehr als ein halbes Jahrzehnt, bis man sich über alle Konsequenzen klar wurde, die dieser Januartag haben würde.

Am 8. Januar 1982 verkündete das Justizministerium unter Präsident Ronald Reagan, dass es das seit 13 Jahren während Antitrustverfahren gegen IBM fallen lassen würde und dass AT & T zugestimmt habe, die regionalen Bell-Telefongesellschaften auszugliedern. IBM wurde als Gewinner betrachtet, AT & T galt als Verlierer: Die Nachwelt erkannte, dass das Gegenteil zutraf. Als die Nachrichten gemeldet wurden, kosteten die Aktien beider Gesellschaften etwa 60 US-Dollar das Stück. Über die folgenden elf Jahre warfen 100 IBM-Aktien 9.500 Dollar ab, 100 Aktien von AT & T dagegen 25.901 US-Dollar. Die *New York Times* bezeichnete die Meldungen aus dem Justizministerium als „das Ende einer Ära im Kartellrecht".

Viele Kartellanwälte in Washington waren sich der Tatsache bewusst, dass William Baxter, der Chef der Antitrustabteilung im Justizministerium, der Professor in Stanford gewesen war, als Steve Ballmer dort studierte, der Meinung war, dass der Markt entscheiden sollte, was für die Verbraucher am besten ist, und nicht die Regierung. Ein bekannter Washingtoner Anwalt sagt über die damalige Zeit: „Man musste schon ein Idiot sein, wenn man nicht wusste, dass [das Justizministerium] in nächster Zeit kein Verfahren nach Section 2 [Monopol] anstrengen würde."

Da Microsoft eine clevere Rechtsabteilung hatte und täglich mit IBM in Verbindung stand – mit Ballmer als Kontaktmann –, ist es praktisch unmöglich, dass Ballmer das alle Zügel schießen lassende regulatorische Klima nicht bekannt war. In den zwölf Jahren der Amtszeiten von Präsident Reagan und des ersten Präsidenten George Bush verhandelte das Justizministerium keinen einzigen Monopolfall. Im Grunde gaben beide Administrationen zu verstehen, dass die Monopol-Polizei auf Urlaub war und dass die Microsoft-Maus auf dem Tisch tanzen konnte. Allerdings hatte IBM im Januar 1982 gerade erst damit begonnen, den Hardwarestandard für Personal Computer zu setzen, und außerhalb der Branche hatte noch kaum jemand etwas von Microsoft gehört; das Unternehmen war nur einer von vielen PC-Software-Herstellern.

In dem Antitrustverfahren war es darum gegangen, dass IBM seine Dominanz im Mainframe-Bereich dahingehend ausnutzte, dass niemand mit der Gesellschaft konkurrieren konnte. Im Jahre 1968 hatte IBM einen Vergleich unterzeichnet, gemäß dem es Produkte erst dann ankündigen durfte, wenn sicher gestellt war, dass sie auch geliefert werden konnten. Der Auslöser für die Entscheidung des Justizministeriums, das Verfahren einzustellen, war die Tatsache, dass die meisten Beobachter glaubten, IBM werde verlieren: Die Beweisaufnahme war abgeschlossen, und ein Urteilsspruch stand unmittelbar bevor.

Der Vergleich mit AT & T war anders gelagert. Wie 17 Jahre später bei Microsoft, war es offensichtlich, dass die Gesellschaft verlieren würde. Der vorsitzende Richter in Washington, D.C., der brillante Bundesrichter Harold Greene, hatte vor dem Gericht gesagt, die von der Regierung vorgelegten Beweise hätten folgendes gezeigt: „Das Bell-System hat über einen längeren Zeitraum die Antitrustgesetze in mehrfacher Weise verletzt." Ähnlich wie es Thomas Penfield Jackson später im Fall Microsoft tat, teilte Greene sein voraussichtliches Urteil in der Hoffnung mit, dass sich die Parteien einigen würden. Die Anwälte von AT & T und des Justizministeriums schlugen sich mit dem enorm komplizierten Vergleich herum. AT & T war bereit, sich in sieben regionale Gesellschaften aufzuteilen: NYNEX, Bell Atlantic, Bell South, Ameritech, US West, Southwestern Bell und Pacific Telesis. Im Gegenzug erhielt AT & T die Genehmigung, auf dem Markt für Informationsdienstleistungen aufzutreten, wobei aus den finanziell gesunden Bell Labs das finanziell gesunde Unternehmen Lucent Technologies hervorging.

Fast sofort danach drangen Ferngesprächs-Gesellschaften wie MCI und Sprint in die Marktanteile von AT & T ein. Die äußeren Kräfte, die AT & T dazu zwangen, wettbewerbsfähig zu werden, taten der Gesellschaft damit etwas Gutes, denn sie war derart groß und träge geworden, dass sie schon vergessen hatte, was der Markt eigentlich ist. David Edelstein, einer der Richter, die mit dem IBM-Verfahren befasst waren, sagte später auch: „Man sieht es in der gesamten Geschichte, von den frühesten Zeiten an; wenn Auflagen durchgesetzt werden und Monopolisten in mehrere Teile zerschlagen werden, dann werden die Teile stärker als das Ganze. Sie sind in der Lage zu überleben und zu gedeihen, anstatt zu einem Albatross zu gehören." Man braucht bloß zurück in das Jahr 1911 zu gehen; Standard Oil wurde in 34 Unternehmen aufgeteilt, die weitaus profitabler sind als es das Gesamtunternehmen je war. Allerdings mag dies auch mehr daran liegen, dass die explodierenden Autoverkäufe die Nachfrage nach Benzin mächtig anwachsen ließen.

In Seattle blieb Steve Ballmer, der Meister der Beziehungspflege, mit seinen Studienkollegen aus Harvard in Verbindung. Das geht beispielsweise aus dem Bericht zum fünfjährigen Abschlussjubiläum hervor, den alle Jahrgänge herausgeben. Ballmer schrieb für den Bericht des Jahres 1982:

„Nach meiner Zeit in Harvard arbeitete ich zwei Jahre in der Marketing-Abteilung von Procter & Gamble und machte dann einen kleinen Abstecher nach Hollywood, wo ich ein wenig über das Filmgeschäft erfuhr. Im Herbst 1979 kehrte ich nach Stanford zurück [in Wirklichkeit war das sein erstes Jahr in Stanford] und absolvierte mein erstes M.B.A.-Jahr. Ich verließ die Schule vorzeitig und arbeitete für einen Freund und Jahrgangsgenossen aus dem Currier House, Bill Gates. Bill hatte das Softwareunternehmen Microsoft mitgegründet, als wir im zweiten Studienjahr waren. Dieses Unternehmen ist mittlerweile der führende Anbieter von Betriebssystemen für Mikrocomputer.
Wir vertreiben unsere Produkte über ein Netz von über 2.000 Computerläden sowie über Hardwarehersteller wie Apple, IBM und Radio Shack. Das Unternehmen ist phänomenal gewachsen – seit Bill angefangen hat, hat es sich jedes Jahr mindestens verdoppelt. In diesem Jahr machen wir über 15 Millionen US-Dollar Umsatz und wir haben mehr als 110 Angestellte. Mir macht die Arbeit Spaß. Sie umfasst die Einstellung neuer Mitarbeiter, die Finanzen, das Marketing, die Kommunikation und die technische Dokumentation."

Gates beantwortete die Aufforderung der Kommilitonen lediglich mit der

Übermittlung seiner Adresse.

Nach zwei Jahren wurde sich Ballmer über seine Grenzen klar und erkannte, dass Microsoft erfahrenere Manager brauchte. Gates schlug sogar vor, dass Ballmer zurück nach Stanford gehen könnte. Ballmer dagegen empfahl, einen Präsidenten einzustellen. Ein Arbeitsvermittler präsentierte den 42-jährigen James Towne. Towne war Stanford-Absolvent und hatte bis vor kurzem eine Abteilung von Tektronix, einem Hersteller von technischer Ausrüstung mit Sitz in Portland, Oregon, geleitet, die einen Umsatz von einer Dreiviertelmilliarde US-Dollar erzielte und 7.000 Menschen beschäftigte.

Nun war es allerdings immer noch nicht einfach, Top-Programmierer und Top-Führungskräfte in die computertechnische Provinz nach Seattle zu bekommen, vor allem weil das Zentrum des amerikanischen Computer-Sonnensystems zwischen Boston im Osten und dem Silicon Valley im Westen aufgeteilt war. Aber Ballmer und Gates konnten Towne davon überzeugen, dass die Zukunft der Branche in der Software und nicht in der Hardware lag, und dass Microsofts Beziehungen zu IBM der Gesellschaft einen Vorsprung gegenüber der Konkurrenz gaben. Towne unterschrieb. Er sollte nicht einmal ein Jahr bleiben.

Eine Führungskraft von Microsoft dazu: „Offen gesagt brauchte Gates eher einen großen Bruder als einen Präsidenten." Der Schriftsteller James Wallace behauptet, Towne sei für den unreifen Gates eher ein Babysitter als eine Führungskraft gewesen. Ein großes Problem war es auch, dass Towne nicht zu dem Stegreif-Managementstil von Gates und Ballmer passte – sie trafen zum Beispiel mitten in der Nacht Entscheidungen und hielten es nicht für nötig, Towne davon in Kenntnis zu setzen.

In dieser Zeit stritten sich Paul Allen und Bill Gates noch mehr als üblich. Das war nichts Ungewöhnliches, denn mit Gates streitet man eben; das ist die Art, auf die er mit vielen Menschen verbunden ist. Gates Verhalten wird anhand seiner häufig geäußerten Beschimpfung anschaulich: „Das ist das verflucht noch mal Dümmste und Beschissenste, was ich je gehört habe." Die Propagandisten von Microsoft wollen einen glauben machen, mit dieser Grobheit wolle Gates einen dazu zwingen, seinen Standpunkt zu verteidigen, und dazu zwingt sie einen auch. Eine objektivere Informationsquelle, der Leiter des Rechenzentrums in Harvard, bemerkte einmal, dass Gates die Menschen häufig wie selbstverständlich heruntermacht, auch ohne Grund.

Ralph Waldo Emerson schrieb zur Trauerfeier von David Thoreau die Eloge: „Er hatte keine Freunde. Nur als Gegner fühlte er sich wohl." Wie

Thoreau scheint sich auch Gates an seiner Umgebung ständig zu stoßen, was handfeste verbale Schlagabtäusche hervorbringt, die auf Kosten des Emotionalen zu intellektueller Struktur führen. Ballmer lässt sich von Gates nicht einschüchtern und hat den Test „Hast du meine Beachtung verdient?" schon vor langer Zeit bestanden.

Nach zehn Jahren Zusammenarbeit mit Gates war Paul Allen der Mühle überdrüssig, die ihren körperlichen Tribut forderte. Kurz nachdem Towne Präsident geworden war, wurde Allen auf einer Verkaufstour in Europa krank. Er flog nach Seattle und wurde in ein Krankenhaus eingeliefert. Dort wurde festgestellt, dass er an der Hodgkinschen Krankeit litt, einer speziellen Krebserkrankung. Er machte eine Strahlentherapie, die ihn schwächte, aber ein paar Monate schaffte er es immer noch halbtags zu arbeiten, dann gab er auf. Nachdem er das Unternehmen verlassen hatte, zog sich sein Hodgkin zurück. Allen, der ein sehr zurückgezogenes Leben führt, äußert sich in der Öffentlichkeit ausschließlich positiv über Gates, Ballmer und Microsoft. Viele Bürger von Seattle bewundern Allens Wohltätigkeit und seinen Bürgersinn mehr als den von Gates. Unter anderem hat er das „Experience Music Project"-Museum eingerichtet, wobei sich einige Menschen fragen, wieso ein Multimilliardär ein Eintrittsgeld von 20 Dollar verlangt.

Die Einführung der Marke Microsoft ergab sich nicht von selbst, sondern war das Ergebnis intensiver und teilweise arroganter Werbekampagnen unter der Leitung von Steve Ballmer. Der Auftakt fand im November 1983 im New Yorker Plaza Hotel statt. Dem Unternehmen war klar, dass die grafische Benutzeroberfläche (GUI, Graphical User Interface) des von dem weitaus größeren Konkurrenten Apple für die nahe Zukunft angekündigten Macintosh „cool" war, wie sie sich selbst ausgedrückt hätten. Auf einer GUI [die Abkürzung klingt mit dem amerikanischen Slang-Ausdruck „gooey" gleich, der die Bedeutung „klebrig", „schleimig" oder „schmierig" hat] brauchte man keine Befehle wie zum Beispiel LOGIN (für Freunde des Anekdotischen: Dies war das erste über das Internet versendete Wort) mehr einzutippen, sondern der Benutzer konnte dem Computer mitteilen, was er tun sollte, indem er mithilfe eines als Maus bezeichneten Gerätes einfach auf einen Befehl zeigte und darauf klickte. Aber weder Apple noch Microsoft hatten ein solches System erfunden, und sie waren beide nicht die Ersten, die ein GUI unter Verwendung von Fenstern [engl. „Windows"] auf einem Personal Computer einsetzten.

Aus der Titelstory der Septemberausgabe 1977 des Scientific American geht hervor, dass sowohl die Fenstertechnik als auch die Maus im PARC entwickelt wurden. Der Artikel stammt von Dr. Alan Kay, dem Leiter der Learning Research Group [„Forschungsabteilung Lernen"] des PARC, und er beschreibt eine Maus und eine grafische Benutzeroberfläche, die so einfach zu bedienen sind, dass zur Illustration Fotos von Schülern einer High Scholl abgedruckt waren, die mit einem hauseigenen „Windows"-Computer arbeiteten. Die Schüler hatten mehrere Grafikdateien übereinander gelegt, die jeweils eine Uhr, einen Graphen, ein Diagramm, eine Dateiliste und Text enthielten. Bill Gates, der den Scientific American regelmäßig las und der von Charles Simonyi durch das PARC geführt worden war, wusste, dass das Erfinden neuer Technologien und ihre Vermarktung zwei Paar Schuhe sind. Also schickte sich Microsoft an, das GUI-Betriebssystem auf den Markt zu bringen.

Gates und Ballmer waren wegen des Apple Macintosh vor allem deshalb besorgt, weil er die Benutzer an Apple und nicht an Microsoft binden würde. Im November 1983 gab Microsoft in New York mit großem Tamtam bekannt, es würde ein Betriebssystem mit der Bezeichnung „Windows" auf den Markt bringen. In der Ankündigung wurde allerdings nicht gesagt, wann genau das sein würde. Auf der Herbst-Computermesse Comdex, die im gleichen Monat in Las Vegas stattfand, war das Tamtam noch größer, und der Begriff Windows war einfach überall – auf Taxis, auf den Schlüsselanhängern von Autovermietern und auf Ermäßigungsmarken für Restaurants.

Ein leitender Microsoft-Mitarbeiter erinnert sich: „In jenem Jahr konnte man in Las Vegas nicht einmal pinkeln gehen, ohne dass man dem Windows-Schriftzug begegnete." Ein anderer Micro-soft-Mitarbeiter: „Ich glaube, Steve Ballmer hat damals im Prinzip die Wasserflasche gebracht, dafür gesorgt, dass die Handtücher alle an ihrem Platz hingen und dass [die Microsoftianer] die nötige Ausrüstung hatten, genauso wie er es für die Footballmannschaft in Harvard getan hatte." Zwar ist nicht bekannt, dass Ballmer dem Microsoft-Mannschaftskapitän Bettgenossinnen verschafft hätte, aber er steckte zweifellos hinter der Vermarktungs- und Marken-Strategie von Windows.

Zusammen mit Gates engagierte Ballmer einen Marketingfachmann namens Rowland Hanson, der jahrelang Lebensmittel im Einzelhandel vermarktet hatte (Betty Crocker und Contadina). Im Jahre 1983 heuerte Microsoft den zweiten Präsidenten in zwei Jahren an, Jon Shirley. Shirley hatte bei der Tandy Corporation (Radio Shack) gearbeitet, seine Erfahrungen also ebenfalls im Einzelhandel gesammelt. Viele Menschen sprachen damals von MS-DOS einfach nur als DOS und hatten keine

Ahnung, wofür das MS stand. Window dagegen wurde Microsoft Windows. Das Textverarbeitungsprogramm wurde Microsoft Word. Auch das war brillant. Und zwar doppelt. Microsoft setzte Methoden aus dem Einzelhandel ein, um seine Produkte an Unternehmen zu vermarkten und nahm schnell bares Geld ein, während es sich einen Markennamen schuf.

Microsoft kündigte also an, man entwickele Windows, eine GUI-Version von MS-DOS. Und genauso wie das Unternemen die MS-DOS-Lizenz an IBM vergeben hatte, bevor es über ein solches Produkt verfügte, sagte Microsoft diesmal aller Welt, man könne fest mit Windows rechnen. Als IBM in dem Antitrust-Verfahren einen Vergleich mit dem Justizministerium schloss, bestand eine der kleineren Auflagen, denen die Gesellschaft zustimmte, darin, keine Produkte mehr im Voraus anzukündigen, die die Verkäufe der Mitbewerber schwer beeinträchtigen könnten. Microsoft jedoch hatte nie einer solchen Auflage zugestimmt; Gary Kildalls CP/M war nach wie vor das dominierende Betriebssystem, und die Monopolwächter waren auf Urlaub. Im Sinne von Microsoft war es einfach eine tolle Sache, etwas anzukündigen, das nicht im Entferntesten vor der Fertigstellung stand. Auf der Comdex 1983 ahnte keiner, dass es zwei Jahre lang dauern würde – in der Computertechnik eine Ewigkeit –, bis Windows ausgeliefert würde, und auch dann war es nur ein lausiges Windows.

Versetzen Sie sich einmal in die Lage eines unabhängigen Softwareentwicklers im Jahre 1983. IBM und Microsoft stecken unter einer Decke und sind eindeutig im Begriff, den Hardware- und den Softwarestandard für PCs zu schaffen. Microsoft kündigt an, eine GUI auf den Markt zu bringen. Der Erfolg des IBM PC und der entsprechenden Clones gibt Microsoft einen immensen Schub auf dem Betriebssystem-Markt (schon bald überholt es CP/M), und nur Microsoft weiß, wie lange es noch braucht, bis Windows geliefert werden kann. Könnte schon in ein paar Monaten so weit sein. Warum sollte man sich dem als Entwickler entgegenstellen und Anwendungen nur für CP/M oder Apple schreiben, wenn in Anwendungen für PCs und PC-Clones pures Gold zu stecken scheint?

Zwei Jahre lang schwebte Windows im luftleeren Raum. Wo genau? Das wusste niemand (einschließlich vieler Menschen, die daran arbeiteten). Durch die Verzögerung spendierte Microsoft dem amerikanischen Wortschatz einen neuen Begriff: vaporware [vapor = Dunst, Phantom]. Windows existierte nur in Form von Worten, nicht als Produkt; es schien sich zu verflüchtigen. Aufgrund dieses Begriffs entstand auch eine neue Version eines altbekannten Witzes: Eine Frau in den Vierzigern geht zum Arzt, um sich untersuchen zu lassen. Der vollkommen irritierte Arzt fragt: „Mary, laut Ihrer Krankengeschichte waren Sie dreimal verheiratet, aber ich sehe, dass Sie enthaltsam gelebt haben, Sie sind immer noch Jungfrau, wie kann das sein?" Mary seufzt auf und sagt: „Tim, mein erster Mann, war der netteste und liebste Mann, den Sie sich vorstellen können – freundlich, hilfsbereit, man konnte über alles mit ihm reden –, aber es stellte sich heraus, dass er schwul war, also wollte er nicht. Jim, mein zweiter Mann, war ein harter und rauer Macho, aber war in Vietnam verwundet worden und, naja, er konnte nicht. Mein dritter Mann, Bill, war Programmierer bei Microsoft. Er saß immer nur auf der Bettkante und erzählte mir, wie toll es sein würde." Das Technikmagazin InfoWorld gab der ersten Version von Windows, Windows 1.0, auf einer Zehn-Punkte-Skala eine Bewertung von 4,5.

Als hätte er mit dem Personalwesen, dem Marketing und Mit-Gates-streiten nicht schon genug Verpflichtungen, war Ballmer nun auch dafür verantwortlich, Windows zur Marktreife zu bringen; er bekam den offiziellen Titel „Vizepräsident für Systemsoftware". Gegenüber Robert X. Cringely erinnerte sich Ballmer an den Anfang seiner neuen Pflichten: „Ich fing mit meinen gewohnten Anfeuerungen an, da schauten mich die Programmierer groß an und verdrehten die Augen. Einer von ihnen lachte. Der Programmierer verließ [Microsoft]. Das war für Microsoft und für ihn das Beste." In den ersten zehn Jahren des Unternehmens Microsoft waren die Programmierer ausschließlich Männer.

Was kaum jemand weiß: Die ersten Computerprogrammierer Amerikas waren Frauen, die mit dem ENIAC arbeiteten, während die Jungs weg waren und einen Krieg für die Gute Sache führten. Und es war auch eine Frau – Grace Hopper, die spätere Admiralin der Marine und Erfinderin der Programmiersprache COBOL –, die den ersten bekannten Bug in einem Computer fand. Und zwar im wahrsten Sinne des Wortes [„bug", die auch im Deutschen gebräuchliche Bezeichnung für Computerfehler – insbesondere Programmierfehler – bedeutet wörtlich „Wanze" oder „Insekt"]. Am 9. September 1945, um 15:45 Uhr Bostoner Zeit, fand Frau Hopper in Schalttafel F des Relais Nummer 70 eines Mark I Computers in Harvard eine Motte. Pflichtbewusst notierte Hopper nicht nur Ort, Zeit und Datum, sondern klebte den elektrisch hingerichteten Schuldigen auch in das Berichtsbuch. (Thomas Edison hatte jeglichen Fehler in elektrischen Schaltungen als bug bezeichnet, und das Wort stammt aus dem Wallisischen des 14. Jahrhunderts; ursprünglich bedeutet es „Kobold".) Im Jahre 1990 gründeten einige Microsoftianerinnen zwar einen losen Frauenclub und nannten ihn „Hoppers", aber neun Jahre nach der Unternehmensgründung war Microsoft immer noch ein Burschenverein und spiegelte das Umfeld wieder, mit dem Gates und Ballmer in Harvard vertraut gewesen waren. Die wenigen weiblichen Mitarbeiter waren fast alle in der Verwaltung tätig. Als Ballmer das Projekt Windows leitete, wurde genau das zum Problem.

Im Jahre 1984 schielte Microsoft auf einen Programmierauftrag der U.S. Air Force über 25 Millionen US-Dollar. Die in den 60er-Jahren erlassenen Bürgerrechtsgesetze enthalten die Auflage, dass Vertragspartner von Bundesbehörden im Rahmen der Aktion gegen die Diskriminierung Frauen und Angehörige von Minderheiten beschäftigen müssen. Der Kolumnist der Chicago Tribune und Pulitzer-Preisträger Clarence Page weist in seinen 1996 unter dem Titel „Showing My Color" erschienen Essays über die Beziehungen der Rassen untereinander darauf hin, dass die größten Nutznießer der Aktion gegen die Diskriminierung weiße Frauen waren. Kurz gesagt brauchte Microsoft ein paar Frauen in höheren Positionen. Auf Ballmers Vorschlag stellte Gates Ida Cole, die Leiterin der Anwendungsabteilung von Apple, als Vizepräsidentin für Anwendungsprogramme ein. Microsoft bekam den Auftrag von der Air Force. Ida Cole blieb fünf Jahre, bis sie ihre Aktienbezugsrechte voll ausgeschöpft hatte, und verließ das Unternehmen als Multimillionärin.

Da die Personal Computer zu jener Zeit nur einen kleinen Arbeitsspeicher hatten, mussten die Code-Affen die PC-Programme auf größeren Maschinen programmieren. Einen Teil der Computer, auf denen die Programmierer arbeiteten, kaufte Microsoft bei einem kleinen Hersteller im Silicon Valley namens Sun Microsystems. Sun war zwei Jahre davor von vier Männern gegründet worden, darunter Vinod Khosla, der mit Ballmer in Stanford studiert hatte, der wie Ballmer in Farmington Hills aufgewachsene Bill Joy sowie Scott McNealy, Ballmers Rivale von Cranbrook und sein Kommilitone in Harvard und Stanford. Joy hatte zunächst Informatik in Berkeley studiert, und als er der akademischen Beamtenmentalität überdrüssig geworden war, brach er das Studium ab und wurde Chefprogrammierer bei Sun (ursprünglich die Abkürzung für Stanford University Network). Im Gegensatz zu Ballmer hatte McNealy die Stanford Business School abgeschlossen. Er hatte sich auf Herstellung spezialisiert und hatte ein Jahr lang in der Panzerproduktion der FMC Corporation in Chicago gearbeitet, bevor er Leiter der Herstellungsabteilung von Onyx Systems, eines kleines Herstellers von Mikrocomputern in San Jose, wurde. McNealy leitete zunächst die Produktion der Sun-Workstations, und wurde 1984 Präsident und CEO.

Als Vizepräsident für Systemsoftware versuchte Ballmer mit Hochdruck, „Windows! Windows! Windows!", wie er es ausdrückte, auf den Weg zu

bringen. Gates: „Die Entwickler akzeptierten ihn recht schnell, weil er intelligent war. Er saß da und hörte ihnen zu, und er verstand die Dinge, die
ihnen wirklich Spaß machten." Ballmer sagte gegenüber InfoWorld: „Ich
habe gelernt, dass man die richtigen Typen bekommen muss, dass man
ihnen in die Augen schauen und ihnen zuhören muss; so findet man heraus, wem man vertrauen kann. Und dann lässt man sie springen." Und wie
er sie springen ließ! Er schickte sie auf den von den Angestellten so genannten „Todesmarsch". Einmal heftete ein Programmierer eine politische
Karikatur ans Schwarze Brett, die einen Terroristen aus dem Nahen Osten
zeigte, der gerade jemanden erschoss; mit der Hand schrieb er auf den
Körper des Terroristen BALLMER.

Während des Windows-Todesmarsches war es nicht ungewöhnlich, dass
Programmierer in ihren Büros schliefen. Wie der Romanautor Douglas
Coupland in Microserfs schildert, schlossen manche Programmierer die
Tür ab, schrieben und schliefen. Einmal kauften einige Mitarbeiter, die um
einen eingeschlossenen Freund besorgt waren, flaches Essen – Scheib-
lettenkäse von Kraft, Premium Plus Kekse, Pop-Tarts, Freezie Pops – und
schoben sie unter der Tür durch.

Laut einem Bericht drohte Gates Ballmer im Sommer 1985 ernsthaft mit
Kündigung, falls Windows nicht fertig wäre, „wenn in Seattle der erste
Schnee fällt". Ballmer schaffte es vor allem deshalb, weil es in der Rainy
City nicht so oft schneit. Einem Bericht zufolge schaute er unterwegs ein-
mal ein Footballspiel der Denver Broncos gegen die Seattle Seahawks in
Seattle an. Als es auf dem Spielfeld zu schneien anfing, wurde Ballmer
„ziemlich nervös" und musste beruhigt werden. Windows 1.0 konnte erst
im November 1985 ausgeliefert werden. Es hatte so lange gedauert, es vom
Stapel zu bringen, dass der PC-Journalist John Dvorak spottete: „Als
Windows angekündigt wurde, hatte Ballmer noch Haare auf dem Kopf."

Neben seinem Posten als oberster Windows-Sklaventreiber war Ballmer
nach wie vor der Verbindungsmann zu IBM, und IBM war zusehends beun-
ruhigt, weil sich MS-DOS als Softwarestandard durchsetzte. Eine der
Hauptursachen für die Dominanz, die IBM erreicht hatte, war das Konzept
der so genannten „Systemkompatibilität". Zwar war das Flaggschiff System 360 etwa 1.000-mal so leistungsfähig wie das Billigmodell, aber auf
allen Maschinen lief die gleiche Anwendungssoftware – bloß nicht auf
dem PC. IBMs Vorherrschaft auf dem Feld der kompatiblen Software hatte
dazu geführt, dass die Gesellschaft im Hardwarebereich immer dominie-
render wurde. Der Wirtschaftswissenschaftler Stephen Siwek spricht von
einer „Art Feedbackschleife".

Beim PC jedoch hatte IBM zugelassen, dass Microsoft den Standard setzte. Zu Anfang war sich IBM der Tatsache nicht bewusst, dass der installierte Softwaregrundstock die Computeruser bindet, nicht die Hardware. Als IBM seinen Fehler erkannte, versuchte es den Einfluss von Microsoft aktiv zu begrenzen, indem es sein eigenes Betriebssystem entwickelte, das OS/2 genannt wurde. Gates überredete IBM dazu, bei der Schaffung des neuen Betriebssystems mit Microsoft zusammenzuarbeiten.

Im Sommer 1985 unterzeichneten IBM und Microsoft ein gemeinsames Entwicklungsabkommen für OS/2, so dass Ballmer nun zwei Herren diente. Erraten Sie, welchem System Ballmer wohl am meisten Aufmerksamkeit schenkte? Dem von IBM. In Wirklichkeit war Ballmer, entgegen seinen öffentlichen Äußerungen, kein Fan von Windows, und er wollte nicht noch ein Tier im Softwarezoo aufscheuchen.

Laut Ballmer bestand seine damalige Strategie darin, „den Bären zu reiten". IBM war der Bär, und „man brauchte nur zu versuchen, sich auf dem Rücken des Bären zu halten, der Bär mochte sich drehen und winden und ausschlagen und versuchen, einen abzuwerfen, aber wir wollten verdammt noch mal den Bären reiten, weil der Bär das Größte und das Wichtigste war – man musste einfach für den Bären sein, denn sonst hätte einen der Bär der Computerbranche zertrampelt; IBM war der Bär, und wir wollten auf dem Rücken des Bären reiten. Also sagten wir uns, okay, das macht uns zwar keinen Spaß, aber wer sind wir schon? Wir sind ein paar Kids aus Seattle im Bundesstaat Washington. Wir wollen uns bei dem Bären keine blutige Nase abholen, sondern wir wollen weiter machen und das Beste daraus machen." Intern äußerte sich Ballmer direkter, er sagte: „Die Strategie gegenüber IBM hieß BOGU – bend over, grease up [bücken und ölen]". Ein paar Untergebene schenkten ihm eine Ölkanne mit der Aufschrift BOGUS [etwa: Schwindel, Falsch]: „Bend Over, Grease Up, Steve." Der falsche Ballmer.

Angesichts der vollkommen unterschiedlichen Unternehmenskulturen erstaunt es nicht, dass die Microsoftianer, die an Windows arbeiteten, mit den IBMlern ständig zusammenstießen. Und zwar derart heftig, dass eine Führungskraft von IBM einmal mit den Worten zitiert wurde, er würde gerne „einen Eispickel in Bill Gates' Kopf schlagen". Und ein paar Microsoftianer machten aus der Abkürzung IBM „Incredible Bunch of Morons" [frei: ein unglaublich vertrottelter Haufen]. Der unglaublich vertrottelte Haufen war vielleicht wirklich vertrottelt, denn er vertraute Microsoft. Es sollte ein paar Jahre dauern, bis IBM zu der Überzeugung gelangte, dass Gates und Ballmer das Unternehmen mit der Vorstellung genarrt hatten, sie stünden hinter OS/2. Jim Cannavino, ein leitender IBM-Angestellter, glaubte irgendwann sogar: „Gates hat ein Team von Leuten mit dem Auftrag, OS/2 zu Schrott zu machen. Ich bin die Pläne durchgegangen und habe gezählt, wie viele Leute an unserem Zeug arbeiten und wie viele Angehörige der gleichen Betriebssystem-Gruppe an etwas anderem arbeiten. Sie müssen an etwas anderem arbeiten."

Cannavino betrieb Recherchen und fand heraus, dass die Developer Relation Group von Microsoft mit unabhängigen Drittanbietern nicht darüber verhandelte, dass sie Software für OS/2 entwickelten, sondern für Windows, Windows, Windows. Er erzählt, dass zu genau der Zeit Gates mit unbewegtem Gesicht „zu IBM kam und sagte, DOS und Windows seien tot. Zu [Kunden wie] General Electric und Boeing sagte er, IBM sei am Ende." Zu der Tatsache, dass OS/2 Windows Marktanteile abgraben würde, gesellte sich die Erkenntnis, dass Microsoft für Windows im Gegensatz zu OS/2 keine Lizenzgebühren an IBM abführen müsste. Die Erbitterung zwischen dem PC-Vater und dem verzogenen Kind, den ersten und einzigen künftigen Computerhäuptlingen, sickerte so langsam in die Medien durch.

Auf der Comdex 1989 gaben IBM und Microsoft nach längerem Zank bekannt, sie würden weiterhin zusammenarbeiten. OS/2 sei für leistungsfähigere Computer bestimmt; Microsoft würde zuerst Anwendungen für OS/2 entwickeln, und erst dann eine verbesserte Windows-Version. Kurz nach dieser Bekanntgabe sagte ein IBM-Vertreter zu Ballmer, es wäre wohl eine Herausforderung, ein kompakteres OS/2 zu schreiben, das weniger als zwei Megabyte Arbeitsspeicher verbrauchen würde. „Oh", sagte Ballmer darauf, „so etwas haben wir gar nicht vor." Ungläubig gab der IBM-Funktionär zurück: „Was soll das heißen? Das haben wir doch gerade öffentlich verkündet." Ballmer grinste nur. Laut der Autorin Wendy Goldman Rohm ließ Jim Cannavino am gleichen Tag einen Sicherheitsfachmann sein Hotelzimmer in Las Vegas überprüfen. Der Ermittler fand drei Abhörgeräte – Wanzen [Bugs]. Cannavino vertraute Microsoft nie wieder.

Über die Frage, ob nun Ballmers Truppe OS/2 offen sabotiert hat, wie IBM und zahlreiche Technikfans glauben, oder ob sie einfach nur mehr Energie in das eigene System Windows steckten, wird in der Computerwelt nach wie vor heftig gestritten. Jedenfalls sah es in den Augen der Federal Trade Commission weniger nach Wettbewerb zwischen zwei Betriebssystemen als nach einer Absprache zwischen IBM und Microsoft aus. Im Jahre 1990 nahm die FTC ihre Ermittlungen auf.

Steve Ballmers „Sparsamkeit" und Bills entsprechende Neigung hielten die Microsoft-Gehälter unter dem Durchschnitt, manchmal deutlich darunter. Anders als Kalifornien und Massachusetts, wo die Hauptkonkurrenten ihren Sitz hatten, erhob (und erhebt) der Bundesstaat Washington keine Einkommensteuer, so dass ein niedrigeres Bruttoeinkommen nicht unbedingt ein geringeres Nettogehalt bedeutete. Aber es waren vor allem die goldenen Fesseln, die winkenden Aktienbezugsrechte, die viele Code-Affen bei der Stange hielten. Bis Ende 1985 hatte Microsoft so vielen Beschäftigten Bezugsrechte angeboten, dass die Marke von 500 schnell näher rückte, und ab diesem Punkt hätte Microsoft nach den Vorschriften der SEC (Securities and Exchange Commission [Börsenaufsicht]) die Aktien unbedingt registrieren lassen müssen. Außerdem besaßen immer mehr Mitarbeiter Aktien, mit denen sie nirgends handeln konnten. Am 28. Oktober 1985 empfahl Bill Gates dem Vorstand den Börsengang. Der Präsident des Unternehmens und Vorstandsmitglied Jon Shirley dazu: „Wir beschlossen es zu tun, wann wir wollten, und nicht erst, wenn die SEC sagen würde, dass wir es tun müssten."

Nach Verhandlungen mit Dutzenden von Emissionshäusern entschied sich der Chief Financial Officer Frank Gaudette für die Underwriter Goldman Sachs und Alex Brown. Gates, der sich eine Chance für kostenlose Werbung nie entgehen lässt, gab der Zeitschrift *Fortune* die Exklusivrechte an einer Story über den Ablauf eines Börsengangs. Als Microsoft zusammen mit den Emissionshäusern den Prospekt vorbereitete, wurden die Unternehmensleiter einer Überprüfung der wirtschaftlichen und finanziellen Situation unterzogen. Das bedeutet im Prinzip, dass sie dafür gerade stehen mussten, dass dies ihr Unternehmen war.

Wenn den Vertretern des Unternehmens beispielsweise bekannt gewesen wäre, dass sie für Schäden aufkommen müssten, die durch den Absturz von Windows entstanden sind und dies nicht gesagt hätten, dann könnte ein Aktionär sie verklagen. Zu allem Überfluss verfolgte auch noch Fortune die Aktivitäten von Microsoft. Wenn sie daher den Reportern etwas gesagt hätten, das in dem Prospekt nicht erschien, dann hätten sie weiterer Klagen gewärtig sein müssen, einschließlich Betrugsvorwürfen.

Ein Wertpapieranalyst eines der Underwriter erinnert sich: „Steve Ballmer war während der Überprüfung ganz schön wild. Er zeigte sein übliches überschäumendes Wesen. Einmal stand er direkt hinter einem der Schreibtischtäter von Goldman Sachs und klatschte zur Unterstreichung einer Äußerung in die Hände – der Bursche schoss fast zwei Meter aus seinem Stuhl hoch."

Laut James Wallace und Jim Erickson brachte „Ballmer während der Überprüfung derart viele potenzielle Entwicklungen vor, die Microsoft ruinieren könnten – viel mehr als die anderen Führungskräfte –, dass einer der Investmentbanker spottete: ‚Ich möchte Sie nicht erleben, wenn Sie einen schlechten Tag haben.'" Das war Ballmer in schlimmster Hochform, der Mann mit dem „wir sind die Größten! wir sind geliefert!", der die einen anzieht und die anderen abstößt, der Ballmer, der seine Leute in der Kabine zusammenstaucht und sie hinterher wieder einsammelt.

Der bevorstehende Börsengang machte in Seattle mehr Wirbel als die Rückkehr Asa Mercers aus Boston im 19. Jahrhundert. Sie brachte damals eine Schiffsladung unverheirateter Frauen mit, und darauf basiert die Fernsehserie „Here Come the Brides". Offenbar wollte jedermann mit dabei sein. Gates erhielt wochenlang ständig Anrufe von Menschen, die er seit Jahren nicht mehr gesehen hatte: Lehrer von Lakeside, Jugendfreunde, ehemalige Nachbarn und sogar sein Hausarzt riefen an. Die meisten wies er ab. Seine Großmutter, seine beiden Schwestern und ein früheres Dienstmädchen ließ er Aktien kaufen. Ballmer sorgte zwar dafür, dass sein Vater Fred Aktien bekam, aber aus irgendwelchen Gründen reservierte er keine für seine Schwester Shelly.

Als der Prospekt fertig war, wurden etwas über 38.000 Exemplare verschickt, die ein Fenster auf die Arbeitsweise des Windowherstellers und seiner Topmanager öffneten. Microsoft hatte 998 Mitarbeiter (840 im Inland), davon 326 in der Produktentwicklung, 402 in Verkauf, Marketing und Service, 113 in Herstellung und Vertrieb sowie 157 in Finanzwesen und Verwaltung. Die Öffentlichkeit nahm zum ersten Mal wahr, wem Microsoft eigentlich gehörte. Gates besaß 11.222.000 Anteile, knapp unter 50 Prozent, und seine Familie weitere 134.000. Paul Allen besaß 6.390.000 Aktien, also 28 Prozent. Ballmer hatte 1.710.001 (7,5 Prozent), sein Vater 33.666. Der Programmierer Charles Simonyi hielt 305.000 Aktien und der Kollege Gordon Letwin 293.850.

Gates, und in geringerem Maße auch Ballmer, reiste einige Monate durch die Lande und pries vor Analysten und Brokern die Tugenden von Microsoft an. Eigentlich war Gates der Meinung, dass Microsoft den Emissionshäusern maximal 6,5 Prozent des Verkaufspreises bezahlen sollte, aber als er herausfand, dass Sun Microsystems auf die Erstemission im Wert von 64 Millionen US-Dollar nur 6,13 Prozent bezahlt hatte, wollte er das Gleiche und verlangte das von Gaudette. Der Börsengang war beinahe schon abgesagt, aber Goldman Sachs stimmte dann doch noch zu.

Kaum eine Woche in der amerikanischen Geschichte der Informationstechnologie setzte so viel Macht und Energie frei wie die sieben Tage nach dem 10. März 1986, aber kaum eine Woche nahm der Branche auch so viel

Kraft und Biss, wie es diese sieben Tage taten. Die Marktlage war IPO-freundlich, und die Wallstreet posaunte ihre Auffassung von der informationstechnischen Revolution laut und mit phänomenalem Erfolg hinaus: Sun Microsystems, Oracle und Microsoft, sie alle brachten ihre Aktien an die Börse. In der gleichen Woche schaffte die Library of Congress, die ihren Sitz zuerst in der Wall Street gehabt hatte, weil New York kurz als Bundeshauptstadt fungierte, und die die Urheberrechte von Microsoft bewahrt, die abendlichen Öffnungszeiten weitgehend ab (nach lautstarken Protesten wurden sie aber wieder eingeführt). In den ersten Märzwochen 1986 verlagerte sich der Weg, den die Informationsrevolution nahm, ein kleines Stückchen weg von der bedruckten Seite und hin zu Elektronen und Protonen, wobei Microsoft die größte Aufmerksamkeit zuteil wurde.

Gates, der Desinteresse an dem IPO heuchelte, war im Urlaub und segelte vor dem Great Barrier Reef in Australien, als die Aktie das Parkett betrat und die Eröffnungsglocke läutete. Es war, als wollte er sagen: „Ein großer Programmierer wie ich lässt sich von diesem groben Finanzkram nicht behelligen." Am 13. März 1986 um 9:35 Uhr New Yorker Zeit wurden die ersten Microsoft-Aktien, die für 21 US-Dollar angeboten worden waren, für 25,75 US-Dollar das Stück gehandelt. Die Bewegungen der NASDAQ ließen Ballmer entspannt aussehen. *Fortune* berichtete, dass Gaudette vom Parkett aus Shirley anrief und ausrief: „Das ist wild! Ich habe so etwas noch nicht erlebt – hier handeln alle nur Microsoft, bis auf den letzten Mann." Mehr als 3,5 Millionen Aktien wechselten den Besitzer. Die Aktie schloss mit 27,75 US-Dollar. Nach sechs Stunden war Bill Gates 311.410.500 US-Dollar wert, Paul Allen 177.322.500, Steve Ballmer 47.452.527,75 und Fred Ballmer 1.017.481 US-Dollar. Fred Ballmer verdiente in diesen sechs Stunden mehr als in den letzten 20 Jahren seiner Beschäftigung bei Ford. 13 Tage vor seinem 30. Geburtstag war Steve Ballmer 47-facher Millionär.

Aber nicht alles in Seattle war eitel Sonnenschein. Unmittelbar vor dem Börsengang hatte Seattle Computer Products eine Klage über 20 Millionen US-Dollar wegen des Vertrages eingereicht, den Ballmer Rod Brock hatte unterzeichnen lassen und gemäß dem Microsoft die Nutzungsrechte an Q-DOS hatte, Rod Brock allerdings auch welche einräumte. Brock musste auf schmerzliche Weise erkennen, dass Ballmer nicht so ganz Recht hatte, als er sagte, es würde „nichts ändern, ob [Microsoft] oder wir die Rechte haben". Laut Paul Andrews und Stephen Manes hatten die Geschworenen während des daraus resultierenden Verfahrens Gelegenheit, Gates persönlich als Zeugen zu hören. Als er über „Ihr Unternehmen" befragt wurde, antwortete er angeblich: „Meinen Sie Microsoft?" Kelly Korr, der Anwalt von Seattle Computer Products, fragte dann, ob Gates nicht etwa die Hälfte der Unternehmensaktien besitze. Gates sagte, er besitze etwa 40 Prozent. „Sie besitzen doch rund elf Millionen Aktien, oder?"

„Ja."

„Als ich das letzte Mal nachgesehen habe, standen die Aktien bei 50 Dollar das Stück, stimmt das?"

„Ich sehe nicht nach."

Während der Beratung der Geschworenen einigten sich Microsoft und Brock in einem Vergleich auf die Zahlung von 925.000 US-Dollar. Das war von dem größeren Unternehmen ein kluger Schachzug, denn eine Befragung der Geschworenen ergab, dass sie wohl acht zu vier gegen Gates und Ballmer gestimmt hätten. Für die Gesamtsumme von einer Million US-Dollar war MS-DOS nun endgültig volles Eigentum von Microsoft.

> TEIL 3 <

DIE BORG LASSEN GRÜSSEN

Ein Monopol ist das Geschäftliche am Ende seiner Reise

HENRY DEMAREST LLOYD

DIE BORG

Ein Geschäftsmann namens Bruce Barton veröffentlichte im Jahre 1925 ein Buch mit dem Titel „The Man Nobody Knows", gemäß dem Jesus der beste Verkäufer aller Zeiten war. Das Buch verkaufte sich äußerst gut, ebenso wie 1955 das Buch Jesus, CEO. Die Kombination von Religion und Geschäft nahm 1984 eine neue Form an, als Apple die so genannten sieben Evangelisten aufstellte – eine Gruppe von Menschen, die unabhängige Softwarehersteller dazu bringen sollten, Anwendungen für den Macintosh zu schreiben. Drei Jahre danach beschloss Steve Ballmer, dass Microsoft ebenfalls Evangelisten brauche, und gründete die Developer Relations Group (DRG) unter der Leitung von Cameron Mhyrvold. Ein ehemaliger Angehöriger der DRG: „Cameron sagte zu uns: ‚Es ist euer Job, die Konkurrenz reinzureiten. Ein Konkurrent wird eine Technologe niemals einfach so übernehmen. Das ist wie mit Kokain. Man wird nicht freiwilllig abhängig. Man muss ihnen das Kokain aufdrängen.'" Der gleiche ehemalige Mitarbeiter sagt weiter: „Wir waren die Sturmtruppe, die SS [sic!]. In meinem Büro hing ein Bild von den Borg. Wir waren Borg."

Die Borg sind eine halb menschliche, halb technische Rasse aus der Fernsehserie Star Trek: The Next Generation. Die Borg haben keine individuellen Gehirne, sondern agieren als Kollektiv, in dem jeder mit allen anderen Angehörigen verbunden ist. Die Borg sind berüchtigt für ihren Ausspruch vor Beginn eines Kampfes: „Widerstand ist zwecklos. Ihr werdet assimiliert werden."

Ballmer begleitete Cameron Mhyrvold zu Kundenterminen. Mhyrvold erinnert sich: „Wir fuhren zu einem Termin, Steve stellte einen Top-40-Sender ein, drehte die Lautstärke bis zum Anschlag auf und trommelte auf das Armaturenbrett. Er ist ein erstaunliches Energiepaket, und wenn er krank war, dann war er höchstens ein wenig gedämpft. Er stachelte einen zu Höchstleistungen an. Er nahm das, was man tat, immer positiv auf. Steve war immer bereit mitzukommen. Er befasste sich wirklich ausführlich mit den Kundenterminen. [Die DRG] kämpfte an vorderster Front. Ballmer gab mir von allen Angehörigen der Firma das beste strategische Feedback. Und man ist Steve gegenüber gerne loyal, weil man immer das Gefühl hat, dass er einem selbst gegenüber ebenfalls loyal ist.

In den 80er-Jahren wurde man in dem Unternehmen nicht eingearbeitet. Man lernte, indem man in die Fußstapfen der anderen trat. Es gab kein richtiges institutionelles Gedächtnis. Als ich ein paar Wochen in der Firma war, stellte mir Ballmer eine Frage, und ich sagte, ich wüsste es nicht. Ballmer sagte: ‚Das ist inakzeptabel. Es ist Ihre Aufgabe, das zu verstehen. Sie werden der Experte des Unternehmens für dieses Thema sein.' Es gab zwei Arten von Besprechungen mit Steve. Entweder es redete nur er, oder nur ich redete – über neue Angelegenheiten, und ich war dann sozusagen Steves Ausbilder. Ich führte ihn durch den Denkprozess. Und Steve hörte zu, er hörte immer zu. Und er machte seinen Standpunkt sehr deutlich klar. Er sagte ‚Oh! Oh! Oh!', wenn er meine innere Logik erkannt hatte. Er wollte wissen, was für Gelegenheiten sich böten. Er fragte, wie sieht der Markt aus? Wo sind da Früchte, die tief genug für uns hängen? Steve ist immer logisch und konsistent, und er verlangt von einem, genauso zu sein.

Als ich die DRG leitete, beschloss ich zunächst, dass sie aus Technikern bestehen sollte, nicht aus Marketingleuten. Technische Gespräche [das, was Ballmer 'Sex für Freaks' nennt]. Die Techies verstehen die Funktionen. Alex St. John ist das Paradebeispiel für einen DRG-Evangelisten. St. John war in Alaska daheim unterrichtet worden, erreichte im Abitur perfekte 1.600 Punkte und bekam seine Stelle unter anderem, weil er im Vorstellungsgespräch sagte: „Bill [Gates] hat den richtigen Biss. Ich mag es, wenn jemand den richtigen Biss hat. Ich liebe das Gefühl, Konkurrenten zu erledigen und Märkte zu beherrschen." Mhyrvold weiter: Eines Tages schrieb Alex ein dreiseitige Mitteilung an Bill, in der er sagte, wir bräuchten einen besseren technischen Kundendienst und Microsoft habe keine guten Techniker, die tief genug in die Materie eindringen könnten. St. John war der beste Evangelist, den wir je hatten." Als Gates das Memo las, war er zuerst verärgert, rang sich dann aber zu St. Johns Standpunkt durch. St. John fuhr zum Beispiel Gäste in seinem Amphibienjeep über den Campus, weil er sich nicht von Straßen einengen lassen wollte. Michael Drummond, dem Autor von „Renegades of the Empire", sagte er: „Man steckte seine Hand in die Gehirne [der Entwickler] und stellte sie ein. Man stellte ihnen die Welt in Microsoft-Begriffen dar. So dass sie jeden Tag [an Microsoft] dachten. Ob sie einen liebten oder hassten war egal, Hauptsache sie dachten an einen." St. John ist derzeit der Leiter von Wild Tangent, einem Entwickler von 3D-Spielen.

Ballmer benutzte das Märchen von den Chinese Walls, um die Entwickler zu beruhigen. Er gab ihnen das Gefühl, sie könnten Microsoft offenbaren, wie ihre Anwendungen programmiert waren, ohne befürchten zu müssen, dass ihr Code in DOS oder Windows eingebaut werden würde. Eine weitere Anspielung auf Religiöses steckt in einer Äußerung Ballmers gegenüber *Business Week*: „Es gibt eine sehr klare Trennung zwischen unserer Betriebssystemabteilung und der Anwendungsabteilung, ähnlich wie die Trennung von Kirche und Staat." Das Problem war nur, dass in Wahrheit keine Mauern existierten. Ballmer leitete die Betriebssystemabteilung, und sein bester Freund Gates leitete die Anwendungsabteilung. Tatsächlich arbeiteten die Ballmer unterstellten Microsoftianer aus der Entwicklungsabteilung mit den Anwendungsleuten unter Gates zusammen, um zu gewährleisten, dass – Überraschung! – Microsoft-Anwendungen mit Windows am besten funktionierten. Das lag zum Teil daran, dass Microsoft unter der Hand die Methode der „versteckten Programmschnittstellen" benutzte. Programmschnittstellen oder APIs sind Code-Abschnitte innerhalb eines Betriebssystems wie Windows, die auf Befehle von einem Anwendungsprogramm ansprechen. Wenn man nicht weiß, wo die APIs liegen, laufen die Programme langsamer und unregelmäßiger, wenn überhaupt (man erinnere sich an Gates' Ausspruch: „DOS ist erst dann fertig, wenn Lotus nicht läuft."). Seiner Moral des Verleugnens treu, weigerte sich Microsoft einzugestehen, dass solche versteckten Codes existierten, bis der Programmierer Andrew Schulman 1992 sein Buch „Undocumented Windows" veröffentlichte. Schulman beweist, dass die Betriebssystem-Programmierer, die unter Ballmer schwitzten, in der Tat geheime Schnittstellen programmiert hatten, etwas, das sie später mit dem von Sun Microsystems stammenden Java wieder tun sollten. Später gab Microsoft zu, dass zwei der zusammen mit Windows verkauften Anwendungsprogramme, nämlich Excel und Word, „mindestens" 16 APIs nutzten, die in dem Betriebssystem versteckt waren. Die Entwickler standen der Zusammenarbeit mit Microsoft misstrauisch gegenüber, aber jetzt waren MS-DOS und Windows zum beherrschenden Betriebssystem für Personal Computer geworden, so dass sie kaum die Wahl hatten. Widerstand war zwecklos.

Im Jahre 1989 ging Fred Ballmer nach 30 Jahren bei Ford in den Ruhestand, und sein Sohn Steve tat etwas gegen seinen wohl verdienten Ruf als Geizkragen, indem er mit einem standesgemäßen Ruhestandsgeschenk einsprang: Er kaufte seinen Eltern das Haus in Farmington Hills. Die Betriebsrente von Ford (einschließlich des bereits erwähnten Leasing-Rabatts) und die IPO-Aktien sicherten Fred und Bea ein angenehmes Leben. Laut einem Freund der Familie wurde es mit Freds Gehör immer schlimmer. Und Steve Ballmers Benehmen wurde auch immer schlimmer. Bob Metcalfe, der Mitgründer von 3Com und ehemalige Angehörige des PARC-Teams bei Xerox, beschrieb die Zusammenarbeit mit Steve Ballmer und den Truppen, die er so legendär motivierte, „wie die Paarung mit einer Schwarzen Witwe".

Inzwischen kamen Computernetzwerke – dass ein Computer mit dem anderen spricht – groß in Mode. Die Novell Corporation aus Utah besetzte etwa 70 Prozent des Netzwerkmarktes, und die 3Com Corporation aus San Francisco war mit mehr als 400 Millionen US-Dollar Umsatz ebenfalls ein wichtiger Marktteilnehmer. Ballmer kontaktierte Metcalfe, um ein gemeinsames Entwicklungsabkommen zu schließen. Ballmer flog nach Kalifornien und schlug vor, dass die beiden Unternehmen gemeinsam den Local Area Network (LAN) Manager von OS/2 fertig stellen und ihn dann über 3Coms Händlernetz verkaufen sollten. Nach harten Verhandlungen wurden 3Com und Microsoft Partner. Und fast sofort gingen die Streitereien los.

Metcalfe erzählte James Wallace und Jim Erickson: „Unsere Ingenieure wurden von den Microsoft-Leuten wie der letzte Dreck behandelt. Am Ende testeten sie bloß die ganze fehlerhafte Software, und wenn irgendetwas nicht funktionierte, war Microsoft grundsätzlich der Meinung, das sei unser Fehler. Unsere Ingenieure mussten täglich die Beleidigungen dieser ekelhaft arroganten Programmierer ertragen. Ein Freund von mir bezeichnete sie als Hitlerjugend." Metcalfe weiter: „Microsoft hat den Erfolg gepachtet und ist zur Hitlerjugend geworden. Sie halten alle, die nicht dort arbeiten, für Arschlöcher und bürokratische Deppen."

3Com musste nicht nur mit den Hardcore-Microsoftianern zurechtkommen, sondern hatte auch von Anfang an die schlechteren Karten. Laut Metcalfe stellte Microsoft auf der Pressekonferenz zur Bekanntgabe der Partnerschaft „klar, dass es ein Microsoft-Projekt war. Das war keine gemeinsame Pressekonferenz, sondern eine Microsoft-Pressekonferenz." Die Reibereien setzten sich fort, als das Produkt auf den Markt kam. Obwohl 3Com fast drei Viertel der LAN-Manager verkaufte, war das Unternehmen aufgrund einer Vertragsklausel gezwungen, eine Mindestgebühr an Microsoft abzuführen, sogar als 3Com nichts mehr verkaufte, weil Microsoft eigenmächtig beschloss, seinen Teil des Programms selbst zu verkaufen. Metcalfe begriff ziemlich schnell, wie wenig vertrauenswürdig Microsoft war, und war der Erste, der die Legalität von Microsofts monopolistischem Benehmen schriftlich in Frage stellte. Er verglich die Lizenzierungspraktiken von Microsoft mit den Wuchergeschäften, die unter die Bundesgesetze gegen Erpressung fallen.

Microsoft verströmte eine üble Ausdünstung. Ein Venture Capitalist: „Microsoft ist wie [der Eishockeyspieler] Gordie Howe [Howe spielte sehr hart und bekam nie die Lady Byng für den ‚kavaliermäßigsten' Spieler verliehen]. Die Gegner beschwerten sich über die ständigen Stöße mit dem Ellenbogen und waren es leid, abgedrängt zu werden." Ein ehemaliger Präsident der University of Washington in Seattle, der Gates und seine Familie seit Jahrzehnten kennt, sagte einem Biografen: „Microsoft stand offenbar andauernd mit zwei Füßen auf der Foul-Linie."

Zu jener Zeit betrieb der Wirtschaftswissenschaftler James S. Henry Recherchen für einen Artikel darüber, wie man Microsoft im Silicon Valley wahrnahm. Er stellte fest, dass viele Bauchschmerzen, die Gates, Ballmer & Co. den Kaliforniern bereiteten, wohl begründet waren und nicht purer Eifersucht entsprangen. Außerdem fand Henry heraus, dass zwar fast jeder eine – fast immer negative – Meinung über das Unternehmen hatte, dass aber nur wenige bereit waren, öffentlich darüber zu reden, aus Angst davor,

Ärger zu bekommen. Henrys Arbeit wurde in der Novemberausgabe 1990 von *Business Month* veröffentlicht. Er stellte darin fest, dass Bill Gates der erste und einzige Milliardär des pazifischen Nordwestens war und dass er „der erfolgreichste Harvard-Abbrecher seit Putzi Hanfstaengl [war], dem deutschen Aristokraten, der Hitler in den 30er-Jahren mit den deutschen Industriellen bekannt machte." Henry bekam immer wieder Geschichten zu hören, dass Gates seinen Reichtum erworben hätte, obwohl er „ein technischer Langweiler und wenig innovativ ist, ein skrupelloser Vertragsschacherer, der gerne von Partnern ,borgt' und als Parasit von deren Erfolg fett geworden ist; ein reiches Kind, das seinen Erfolg vor allem der Tatsache verdankt, dass er das Glück hatte da zu sein, als IBM ein Betriebssystem für den Start seines PC-Blitzkrieges brauchte." Er zitiert den Journalisten John Dvorak mit den Worten: „Gott sei Dank ist Bill Gates im Computergeschäft und kein Gangsterboss oder Priester." Ein SoftwareManager sagte zu ihm einmal: „Das Geheimnis von Microsoft ist, dass es nichts Neues erfindet. Bill ist einfach ein Betriebssystem-Mensch, der ein breites Spektrum von Jedermann-Anwendungen finanziert hat, die auf der Basis eines extrem lukrativen Produkts funktionieren, das ihm vor zehn Jahren von IBM praktisch geschenkt wurde. Er ist einfach nur auf den fahrenden Zug aufgesprungen." Ein Branchenbeobachter bemerkte: „Alle in der Branche hassen Gates. Er hat versucht, die Menschen von [Apple], von GO und von Novell abzubringen. Er hat Borland Leute geraubt. Nicht jeder glaubt, dass er mit Windows und OS/2 fair gespielt hat. Die meisten Softwareentwickler würden liebend gerne mit jemand anderem zusammenarbeiten, aber er ist eben der Elefant in der Eingangshalle."

Henry schließt mit der Bemerkung: „Gates hat inzwischen so viel in den Status Quo investiert, dass er nicht anders kann, als immer weiter fortzuschreiten. Die riesige Anzahl der installierten Microsoftsysteme und – Programme ist zu einem Fluch geworden. Sie ist nicht nur eine Eintrittsbarriere, die seine hübschen Gewinnmargen schützt, sondern auch eine Innovationsbarriere. Des Weiteren schafft die Größe von Microsoft eine Handhabe, um den Zugang zu seinen Kunden so zu beschränken, dass Microsoft de facto einen Softwarestandard bildet.

Bill Gates ist ein kluger, eher konservativer Techniker, der Glück hatte. Er ist ein fähiger Manager sowie ein aggressiver und gerissener Verhandlungspartner. Er ist nicht an die Spitze gekommen, weil er eine bestimmte Vision davon hatte, wie uns der Personal Computer befreien könnte, sondern weil er sehr gut darin war zu blocken, zu reden, Patzer auszubügeln und erfolgreiche Geschäfte abzuschließen." Ballmer wird in Henrys

Studie nicht erwähnt, aber wie anhand von 3Com gezeigt wurde, war er es, der ehemalige Footballspieler und -Manager, der Chef der Betriebssystemabteilung, der einen großen Teil des Blockens, Redens, Patzerausbügelns und erfolgreiche-Geschäfte-Abschließens besorgt hat.

Eine lichtere Seite des von Henry so genannten „Silicon-Valley-Schlägers" sind die damals aufkommenden Microsoft-Witze. Hier einer der besten: Wie viele Microsoft-Programmierer braucht man, um eine Glühbirne zu wechseln? Keinen. Microsoft erklärt einfach die Dunkelheit zum Standard. Alternative Antwort: Glühbirne? Das ist ein Hardwareproblem.

Der Technikjournalist und PBS-Moderator Mark Stevens, besser bekannt unter seinem Künstlernamen Robert X. Cringely, betrachtet den März 1989 als wichtigsten Monat in der Entstehung von Microsoft, wie wir es heute kennen. Er macht Ballmer für das verantwortlich, was er als den Beginn der Microsoft-Ära bezeichnet. Es begann im März mit der heiklen Klage von Apple gegen Microsoft, wonach Microsoft ein Lizenzabkommen verletzt haben sollte. Der vorsitzende Richter entschied, dass Apple Microsoft nicht freie Hand gegeben hatte, die grafische Benutzeroberfläche von Apple für Windows zu übernehmen. Die Wall Street reagierte und wertete die Microsoft-Aktie ab. Um den Aktienkurs hochzutreiben, lieh sich Ballmer Geld und Geld und Geld – insgesamt 46,2 Millionen US-Dollar – und kaufte 945.000 Microsoft-Aktien im Freiverkehr. Cringely behauptet zwar, dass dieser Schachzug Ballmer reich gemacht habe, aber seine 1,7 Millionen Aktien aus der Erstemission hatten sich verdoppelt, so dass sie 150 Millionen US-Dollar wert waren; daher tat ihm die Investition nicht sehr weh. Ballmer hatte sein eigenes (geliehenes) Geld eingesetzt, was man von jemandem in seiner Position praktisch überhaupt nicht kennt. Manische Loyalität. Eimerweise. Cringely sieht hierin das auslösende Ereignis, aber andere sagen, dass erst im Folgejahr, als Microsoft Windows 3.0 herausbrachte, die Microsoft-Borg voll im Einsatz waren und Widerstand gegen Gates und Ballmer zwecklos wurde.

Der 1,90 m große Rhythm'n'Blues-Gitarrist G. C. Follrich tritt unter dem Namen Daddy Treetops auf. Treetops, den seine Freunde Tree nennen, spricht wehmütig von der Zeit, als er in Louisiana lebte und sein Musikerleben mit Aushilfsjobs finanzierte. Eines Nachmittags sagte einer seiner Arbeitskollegen langsam und in schleppendem Tonfall: „Muss jetzt mal nach Hause. Meine Frau wird einundzwanzig, und wir haben unseren siebten Hochzeitstag." Tree war wie vor den Kopf gestoßen. Er fragte: „Wieso hast du eine Vierzehnjährige geheiratet?" Mit tiefer, wahrer Gospelstimme gab der Ehemann zurück: „So kann man sie sich noch ziehen. Wenn man sie zu spät erwischt, sind sie verdorben." „So kann man sie sich noch ziehen" beschreibt recht gut den beginnenden Microsoft-Kult oder die Microsoft-Kultur, die Gates und Ballmer schufen, und das Verhältnis zu den Kunden. Die öffentliche Klage über Softwarepiraterie war seit Februar 1976 immer wieder von Microsoft zu hören. Damals schrieb Bill Gates seinen legendären „Offenen Brief an die Computeramateure". Darin bemängelte er, „dass die meisten [Computer-] Amateure unsere Software stehlen. Wen kümmert es, ob die Menschen, die daran gearbeitet haben, dafür bezahlt werden?" Das Schreiben wurde in mehreren Technikmagazinen veröffentlicht. (Ein Redakteur antwortete darauf, dass das BASIC-Programm, das Bill Gates geschrieben hatte, „auf einem Harvard-Computer geschrieben wurde, der zumindest teilweise aus öffentlichen Mitteln finanziert worden war, und dass es fraglich ist, wem es gehört und ob der Verkauf der Ergebnisse legal ist.") Zur gleichen Zeit, als Microsoft die Softwarepiraterie öffentlich anprangerte, vertraute Ballmer Cringely an: „Raubkopien sind gar nicht so schlecht. Die Menschen lernen anhand unserer Software, wie man einen Computer bedient. Irgendwann geht immer etwas schief, und dann brauchen sie uns. Dann müssen sie kaufen und die Software registrieren." Informatikstudenten der University of Washington fragten sich, ob sie die ganze kostenlose Microsoft-Software nur bekamen, damit sie davon abhängig würden. Im Jahre 2002, als der Markt viel weiter gesättigt war, unterstützte Microsoft eine Gruppierung finanziell, die Angestellte dazu ermuntert, Softwarepiraterie seitens ihrer aktuellen oder ehemaligen Arbeitgeber anzuzeigen.

Auch wenn er Chef der Betriebssystemabteilung war, setzte Ballmer seine ruhelose Suche nach Menschen fort, die Microsoft nicht nur dabei helfen könnten, Unternehmen dazu zu bringen, Software von Microsoft zu benutzen, sondern auch dabei, die bereits bestehenden Softwarekontrakte umzusetzen. Ballmer griff häufig auf seine Harvard-Kommilitonen zurück. Harvard besitzt eine der größten Ehemaligen-Organisationen der Welt, allerdings soll sie vor allem dafür sorgen, dass sie Geld spenden (als wäre die Stiftung von 18,4 Milliarden nicht genug); und Harvard stellt die Namen, Adressen und Telefonnummern der Brüder und Schwestern frei zur Verfügung. Ballmer besuchte Harvard häufig, hielt Vorlesungen und rekrutierte jedes Jahr Mitarbeiter – nicht nur um sicher zu stellen, dass er die besten bekam, sondern auch um sicher zu stellen, dass die Konkurrenz sie nicht bekam. So war es auch mit Mark Zbikowski. Kurz nach seinem Harvard-Abschluss 1981 bekam er einen Anruf von Ballmer. Zbikowski erinnert sich: „Steve sagte: 'Ich habe hier ein tolles Unternehmen. Warum kommst du nicht rüber nach Seattle?'" Zbikowski gefiel, was er sah, und er unterschrieb. Jetzt ist er vielfacher Millionär. Wenn Ballmer jemanden wie Zbikowski traf, führte er ihn aus, bezahlte alles und zeigte ihm „den Campus" – so nannte Microsoft mittlerweile den Bürokomplex des Unternehmens.

Inzwischen hatten Gates und Ballmer die Gesellschaft in eine Ansammlung von Büros verlagert, die sie auf ehemaligem Ackerland in Redmond gebaut hatten. Der Komplex ähnelte dem, was das dynamische Duo in Harvard vorgefunden hatte: vierstöckige Gebäude, dazwischen Hemlocktannen und Kiefern. Dr. Judith Kaplan, die in Harvard im gleichen Wohnheim gewohnt hatte, sagt: „Die Microsoft-Gebäude erinnern mich an Currier House – die Höhe, die unterirdischen Gänge, die Gemeinschaftsräume." Eine ehemalige Microsoft-Führungskraft: „Wir dachten uns, wenn wir es wie ein College anlegen, dann wäre es leichter, Absolventen anzuziehen, die ja häufig noch nie von zu Hause weg waren, außer im College. Wir wollten, dass sie gerne zu ihrem Arbeitsplatz gingen – kostenlose Getränke, billiges Essen."

Charles Simonyi, der Ballmer bei der Mitarbeiterbeschaffung häufig zur Seite stand, erinnert sich: „Wir suchten wirklich nach unerfahrenen Menschen", denn „die waren leichter zu bekommen, beziehungsweise es war leichter vorauszusehen, dass man sie bekommen würde. Da waren Vorräte, und wir betrieben Bergbau. Sie waren leichter zu motivieren." Auch Microsoft „zog sie sich".

Ballmer beschrieb die Arbeitsumgebung bei Microsoft einmal als „Mathe-Uni für Freaks". Die wenigsten Microsoftianer waren verheiratet, und der Lebensstil, der in Arbeit, Arbeit und noch einmal Arbeit bestand, war einem Familienleben auch nicht gerade zuträglich. Eine gute Freundin von Bill Gates beschrieb den wachsenden Microsoft-Campus einmal als „eine Art Junggesellenparadies. Es war, als würde man die Verlorenen Kinder besuchen." Eine Mitarbeiterin aus jener Zeit erinnert sich daran, dass die Atmosphäre sexuell aufgeladen war und dass mehr als nur eine Frau auf der Suche nach einem reichen Ehemann aus der Welt der Technologie war. Ballmer war die Beute Nummer eins, noch mehr als Gates. Ein Programmierer aus der Anfangszeit erinnert sich: „Die meiste Zeit war Gates mehr als schmuddelig. Er duschte nicht. Unter den Sekretärinnen kursierte ein Witz: ‚Mit wem hättest du lieber Sex, mit Gates oder mit Ballmer?' Antwort: ‚Ballmer, bei dem holt man sich wenigstens keine Krankheiten.'"
Im Jahre 1990 war es mit dem Junggesellenparadies vorbei, die meisten

Microsoftianer waren verheiratet und gründeten Familien, wobei Gates wohlgemerkt eine Ausnahme machte.

Cameron Mhyrvold erinnert sich: „Ende der 80er-Jahre wollte Steve heiraten. Er wollte Kinder. Er hatte Angst davor, sein Leben lang Junggeselle zu bleiben. Er versuchte immerzu Rendezvous auszumachen, er rief seine Kumpels an, während wir im Auto unterwegs waren, und er wollte, dass sie ihm auf die Sprünge halfen. Das war ihm sehr wichtig, aber Steve ist nicht wirklich ein Frauentyp. Er bemühte sich, manchmal vielleicht sogar zu sehr. Er war ziemlich unbeholfen, es war schlimm. Er war, naja, er war ziemlich gut darin, Dates zu kriegen. Persönliche Beziehungen mit Frauen waren nicht seine Stärke.“

Connie Snyder hatte 1984 an der University of Oregon ihren Abschluss in Kommunikationswissenschaften gemacht und war in ihre Heimatstadt Portland in Oregon zurückgekehrt, wo sie bei der Werbeagentur Waggener Edstrom im Auftrag von Microsoft arbeitete. Snyder und Ballmer scharwenzelten lange umeinander herum. Mhyrvold: „Connie ist nicht das winzigste Bisschen hochnäsig. Sie ist eine liebenswerte und warmherzige Frau. In den zehn Jahren, seit ich sie kenne, habe ich kein einziges schlechtes Wort über sie gehört.“ Am 31. März 1990 heirateten Steve Ballmer und Connie Snyder in Portland. Ballmer war so von Gefühlen überwältigt, dass er während der Trauung weinend zusammenbrach. Bill Gates war sein best man [in den USA ein Freund, der bei der Ausrichtung der Hochzeit hilft].

Dass Ballmer eine PR-Frau heiratete, war für einen Mann in seiner Position nichts Ungewöhnliches. Die Zeitschrift *Wired* brachte einmal einen Artikel mit dem Titel „Die Liebe der Pressemitteilungen“, und darin hieß es: „Das ist die Hightech-Variante der Büro-zu-Büro-Romanze – Führungskräfte aus der Hightechwelt heiraten Frauen aus der Werbebranche. ‚Die PR-Leute geleiten ihre Kunden durch erschreckende Erfahrungen‘, so ein PR-Veteran zu Wired, ‚und wenn man jemandem durch schwere Zeiten hilft, dann wachsen Bande. Manchmal nehmen diese Bande die Form einer Romanze an.‘“ Kelli McFarland arbeitete mit Willie Tejada von Novell zusammen und heiratete ihn dann; sie sagt: „Wenn man intensiv zusammenarbeitet, dann gleichen sich die Biorhythmen an.“ Zu der Liste der männlichen Hightech-Manager, die Marketingfrauen heirateten, gehört auch Steve Case von AOL, der sich mit Jean Villanueva, seiner Vizepräsidentin für Kommunikation, offiziell verband.

Der leitende Vizepräsident von Netscape, Mike Homer, heiratete die PR-Managerin Christina Lessing. Jerry Kaplan von Onsale (früher GO) ehelichte Michelle Pettigrew, Vizepräsidentin für Marketing und Öffentlich-keitsarbeit. Mit Sicherheit würde die Verbindung mit einer Fachfrau für Öffentlichkeitsarbeit den rauen Seiten von Ballmer gut tun.

Steve und Connie Ballmer kauften in einem gehobenen Viertel in der Nähe von Microsoft ein Haus, dessen Wert auf 500.000 US-Dollar geschätzt wird – relativ genügsam für einen Mann, der inzwischen über eine Milliarde be-saß. Handwerker, die im Haus der Ballmers zu tun haben, loben Connie Ballmer in den höchsten Tönen – sie freuen sich darüber, dass sie ihnen Kaffee, Wasser und Sandwiches bringt. Und als ein paar Jahre später ein Dachdecker, der sich bei der Arbeit am Ballmerschen Eigenheim nicht richtig gesichert hatte, in den Tod stürzte, waren Steve und Connie Ballmer gleichermaßen betroffen, obwohl sie absolut nichts dafür konnten.

„Connie brachte Steve zur Ruhe", sagt ein Journalist, der in jener Zeit dem Rhythmus von Microsoft folgte. „Sie hat Steve verändert." Menschen, die das Ehepaar Ballmer kennen, sagten mir, dass Connie aus einer großen Familie stammt und dass sie es nicht gewohnt ist, im Mittelpunkt der Auf-merksamkeit zu stehen – im Gegensatz zu ihrem Ehemann, der es gewohnt ist, die Drehscheibe der Aktivität zu sein. Bea Ballmer schloss mit Connie Freundschaft, und Olga Dworkin sagte mir, das Steves Mutter und seine Frau sehr gut miteinander auskommen.

Offenbar hat Connie Ballmer ihren Mann Steve nicht genug verändert, zu-mindest was das Beruhigen betrifft. Im Mai 1991 verletzte sich Ballmer auf einer Vertriebsveranstaltung in Japan die Stimmbänder, als er „Win-dows! Windows! Windows!" brüllte. Sie mussten operiert werden. Laut Auskunft des Sprach-Labors der University of Washington kann sich ein Mensch nicht bei einem einzelnen Vorfall die Stimmbänder zerreißen; so etwas resultiert aus jahrelangem ungesunden Verhalten, durch das sich nach und nach Polypen bilden. Ballmers Körper hatte schon eine Weile Signale ausgesandt, er solle langsamer treten, aber offenbar ignorierte er die Warnzeichen. Diese Hingabe, oder zumindest deren Ausdruck, beein-druckte viele auf dem Campus.

Ein ehemaliger Microsoftianer: „Steve glaubte. Er steckte so tief in Win-dows. Manchmal macht er den Mund viel zu weit auf. Manchmal schimpft er jemanden aus. Aber Microsoft braucht Steve. Man muss einmal eine Rede von ihm gehört haben, um das verstehen zu können. Er ist wie John Belushi in Animal House, da wo Belushi erfährt, dass er und seine Ver-bindungsbrüder von der Schule geflogen sind und dass das Wehrkomman-do davon in Kenntnis gesetzt wurde, dass der Aufschub aufgrund des Studiums entfällt. Belushi steht auf und schreit: ,Haben wir es etwa hingenommen, als die Deutschen Pearl Harbor bombardierten!?' ‚Die Deutschen? Pearl Harbor?', fragt ein Verbindungsbruder. ‚Versuch nicht, ihn aufzuhalten', so ein anderer, ‚er hat einen Anfall.' Ballmer hat immer einen Anfall. Er mag die Tatsachen manchmal durcheinander bringen, aber er ist ein Typ, dem man gerne folgt. Er ist ein Führer – kein Manager, sondern ein Anführer. Wenn die 520 [eine Floßbrücke über den Lake Washington] eingefroren wäre und Sie einen Unfall hätten, dann würde Steve irgendwie einen Weg finden, Sie da herauszuziehen und heimzubringen. So ist Steve. Er glaubt."

Als ich Cameron Mhyrvold, den früheren Leiter der Developer Relations Group, fragte, ob Ballmer einen Ausschalter habe, lachte er und sagte: „Zumindest habe ich noch keinen gesehen. Ich frage mich, woher er die Energie nimmt, die er ständig verbreitet. Ich glaube, dass ihn Herausforderungen absolut motivieren. Er ist als Manager voll engagiert und packt an. Bei vielen Menschen würde einfach das Gehirn abschalten, wenn sie sich so viel anhören würden wie er. Aber Microsoft ist groß, dort gibt es eine Menge kluger, schnell denkender Menschen, die sich schnell bewegen, und menschliche Züge treten da eher in den Hintergrund."

Der 22. Mai 1990 war einer der bedeutendsten Tage in der Geschichte von Microsoft. An diesem Tag erschien Windows 3.0. In kürzester Zeit waren drei Millionen Exemplare verkauft. Zehn Jahre später gab Ballmer in einem Interview eines der besseren Technikmagazine, *Fast Company*, zu, dass die Produkte, die er jahrelang als „großartig" bezeichnet hatte, doch nicht so toll waren. Er sagte: „Windows 1.0 war kein Erfolg. Windows 2.0 war kein Erfolg. Erst als wir Windows 3.1 herausbrachten, hatten wir den großen Gewinner." PC ist der gleichen Meinung. Dort hieß es: „Der große Sprung nach vorne kam für Windows im Jahre 1990. Im Mai führte Microsoft Windows 3.0 ein, das weithin als die erste Windowsversion gilt, die voll einsatzfähig war.

Technisch betrachtet besteht der Hauptunterschied zwischen Windows 3.0 und den früheren Versionen darin, dass Windows 3.0 [Funktionen des] Intel-Prozessor[s] 286 nutzte, die den Zugriff auf 16 MB Arbeitsspeicher ermöglichten. Aber es trugen noch mehr Faktoren zum Erfolg von Windows 3.0 bei, und die kritische Masse war schließlich erreicht: Windows war endlich stabil genug, die Hardware war schnell genug, und es gab endlich genügend Anwendungen für Windows, so dass die meisten Anwender alles unter dieser Umgebung erledigen konnten.

Windows 3.0 setzte auf DOS auf und war dadurch mit DOS-Programmen kompatibel. Zwar mussten fast alle bisherigen Windowsprogramme minimal umgeschrieben werden, damit sie mit Windows 3.0 funktionierten, aber es gab noch nicht viele davon. Das Wichtigste war: Sobald Windows 3.0 eingeführt war, erschienen Anwendungen dafür, zuerst von der Anwendungsabteilung von Microsoft, und dann von so ziemlich allen größeren Softwareentwicklern.

„An diesem Punkt zahlte sich Ballmers Unterstützung der Developer Relations Group aus. Seine ständige Mitarbeiterwerbung brachte den talentierten Manager Brad Silverberg dazu, an Bord zu kommen und das Projekt Windows 3.1 zu übernehmen, die Feinabstimmung von Windows 3.0. Windows 3.1 bot eine bessere Integration der Anwendungen – es arbeitete besser mit dem Betriebssystem zusammen – und eine höhere Stabilität. Auch auf vielen anderen Gebieten der Computerwelt gelangte Microsoft zur Vorherrschaft; Visual Basic und Visual C++ überwanden die starke Konkurrenz von Borland und wurden die dominierenden Programmiersprachen. Und die Anwendungsprogramme – angeführt von den Officeprogrammen Word, Excel, PowerPoint und später noch Access – besetzten einen Großteils des Marktes für Anwendungen.

Damals fand Ballmer einen neuen Freund, als er einen alten besuchte. Er gehörte inzwischen dem Kuratorium von Country Day an. Er kehrte nach Birmingham zurück (jemand hatte Country Day inzwischen nach Beverly Hills verlegt) und hielt die Abschlussrede; er sprach darüber, wie gut Harvard für ihn gewesen war, und erwähnte seinen früheren Lehrer John Campbell. Er sagte auch, die Schüler sollten ihm ihre Lebensläufe schikken, wenn sie wollten. Die Vorbereitungsschüler waren eine künftige Mitarbeiterquelle, und wieder galt: „Man kann sie sich noch ziehen." Da er über das Bildungswesen auf dem Laufenden blieb, bekam Ballmer auch bald Wind von der irrsinnigen Popularität des Internets an den Universitäten und Schulen.

Auf der Country Day traf der Basketballfanatiker Ballmer einen Vater, der auch dort zur Schule gegangen war, den Kapitän der Detroit Pistons (und besten Spieler der NBA) Isaiah Thomas. Ballmer fühlte sich nicht nur von den professionellen Leistungen angezogen, sondern auch von Thomas' Hingabe an seine Mutter (darüber gab es ein Buch und einen Fernsehfilm). Später sagte Ballmer einmal, Thomas sei das Paradebeispiel für einen selbstlosen Mannschaftsspieler. Die Mannschaft, in der Thomas spielte, stellte in der Liga den Rekord als das Team auf, das am häufigsten foulte. Die Spieler genossen ihren Spitznamen „The Bad Boys" [die Bösen Buben]. Ballmer hatte auch mit seiner früheren Englischlehrerin gesprochen,

Beverly Hannett-Price. Sie fragte ihn auf den Kopf zu: „Steve, ich habe zehntausend Dollar übrig. Soll ich Microsoft kaufen?" Ballmer sagte: „Nein, die Aktie ist zu teuer, sie ist überbewertet." (Mit einem schmerzlichen Unterton fügt sie hinzu: „Wissen Sie, wie viel Geld ich hätte verdienen können?") Sie traf auf Ballmer und Microsoft während einer Kampagne zur Senkung der Erwartungen. Ballmer kündigte den Anfang der später so genannten „Würstchen-mit-Bohnen-Zeit" an. Eine ehemalige Führungskraft: „Wir waren inzwischen ein Milliardenunternehmen, Windows hob ab, aber weder Ballmer noch Gates noch irgendjemand anders wusste, was geschah, wie lange das dauern würde und was am Horizont lauern würde, um uns k.o. zu schlagen. Es war Zeit, die Ausgaben zu begrenzen und zu sparen, keine so extravagante und hoch bezuschusste Cafeteria mehr zu haben. Sie wissen schon, eben Würstchen und Bohnen." Was erschien am Horizont? Im Süden sollte eine Sonne aufsteigen.

Unter Führung von Starbucks wurde Seattle für Kaffee bekannt, was angesichts der Tatsache, dass die nächsten Kaffeebohnen Tausende von Meilen entfernt wachsen, ein Wunder ist. Jenseits des Horizonts, im Silicon Valley, schickte sich Scott McNealys Sun Microsystems an, die Menschen hinter dem Microsoft-Vorhang herauszufordern. McNealy war klar geworden, dass er nur gedeihen konnte, wenn er irgendwie eine Alternative zu der von ihm so genannten „Bestie aus Redmond" schaffen konnte. McNealy entwickelte einen revolutionär neuen Ansatz für Personal Computer und entsprechende Software. Er lieh sich einen Burschen von DEC Computers aus und überredete den 25-jährigen Programmierer Patrick Naughton dazu, eine kleine, schnelle, fast untergrundmäßige Truppe zusammenzustellen, die von gewissen bürokratischen Beschränkungen frei war. Sie sollte eine Software entwickeln, nach dem Motto „einmal geschrieben, überall lauffähig", die mit dem König aus der Kaffeestadt direkt konkurrieren sollte. Frecherweise nannten sie die Software Java.

Wenn man in der Welt der Computer einen äußerst hellen Kopf hat, den die kommerzielle Seite der Wissenschaft so langsam ermüdet und langweilt, und wenn man fürchtet ihn zu verlieren, dann macht man ihn zum Chef-Wissenschaftler. Genau das hatte Sun mit seinem Ausnahme-Programmierer Bill Joy getan. Ein paar Jahre davor hatte Joy, der dem Schauspieler Tim Robbins ähnlich sieht, McNealy dazu überredet, ein hochkarätiges Forschungslabor mitzugründen, vergleichbar mit dem PARC. Seit einigen Jahrzehnten belegt man solche Gruppen nach einer Schwarzbrennerei aus dem Comic Li'l Abner mit dem peinlichen Namen Skunk Works [Stinktier-Werke]. Joys Skunk Works wurden in Aspen, Colorado, mitten im Nichts, errichtet. Als Joy von Java erfuhr, wurde er der größte Fan und lud die Gruppe nach Aspen ein, wo sie nach den Worten eines Codeaffen „denkten und denkten".

Während Sun über Microsoft sinnierte, sinnierte Ballmer über seinen Sohn. Im Jahre 1992 begannen die neu vermählten Ballmers ihren darwinschen Pflichten nachzukommen. Connie Ballmer schenkte Samuel Ballmer das Leben, benannt nach Steves Großvater mütterlicherseits, der in Detroit einen so großen Einfluss auf ihn gehabt hatte. Bill Gates war der erste Nicht-Verwandte, der den kleinen Sam zu Gesicht bekam. Die zweite war Gates' Verlobte, die Programmmanagerin Melinda French (in seiner typischen warmherzigen Art hatte Bill Gates einem anderen Microsoftianer gesagt, er betrachte Babys als „Subset" [etwa: Untergruppe, Anm. d. Ü.].) Im gleichen Jahr wurde Ballmer in das Harvard Board of Overseers gewählt, den Verwaltungsrat der Schule. Ballmer arbeitete dort mit Menschen wie Dan Morales, dem Generalstaatsanwalt von Texas, und einem US-Senator aus Tennessee namens Al Gore zusammen (Morales kandidierte gegen Ballmer um einen Sitz im Rat. Morales gewann). Seinen demokratischen Wurzeln treu bleibend unterstützte Ballmer bei der Präsidentschaftswahl 1992 öffentlich das Team Clinton-Gore. Er brachte den Harvardkommilitonen und das Ratsmitglied Gore zu einer Geldbeschaffungsveranstaltung mit und spendete den Privatpersonen erlaubten Höchstbetrag von 1.000 US-Dollar als Beitrag für den Wahlkampf. Außerdem schrieb Ballmer einen Brief an Manager der Softwarebranche an der nordwestlichen Pazifikküste, in dem er für Clinton und Gore Stimmung machte und die anderen Manager aufforderte, ein Gleiches zu tun. Ballmer bestritt jeglichen Zusammenhang zwischen seiner Unterstützung von Clinton-Gore und des unter der Bush-Administration angestrengten FTC-Verfahrens (Federal Trade Commission) gegen Microsoft. Laut einem Freund der Familie wählte auch Gates 1992 Clinton und Gore. Damals hatte Microsoft in dem anderen Washington genau eine Lobbyistin – Kimberly Ellwanger –, das war vermutlich die schwächste Lobby, die irgendein amerikanisches Milliardenunternehmen je hatte (eine von Gores Töchtern, Karenna, ging später nach Redmond und arbeitete für das Online-Magazin *Slate*, das 1996 gegründet wurde).

Ballmer blieb nicht nur seinen politischen Wurzeln treu, sondern kehrte auch beruflich zu seiner Basis zurück, von der Überwachung der Systemsoftware zum Reklamemachen; seine offizielle Bezeichnung lautete Vizepräsident für Verkauf und Marketing. Wie das *Wall Street Journal* berichtete, war er „für die 11.000 Mitarbeiter verantwortlich, die die Geschäfte abschlossen und für die Zahlen sorgten, aus denen sich das Wachstum von Microsoft speiste". Und er „befürchtete, den Kontakt zur technischen Seite des Unternehmens zu verlieren". Jon Shirley, der Direktor von Microsoft, hatte ihm allerdings gesagt, wenn er eines Tages Präsident werden wolle, dann müsse er den Verkäuferjob übernehmen. Shirley hatte sich 1990 aus dem Präsidentenamt zurückgezogen, blieb aber im Vorstand. Ersetzt wurde er durch Mike Hallman, der etwas länger als ein Jahr blieb. Der Microsoft-Vorstand wusste, dass Ballmer diesen Platz einnehmen wollte, aber er war dafür nicht gewieft genug. Als Kompromiss wurde das Präsidentenamt auf drei Mitglieder aufgeteilt. Dazu gehörten Ballmer, dann Mike Maples, der neue Vizepräsident für Systeme und Anwendungen, und schließlich Frank Gaudette, der sich um Finanzen, Personalwesen, Herstellung und Vertrieb kümmerte. Die Wall Street reagierte mit Zustimmung und lupfte die Microsoft-Aktie um fünf Dollar nach oben.

Nun, da er wieder mit Verkauf und Vermarktung betraut war, kam Ballmer in engsten Kontakt mit den Menschen, die die Produkte von Microsoft tatsächlich benutzten. Er wurde wie besessen von einer Vorstellung, die er als „Dollars pro Desktop" bezeichnete, und er betrachtete die Märkte von Microsoft in einem globalen Rahmen. Bei einem Interview des WSJ donnerte er: „Alles, was ich tue, ist global!" Er führte das so genannte „Gelbe Buch" ein, eine Lose-Blatt-Sammlung mit den Ergebnissen der mehr als zwei Dutzend Auslandstöchter von Microsoft. „Einheiten! Es geht nur um Einheiten!", sagte Ballmer immer wieder, und es wurde klar, dass er in der Kategorie Einnahmen pro PC dachte. Später sagte Ballmer einem Reporter auf den Kopf zu, dass Microsoft pro neuem verkauften Computer in Brasilien etwa 90 Dollar verdient habe, in Indien 30, in Australien 135 und in den Vereinigten Staaten 110 Dollar. Größere Unternehmenskunden unterzeichneten Jahresabonnements für 200 US-Dollar pro PC und bekamen dafür sämtliche Microsoft-Software; so gaben sie auf ihre 33 Millionen Computer gerechnet rund 80 US-Dollar pro Stück für Microsoft-Produkte aus. Die Kleinunternehmen mit ihren rund 70 Millionen Computern gaben pro PC etwa 30 Dollar aus. Die Nutzer von Heimcomputern gaben nach dem PC-Kauf nur etwa zehn US-Dollar pro Computer für Microsoft-Produkte aus. Gates wollte die Grundlage für einen abonnierten Kundenstamm schaffen, der seine Produkte regelmäßig updatet. Gates' Strategie war die Verwandlung von „Software in eine Versorgungsdienstleistung, die jährlich oder gar monatlich abgerechnet wird". Er wollte Windows zum „digitalen Nervensystem" der gesamten Wirtschaft machen. Steve Ballmer nahm die Aufgabe in Angriff, die internationale Computerwelt so abhängig wie möglich von Microsoft zu machen. Für einige Menschen war die Hölle nun keine abstrakte Vorstellung mehr.

EINSTWEILEN GENEHMIGT

Jerry Kaplan, ehemalige Führungskraft bei Lotus und Gründer des Unternehmens GO, hatte 1987 die Idee zu einem auf einem Stift basieren-
den Computer. So etwas Ähnliches war ein paar Jahre später der Palm
Pilot. Kaplan wandte sich an Bill Gates, und dieser sagte nach der
Präsentation: „Wir haben zwei Möglichkeiten. Entweder wir arbeiten jetzt
mit euch zusammen, oder wir spielen Fangen, wenn es so weit ist." Weiter
sagte Gates, er sei nicht daran interessiert, in GO zu investieren, sondern
er wolle, dass Jeff Raikes von der Anwendungsabteilung mit ihm Kontakt

aufnehme. In seinem Buch Startup erzählt Kaplan: „Nach seinem Treffen mit Gates rief Jeff Raikes an und sagte, er wolle jetzt nach Möglichkeiten suchen, Anwendungen für unser Betriebssystem zu erstellen. Wir handelten einen Kooperationsvertrag aus; demnach musste er die Menschen zur Verfügung stellen, die unsere Technologie studieren und bewerten sollten, was sie für Microsoft wert war; wir sollten sie ausbilden und technische Unterstützung bieten.

In dem Dokument hieß es: ‚Beide Parteien erklären, dass sie vertrauliche Informationen der anderen Partei nur zur Förderung des gemeinsamen Projektes verwenden. Die Tatsache, dass Angestellte von Microsoft und GO gemeinsam an Entwürfen und Umsetzungen arbeiten, führt nicht zu einer Beteiligung oder zum Eigentum einer der Parteien an vertraulichen oder geheimen Informationen, die dem anderen Unternehmen gehören.‘“ Raikes sprach wieder von der Politik der Chinese Walls, so dass Kaplan nicht zu befürchten brauchte, dass vertrauliche Informationen von GO aus der Anwendungsabteilung von Microsoft in die Betriebssystemsabteilung überspringen würden, die er als potenzielle Konkurrenz betrachtete.

Microsoft betraute zwei Personen mit der GO-Kooperation, darunter „einen jungen, begabten Ingenieur namens Lloyd Frink, der wie ein kleiner Bill Gates aussah und sich auch so benahm.“ Frink verbrachte viele Stunden damit, sich Notizen zu machen und die Dokumentation von GO zu studieren, um zu verstehen, wie GO die Dinge anpackte. Ein paar Wochen danach informierte ein leitender Mitarbeiter von GO eine größere Gruppe von Angehörigen der Anwendungsabteilung in der Microsoft-Zentrale.

Laut Kaplan war der GO-Mitarbeiter „durch und durch verärgert, als er zurückkam“. Er sagte zu Kaplan: „Die haben die ganze Zeit nur heftig auf mich eingeredet, wir sollten doch Windows [als Betriebssystem für den Pen-Computer] verwenden.“ Sie deuteten an, für den Fall dass GO nicht Windows verwende, könnte Microsoft die passenden Anwendungen auch selber schreiben. Microsoft rief hinterher nicht an, um ein weiteres Treffen zu arrangieren, und GO auch nicht.

Einige Zeit später traf Kaplan auf der Comdex zufällig Gates und Ballmer, die ihn einluden, in ihrer Limousine mitzufahren. Kaplan: „Ballmer schien angesichts dieses offenbaren Luxus etwas verlegen zu sein. ‚Das Hotel stellt sie kostenlos zur Verfügung‘, sagte er, ‚weil wir so viele Zimmer angemietet haben.‘ Zu meiner Überraschung tat sich Ballmer keinen Zwang an und teilte Gates auf der Fahrt kurz mit, was er am OS/2-Stand von IBM in Erfahrung gebracht hatte. Funktion für Funktion und Anwendung für Anwendung zählte er auf, was funktionierte und was nicht. ‚Es ist ihnen besser gelungen als ich dachte, Windows-Programme zum Laufen zu bringen', sagte er. ‚Aber ich glaube nach wie vor, dass volle Windowskompatibilität hoffnungslos ist.' Gates stimmte dem zu: ‚Es ist nur eine Frage der Zeit, wann sie den Anschluss verlieren', sagte er bedeutungsschwanger.

Ballmer wandte sich an mich: ‚Ich könnte mir vorstellen, dass Sie das gleiche mit uns durchmachen wie IBM.'

‚Mag sein', sagte ich mit unbewegtem Gesicht.

‚Wir waren gezwungen, eine harte Entscheidung zu treffen', sagte Ballmer. ‚Ob wir das richtige Produkt herstellen wollten, oder ob wir das tun sollten, was sie wollten. Das war ziemlich emotional für uns.'

Nach einer kleinen Pause ergriff Gates wieder das Wort: ‚Wie ich höre, ist Ihr System um Einiges größer als Sie gedacht hatten.'"

Kaplan sagt: „Ich war völlig erstaunt, dass er dieses wohl gehütete Geheimnis kannte [...] außerhalb der Firma wusste praktisch niemand davon, nur ein paar unserer wichtigsten [Internetprovider]." Der Enthüllungsjournalist Scott Armstrong sagte mir: „Microsoft hat ein unglaubliches Spionagenetz; ein großer Teil davon liegt bei den Kunden, weil sie dem Unternehmen so nahe stehen."

Nach einem Jahr Arbeit am Penpoint bat Esther Dyson Kaplan darum, ihn bei ihrer Computermesse „Beyond the Desktop" 1991 vorzuführen. Sie bat auch Microsoft, seine in Entwicklung befindliche Software Pen Windows vorzustellen. Kaplan schaute auf die Bühne und sagte zu seinem Sitznachbarn: „Es sieht so aus, als würde Jeff Raikes die Präsentation durchführen, der Mann, der das vertrauliche Kooperationsabkommen mit uns unterzeichnet hat." Der Nachbar schaute auch auf die Bühne, dann schüttelte er den Kopf und sagte: „Aber das ist noch nicht das Schlimmste. Sehen Sie mal, wer die Vorführung macht." Vor ihnen saß Lloyd Frink und war im Begriff, Microsofts wettbewerbsfähigen Eintritt in den Markt für Pen-Computer zu demonstrieren. Kaplan sagte: „So viel zu den Chinese Walls." Und was hatte Ballmer mit all dem zu tun? Laut Wallace und Erickson „war Ballmer an jedem strategischen Schachzug beteiligt, den Gates machte".

Kaplan hatte das Gefühl, jedermann im Publikum wüsste, dass die unglaubliche Ähnlichkeit zwischen den Demoversionen von GO und Microsoft kein Zufall sein konnte. Er hielt es für einen geplanten Angriff. Aber quasi jeder im Publikum war auf irgendeine Art in gewissem Maß von Microsoft abhängig, und keiner wollte sich in Gefahr bringen, weil er der erste war, der Schiebung rief. Ein Beobachter sagte zu Kaplan: „Sie sind schlicht und einfach verarscht worden. Die denken sich, dass Sie es sich einfach nicht leisten können, ihnen etwas zu wollen." Widerstand ist zwecklos.

Kurze Zeit später stellte die *New York Times* in einem Artikel die Legalität der Geschäftspraktiken von Microsoft in Frage. Kaplan wurde korrekt mit der Aussage zitiert: „Die Menschen sollten es sich lieber zweimal überlegen, ob sie Microsoft vertrauliche Ideen zeigen." Bill Gates wurde darauf aufmerksam. Er rief Kaplan an und versprühte sein Gift. Kaplan hatte Angst, Gates würde präventiv einen Prozess anstrengen. Was blieb ihm übrig? Wie er in Startup bemerkt, sind die Körperschaftsgesetze für große Unternehmen gemacht – geschützt werden nur diejenigen, deren Taschen tief genug für einen über lange Zeit verschleppten Rechtsstreit sind. Verglichen mit Microsoft „konnte sich GO kaum das Taxi zum Gericht leisten". Kaplan wusste, dass ihm ein Gerichtsverfahren für immer die Hände binden würde, „mit Offenlegungsaufforderungen, endlosen Aussagen und sinnlosen Gegenansprüchen". Er wusste, wenn er Microsoft mit einer Klage auch nur drohen würde, dann „würde es in unseren Büros Anwälte regnen wie bei den sieben Plagen in Ägyptenland." GO wurde später von AT & T aufgekauft.

Wer würde es wagen, dem Schläger Microsoft entgegenzutreten? Über diese Frage debattierte die Federal Trade Commission in Washington, nachdem Beschwerden über Microsofts Geschäftspraktiken bei ihr eingegangen waren. Die FTC lud Jerry Kaplan nach Washington, um die Geschehnisse zu schildern. Microsoft bestätigte, dass das Unternehmen Objekt einer Untersuchung war. Ballmer wurde von der FTC über die angebliche Verwendung von „heimlichem Code" befragt, der Konkurrenzprodukte schlecht aussehen lassen sollte. Aber es war ein anderes kleines Unternehmen, das Microsoft ein paar Monate später des Betrugs bezichtigen sollte.

Im Jahre 1990 schuf ein rühriges kleines Unternehmen namens Stac Electronics im kalifornischen Carlsbad ein Programm zur Komprimierung der Daten auf Festplatten, das dadurch die Plattenkapazität ungefähr verdoppelte. Am 14. Mai 1991 erhielt Stac für seine „Vorrichtung und Methode zur Datenkomprimierung" ein Patent. Unter der Bezeichnung Stacker wurde das Programm sofort ein Verkaufsschlager, und die Zeitschrift PC verlieh ihm auf der Herbst-Comdex 1991 einen Preis für technische Qualität. Auf der Messe traf Gary W. Clow, der Präsident von Stac, zufällig mit Gates zusammen. Laut Gerichtsprotokoll sagte Gates zu Clow, Microsoft denke darüber nach, in die nächste Version von MS-DOS eine Möglichkeit zur Datenkompression einzubauen, und er sei an Stacker interessiert. Brad Chase, der Leiter der Group Products Division von Microsoft, nahm im Auftrag von Gates Kontakt mit Clow auf, und die Verhandlungen begannen. Chase sagte Clow mehrmals, er halte Stacker für das beste existierende

Programm zur Komprimierung von Daten. Das Problem dabei: Microsoft wollte an Stac keinerlei Gebühren für die Integration von Stacker in MS-DOS zahlen. Und tatsächlich präsentierte Chase Clow ein „Spreadsheet, das detailliert die negativen Auswirkungen auf die Verkaufszahlen von Stacker analysierte, die es hätte, wenn Stacker nicht zum Vertragsabschluss bereit wäre und wenn Microsoft in seine künftigen MS-DOS-Versionen ein anderes Komprimierungs-Utility integrieren würde." Diese Art von Verhandlung war eigentlich im Wilden Westen gebräuchlich; man führte sie mit einer Maske vor dem Gesicht und mit vorgehaltener Pistole. Clow fragte sich, was der Deal für Stac bringen sollte, und lehnte ihn ab. Microsoft integrierte in MS-DOS 6.0 ein Komprimierungsprogramm namens DoubleSpace. Stac als Softwareentwickler benötigte eine Kopie der neuen Betriebssystemversion, um die Schnittstelle seiner Anwendung mit dem System zu programmieren. Microsoft ließ sich mit der Versendung des Exemplars Zeit. Ende November 1992 meldete sich Chase bei Clow und sagte, Microsoft habe festgestellt, dass man mit DoubleSpace „ungewollt" das Stac-Patent verletzt habe. Clow bat Chase um einen schriftlichen Entwurf für einen Lizenzvertrag und wiederum um eine Kopie von MS-DOS 6.0. Schließlich bekam Stac eine Kopie und dazu einen Brief, in dem es hieß: „Machen Sie sich keine Sorgen um das Patent. Wir haben den Code jetzt so verändert, dass er [das Patent von Stac] nicht verletzt." Als die Stac-Ingenieure endlich einen Blick auf den Programmcode von DoubleSpace werfen konnten, wurde – was für eine Überraschung! – klar, dass Microsoft die Stac-Patente gelinde gesagt verletzt hatte; härter ausgedrückt hatte das Unternehmen den Code gestohlen. Clow klagte: „Viele Menschen vergleichen den Wettbewerb mit Bill Gates mit einem Baseballspiel. Ich würde sagen, es ist eher ein Messerkampf." Als er der Betriebssystemabteilung vorstand, war Ballmer für alle wesentlichen Änderungen an MS-DOS verantwortlich, also auch für die Hinzufügung von DoubleSpace.

Nach dem Erscheinen von MS-DOS 6.0 halbierte sich der Umsatz von Stac, und das Unternehmen musste 40 seiner 200 Mitarbeiter entlassen. Da von den 37 Millionen US-Dollar Jahresumsatz etwa 85 Prozent aus dem Verkauf von Stacker zu einem Einzelhandelspreis zwischen 100 und 150 US-Dollar stammten, bestand für Stac die einzige Hoffnung, am Leben zu bleiben, in einem Prozess. Im Januar 1993 reichte Stac Electronics beim Bundesgericht in San Jose eine Klage gegen Microsoft wegen Patentverletzung ein. Journalisten, die über den Fall berichteten, sprachen gerne von David und Goliath, wobei Goliath unter den Namen, mit denen Gates und Ballmer belegt wurden, noch einer der freundlicheren war.

Gates behauptete vor Gericht immer wieder, die Programmierer von Microsoft hätten das Produkt von Stac nicht kopiert. Am 23. Februar kamen die Geschworenen jedoch zu einem anderen Schluss und sprachen Stac eine Entschädigungszahlung von 120 Millionen US-Dollar zu; außerdem wurde Microsoft für einen Gegenanspruch gegen Stac eine Zahlung von 12 Millionen zugestanden. Microsoft kündigte sofort an, es werde Berufung einlegen, hegte aber in Wahrheit Hintergedanken und stimmte einem Vergleich mit Stac über 83 Millionen US-Dollar zu – für Microsoft etwa der Umsatz eines Tages. Clow sagte: „Wir sind ein kleines, innovatives und wagemutiges Unternehmen; wir haben eine Technologie entwickelt, die sich als wichtig für die Branche herausgestellt hat. Das Geld entschädigt uns nicht für das, was dem Unternehmen widerfahren ist. Ich bin nicht sicher, ob wir zu unserer einstigen Dynamik zurückfinden können." Microsoft musste MS-DOS 6.0 zurückziehen. Ballmer äußerte sich in der Öffentlichkeit überhaupt nicht zu dem Verfahren, aber Gates riss am 16. März bei einem CBS-Interview der Journalistin Connie Chung das Mikrofon aus der Hand und stürmte hinaus, als sie die Sprache auf Stac und auf Microsofts Ruf als Schläger brachte. Gates wurde dem Ruf gerecht, denn bevor er weglief, rief er noch: „Connie, ich kann es nicht glauben, wie schrecklich dumm Sie sind."

Der Erfolg von Windows 3.0 und Windows 3.1 brachte Microsoft im Betriebssystembereich in die Führungsposition, aber die Geschäftspraktiken sorgten weiterhin für Stunk in der Computerwelt. Die FTC eröffnete 1991 ein formelles Ermittlungsverfahren, teils wegen des Verdachts auf Absprachen mit IBM und teils aufgrund einer Beschwerde von Sun Microsystems. Sun stellte leistungsfähige Workstations her – Hard- und Software für Unternehmen. Da Microsoft den Betriebssystemmarkt fest im Würgegriff hatte, war Sun nicht wettbewerbsfähig. Microsoft hatte es geschafft, dass Original-Computerhersteller (OEMs) wie Dell und Compaq für jeden ausgelieferten Computer eine Lizenzgebühr an Microsoft abführen mussten, egal ob er mit Windows arbeitete oder nicht. Dies wurde unter dem Namen Microsoft-Steuer bekannt und hinderte alle anderen daran, ein Betriebssystem auf den Markt zu bringen.

Der größte Herausforderer von Microsoft war damals Novell mit Sitz in Utah und unter Führung von Ray Noorda. Noorda hatte mit Novell ein Konkurrenzsystem auf den Markt gebracht, und zwar eine aufgefrischte Version von Gary Kildalls CP/M unter der Bezeichnung DR-DOS. Microsoft hatte zwar die OEMs fest im Griff, aber im Einzelhandel begann DR-DOS Windows zu überholen. Gates und Ballmer schnüffelten um DR-DOS herum. Ballmer lud Noorda zum Frühstück ein und sagte, er sei an einer Fusion von Novell und Microsoft interessiert. Noorda, Gates und Ballmer erforschten eine solche Verheiratung, aber Microsoft zog sich dann plötzlich zurück. Beim Nachdenken darüber, wieso Microsoft erst den Hof gemacht hatte und dann plötzlich abgekühlt war, gelangte Noorda zu dem Glauben, dass Gates und Ballmer einfach nur einen genaueren Blick auf DR-DOS hatten werfen wollen, um dann Teile davon abzukupfern. Damals nannte er das dynamische Duo „den Perlen-Gates und den Einbalsamierer [Em-balmer]: Der eine verspricht einem das Blaue vom Himmel, und der andere bereitet einen auf den Tod vor." Gates und Ballmer erinnerten ihn an den Zweiten Weltkrieg. Zu Wendy Goldman Rohm sagte Noorda, er sei überzeugt davon, seine Lebensaufgabe bestehe darin „Gates' Gemeinheiten" zu widerstehen, und er komme „nicht über die Ähnlichkeiten zwischen Gates' Methoden und den Propagandafeldzügen des Dritten Reichs hinweg". Gates schrieb Noorda einen beleidigten Brief, weil dieser gesagt habe, bei Microsoft gebe es Menschen, die „vergleichbar mit Hitler, Goebbels und Göring" seien. Novell verkaufte DR-DOS an die Caldera Corporation, die später eine Antitrustklage gegen Microsoft einreichte.

Steve Ballmers Engagement, mit seinen Schulen in Kontakt zu bleiben, zahlte sich im Dezember 1993 groß aus. Als sich Ballmer zu einem Ehemaligen-Treffen in Harvard aufhielt, waren die Studenten, mit denen er sich unterhielt, völlig begeistert von etwas, das sie als Internet bezeichneten. Noch ein paar Jahre davor hatte Gates den Cyberspace als vollkommen unwichtig abgetan. Statt dessen konzentrierten sich Gates und Ballmer auf die Herstellung und Nutzbarmachung von Compact Discs mit Nur-Lese-Speicher, die als CD-ROMs bekannt wurden.

Als er aus Harvard nach Seattle zurückgekehrt war, ließ sich Ballmer vor seinem PC in den Sessel fallen und bombardierte Gates sowie andere Top-Manager mit einer Email in einer Sprache, die eine gewisse Ähnlichkeit mit amerikanischem Englisch hatte. Über die Angelegenheit, die er als das „tolel internbet" bezeichnete, tippte er: „ich wittere ein geschäft könnte/sollte sich jemand durm kümmern ich war in harbard sprach mit studneten wissena lle was cool wäre ichw ill mail und chicago [Windows 95] irgendwie auf dem weg verkaufen was denkt." So begann Microsoft sein nächstes Schlachtfeld zu erkunden. Ein paar Jahre später bot Microsofts Web-Eroberungs-Strategie die Grundlage für das Antitrustverfahren des Justizministeriums.

Während Ballmer über das Internbet in Harbard schrieb, bereitete sich ein junger, begabter Programmierer namens Marc Andreessen auf seinen

Abschluss an der University of Illinois vor. Dort hatte er für 6,75 US-Dollar Stundenlohn einen Teilzeitjob angenommen. Er arbeitete an einem Projekt mit der Bezeichnung Mosaic mit, einem Softwarepaket, das die Cyber-Datenbanken nach allem durchkämmte, was der Nutzer wollte. Mit der Zeit wurde so etwas als Browser bezeichnet. Nach einigen Monaten tat sich Andreessen mit Jim Clark, einem der Gründer des Milliardenunternehmens Silicon Graphics, Inc. (SGI) zusammen. Dieser war aus dem Unternehmen ausgeschieden, weil er die internen Kämpfe bei SGI leid war. Gemeinsam schufen Andreessen und Clark den mächtigen Browser Netscape, der so sehr ein Abkömmling von Mosaic ist, dass die University of Illinois mit rechtlichen Schritten drohte. („Wozu", bemerkte Clark, „wissenschaftliche Gespräche mit ihm führen? So was macht man auf dem College.")

Laut dem Autor Paul Andrews „beauftragte [Ballmer] seine Verkaufsleute, ‚in den Browser-Einkünfte von Netscape tiefzubohren, um herauszubekommen, wo genau die ihr Geld machen.'" Gegenüber der Zeitschrift Forbes sagte Ballmer großspurig: „Ich hatte meine ganzen Leute – Finanzen, Marketing, Produktentwicklung – hier an diesem Tisch. Und wir brüteten über Netscapes Formblatt 10K und den Finanzberichten. Wir wissen ganz genau, wo die ihr Geld machen." Jim Barksdale, der CEO von Netscape, reagierte darauf folgendermaßen: „Oh, er ist ein riesengroßer Windbeutel. Ich wünschte, er würde mir sagen [wo wir unser Geld machen]."

Auf die Bedrohung durch Netscape reagierte Microsoft mit der üblichen Vorgehensweise, die das Unternehmen auch schon bei Novell und anderen verfolgt hatte, nach dem Motto: „Lasst uns Partner sein, wir überlegen, ob wir euch nicht kaufen sollten." Gleichzeitig schmiedete Microsoft einen Plan „ihnen die Luft abzuschnüren"; das ging später aus infamen Zeugnissen im Antitrustprozess hervor. Die Strategie bestand darin, dass Microsoft einen Internet-Browser in sein Betriebssystem Windows integrierte und somit kostenlos hergab. Microsoft wäre dann für den Zugang zum Internet zuständig und würde die Nutzer auf so viele Microsoft-freundliche Internetseiten wie möglich leiten. Netscape würde bankrott gehen. In der Fachsprache nennt man das „Bundling". Wenn Sie Windows wollen, dann müssen Sie auch unseren Browser nehmen. Ballmer wusste sehr wohl, dass IBM das Bundling untersagt worden war und dass IBM eine Einverständniserklärung gegenüber der Regierung unterzeichnet hatte, dies künftig zu unterlassen. Tatsächlich hatte dies ab 1968 die Entstehung von Unternehmen ermöglicht, die fertige Softwarepakete verkauften, wie zum Beispiel Microsoft. Einfach ausgedrückt darf man, wenn man auf einem bestimmten Gebiet das Monopol hat, die Verbraucher nicht mithilfe dieses Monopols dazu zwingen, ein anderes Produkt aus einem anderen Bereich zu kaufen. Was dachte sich Microsoft eigentlich? Das Unternehmen tat, was es schon immer getan hatte, es schützte seinen reißenden Einnahmen-Strom, der inzwischen auf mehr als zehn Milliarden US-Dollar jährlich angeschwollen war.

Zwar war der FTC-Zweig der Monopolpolizei festgefahren, was Prozesse betrifft, aber das Justizministerium nahm sich des Falles an. Fast zwei Jahre lang arbeitete Microsoft mit dem Ministerium und um das Ministerium herum, um einen Vergleich zu erzielen, wobei sich Microsoft langsam an den Kosten aufrieb, bis endlich ein Abkommen formuliert war. Unter anderem durfte Microsoft von den OEMs keine Gebühr mehr unabhängig von dem Betriebssystem erheben, das die OEMs mitlieferten. Aber das war keine große Einschränkung mehr, nachdem das Unternehmen fast alle potenziellen Rivalen aus dem Feld geschlagen hatte. Jedoch hatte Microsoft die Rechnung ohne den Bundesrichter Stanley Sporkin gemacht.

Der Microsoft-Monopolfall war Richter Sporkin durch Zufall zugewiesen worden. Seine Aufgabe bestand nur darin, die Einigung abzusegnen; der Tunney Act, in dem dies bestimmt wurde, war nach der Watergate-Affäre als öffentliche Kontrollinstanz geschaffen worden, damit die Regulierungsbehörden keine Kuschelvergleiche mit Übeltätern schlossen, mit denen sie sich verbrüdert hatten. Den Anlass für das Gesetz hatte die unrühmliche Dita-Beard-Notiz geboten; darin stand im Einzelnen, wie ITT 400.000 US-Dollar für den zweiten Wahlkampf von Präsident Nixon gespendet hatte und wie als Gegenleistung die Monopolpolizei ein paar zweifelhafte Handlungen von ITT geflissentlich übersah. Sporkins Schwiegersohn empfahl ihm, ein neu erschienenes Buch mit dem Titel „Hard Drives" zu lesen, in dem viele der Geschäftspraktiken von Microsoft beschrieben wurden. Sporkin machte das, was er da las, wütend, und er wollte unbedingt wissen, wieso das Justizministerium den Vorwürfen wegen der vaporware und der fiktiven Chinese Walls nicht nachgegangen war, obwohl die Autoren James Wallace und Jim Erickson ihre Berechtigung recht schlüssig bewiesen hatten. Die damalige Chefin der Antitrustabteilung im Justizministerium, Anne Bingaman, schlug in Sporkins Gerichtssaal mit der Faust auf den Tisch des Staatsanwalts und rief aus: „Ich entscheide, welche Fälle aussichtsreich sind, und wenn ich einen Fall nicht verhandeln will, dann hat mir keiner dreinzureden!" Sporkin nahm sich auch Microsoft vor und sprach von Winkeladvokaten; einen Anwalt schalt er: „Ich kann Ihr Wort nicht mehr akzeptieren, und wenn Sie sich auf den Kopf stellen. Sie haben Ihre Glaubwürdigkeit verloren. Ich bin ein vertrauensseliger Richter, aber Sie haben Ihre Glaubwürdigkeit verloren."

Sporkin wollte keine Einigung absegnen, die in seinen Augen „[Microsoft] nur sagte, es solle hingehen und fortan nicht mehr sündigen", denn „es wirkt sich wenig oder gar nicht auf die Vorteile aus, die das Unternehmen bereits hatte. Wenn ich dem zustimmen würde, dann hieße die Botschaft: Microsoft ist so mächtig, dass weder der Markt noch die Regierung in der Lage sind, die monopolistischen Praktiken von Microsoft in den Griff zu bekommen." Steve Ballmer verfolgte das Verfahren genauestens und war im Gerichtssaal anwesend, als Sporkin die Unterschrift verweigerte. Reportern gegenüber sagte er, das Problem liege nicht bei seiner Firma, sondern „der Richter braucht ein Gehirn".

Wie ein Ehepaar, das sich darin einig ist, dass mit ihrem Eheberater etwas faul ist, beantragten Microsoft und die Monopolbehörde bei dem Berufungsgericht gemeinsam die Ausschaltung von Sporkin. Genauso wie fünf Jahre später vor dem gleichen Berufungsgericht berief sich Microsoft auf ein Buch als Beweismittel. Das Unternehmen behauptete, Sporkin habe sich von Hard Drive über Gates und Microsoft beeinflussen lassen. Sie attackierten den Boten, und nicht die Botschaft.

Und sie gewannen. Wenige Monate danach entzog ein Gremium aus drei Richtern Sporkin den Fall. Sie sagten, Sporkin habe den rechtlichen Prozess vergiftet, weil er Hard Drive in seiner Entscheidung berücksichtigt habe, weil er versucht habe, die Monopolpolizei zum Handeln zu zwingen und weil er die Anwälte von Microsoft verleumdet habe. Microsoft hatte Sporkin regelrecht rausgeschmissen. Könnte es sein, dass es das Kernstück von Microsofts Strategie gewesen war, Sporkin zu verärgern? War das etwa nicht so geplant? Man erinnere sich, dass es in Ballmers Zeit auf der Stanford Business School geheißen hatte: „Es ist besser den Richter zu kennen als das Gesetz." Ein Bundesrichter war weg, wie viele würden noch folgen?

Dem Richter Thomas Penfield Jackson wurde der Fall ebenfalls nach dem Zufallsprinzip zugewiesen, und nach 17 Minuten Anhörung unterzeichnete er den Vergleich. Ein großartiges Timing. Drei Tage später kam die Sintflut über die Computerwelt – Windows 95 wurde veröffentlicht.

WINDOWS 95!

A m 1. Januar 1994 heiratete der begehrteste Junggeselle der Welt, Bill Gates, in Hawaii seine ehemalige Mitarbeiterin Melinda French (zahlreichen Berichten zufolge drängte Gates Ballmer, Frau French einen vorehelichen Vertrag unterzeichnen zu lassen. Ballmer und Gates haben das mehrfach dementiert, und Frau Gates möchte sich dazu nicht äußern). Selbstverständlich war Ballmer Gates' best man. Gates hatte auch beschlossen, dass Ballmer der beste Mann für eine der teuersten Werbekampagnen der amerikanischen Geschichte sei; Windows 95 erschien ein paar

Tage vor dem Tag der Arbeit 1995. Die Strategie war brillant. Ballmer hatte ein Budget von 250 Millionen US-Dollar zur Verfügung, mehr als die Gesundheitslobby für die Gesundheitsreform herausschinden konnte. In erster Linie verwandelte er die fällige Pressemitteilung in eine ganze Serie von Mitteilungen, und die Anzeigen vermehrten sich wie die Fruchtfliegen in einem Forschungslabor. Es funktionierte. Ein Beteiligter sagt: „Das Gleiche hätte wohl der Liebe Gott getan, um die Zehn Gebote zu verkünden, wenn er so viel Geld gehabt hätte wie Bill Gates."

Unter anderem imitierte Ballmer ein Kleinstadtfest mit Riesenrad und Zelten auf vorbildlich geschnittenem Rasen, mit zweieinhalb Tausend Gästen, einer Band und einem spaßenden Clown. Der Unterschied war nur, dass bei Ballmer die Band die Rolling Stones vom Band waren und dass der Clown Jay Leno persönlich war. Anscheinend wusste alle Welt von Windows 95, und das Erscheinen war in vielen Nachrichtensendungen landesweit die Titelstory. Microsoft machte sich auf, die Computerwelt nach seinem eigenen Bilde zu formen, und man tat gut daran, sich dem nicht in den Weg zu stellen.

Aber IBM stellte sich Microsoft trotzdem in den Weg. Garry Norris, der hauptsächliche IBM-Verhandlungspartner mit Microsoft in den 90er-Jahren, sagte später aus, dass Druck auf IBM ausgeübt wurde, OS/2 und einige Business-Programme nicht mehr auszuliefern, die mit Microsoft in Konkurrenz standen, denn Microsoft bereitete sich auf die Veröffentlichung von Windows 95 vor. Im März schickte Bill Gates eine Email an Joachim Kempin, bei Microsoft der höchste Verantwortliche für OEMs, und fragte, ob IBMs SmartSuite „in unseren allgemeinen Beziehungen zu IBM zu einem Thema werden sollte". Kempin schrieb zurück: „Ich würde alles Nötige tun, um sie hinauszuwerfen." Kempin sagte, dass die Beziehungen von Microsoft zu IBM als Computerhersteller „eingesetzt werden sollten, um Druck auszuüben." IBM hatte Lotus aufgekauft und am 17. Juli angekündigt, die Lotus SmartSuite zum wichtigsten Desktop-Angebot zu machen. Am 24. Juli rief Gates Norris an. Dieser berichtet: „Gates beschwerte sich über die SmartSuite, die Buchprüfung und die Konkurrenz mit OS/2." Zu der Zeit führte eine Firma eine Buchprüfung durch, weil IBM an Microsoft für Software zu wenig gezahlt hatte und beide Seiten wissen wollten, wie viel IBM Microsoft noch schuldig war. Kempin sagte Norris, Microsoft würde die fehlende Zahlung sein lassen, wenn IBM bereit wäre, eine Zeit lang das Konkurrenzprodukt SmartSuite nicht anzubieten. IBM verweigerte den Lieferstopp seines eigenen Produktes. Microsoft revanchierte sich dadurch, dass es IBM den Windows-

95-Code erst 15 Minuten vor der Veröffentlichung am 24. August zur Verfügung stellte. Norris: „Wir verpassten den ersten Nachfrageschub und wir verpassten den Schulanfang. Und wir kamen zu spät für das Weihnachtsgeschäft, das eigentlich unser größtes Kapital ist. Es war hoffnungslos für IBM, es mit seinem eigenen Betriebssystem allein zu versuchen. Wir hätten dadurch 70 bis 90 Prozent unseres Umsatzes eingebüßt. Man kam um Windows 95 einfach nicht herum. Ohne das System hätten wir nicht im PC-Geschäft bleiben können." Mark Barer, Norris' wichtigster Kontaktmann bei Microsoft, sagte ihm: „Wo wollen Sie sonst hingehen. Das ist das einzige Spiel in der Stadt." In einem CNBC-Interview sagte Ballmer später: „In den Verhandlungen, die wir mit IBM führten, haben wir in keiner Weise versucht, OS/2 hinauszudrängen."

Der größte Teil der Welt sah am 24. August 1995 die Werbespots, in denen Jay Leno zu „Start Me Up" von den Rolling Stones mit Bill Gates seine Späße trieb. Microsoft bezahlte den Rolling Stones für die Verwendung des Songs die Rekordsumme von zwölf Millionen US-Dollar. Im Fernsehen gab es Leno und die Stones zu sehen und zu hören, und dazwischen kamen Clips über die „Midnight Madness" [Mitternachtswahnsinn], eine Story, die Ballmer inszeniert hatte, indem er Computerhändler dazu ermuntert hatte, mit dem Verkauf von Windows 95 um Mitternacht anzufangen.

Um zu überprüfen, wie gut die Midnight Madness funktionierte, fuhr Ballmer mit Jeff Raikes in dessen BMW die Softwarehändler von Seattle ab, während aus dem Cassettendeck des Wagens der Stones-Song brüllte. Ballmer sagte: „Wir haben für den Song so viel Geld ausgegeben, dafür sollten wir ihn auch genießen." Der Autor David Kaplan schrieb: „Und all das [...] für ein Software-Upgrade zum Preis von 109 US-Dollar (empfohlener Verkaufspreis, die Preise variieren, man sollte sich erkundigen). Das große Trara funktionierte. In vielen Läden standen die Menschen um Mitternacht Schlange, weil sie ihr Windows 95 haben wollten. Standen Schlange? Gab es die Software am nächsten Tag wohl nicht mehr? [...] Die Windows-95-Show ließ kaum einen Zweifel daran, dass Microsoft eine Flutwelle auslösen konnte."

Ein Anwalt aus Houston namens Charles Storer ließ sich von dem Trubel mitreißen und sagte, die Midnight Madness war „ein Happening, [...] und wer in den 60ern aufgewachsen ist, der sollte wissen, was ein Happening ist." Was passierte, war ein Upgrade des äußerst erfolgreichen Windows 3.1, von dem zig Millionen verkauft worden waren. Microsoft sagte weiterhin, es werde „bald" eine Neuauflage geben, die die größeren Probleme mit Windows 3.1 beseitigen würde – vor allem dass das Programm von Zeit zu Zeit einfach nicht mehr weiterlief.

Für die wenigen Glücklichen, die den Programmstopp nicht kennen, der besser unter dem Namen „Absturz" bekannt ist: Als Computeranwender saß man plötzlich vor einem eingefrorenen Bildschirm mit einer sehr häufig kaum zu entziffernden Fehlermeldung; man sprach allgemein [auch im Deutschen] von dem „Blue Screen of Death". Genau wie das Windows-Original kam das Update erst spät, mehr als sechs Monate nach dem ersten angekündigten Erscheinungsdatum. Die finanzielle Existenz so manches Menschen hing von der Lauffähigkeit von Windows 95 ab. Softwareentwickler, die Anwendungen für Windows 95 schrieben, benötigten es sofort. Aber viele der Mitternachtseinkäufer waren nachtschwärmerische Technikfreaks. Sie waren sowieso wach und unterwegs. Microsoft machte die Nachricht zu einer Positivmeldung, obwohl das Unternehmen wieder einmal mit einer Lieferung viel zu spät dran war, auf die viele Menschen angewiesen waren. Als Scott McNealy kurz darauf erfuhr, dass Bill und Melinda Gates Eltern wurden, bemerkte er spöttisch: „Zum Glück wird Melinda das Baby zur Welt bringen, dann kommt es wenigstens pünktlich."

Inzwischen hatten McNealy & Co die revolutionäre Software Java herausgebracht und hofften, dass sie dem Versprechen des „einmal geschrieben, überall lauffähig" auch gerecht würde (meistens tut sie das auch). Entwickler konnten mit Java eine Anwendung schreiben und sie dann unter Windows, Apple oder fast jedem anderen Betriebssystem laufen lassen. Als Windows 95 erschien, benutzten Zehntausende von Programmierern Java, um Anwendungen zu schreiben. Damit Java jedoch richtig Fuß fassen konnte, musste es gut mit Windows funktionieren. Entsprechend Microsofts Strategie „wenn du sie nicht besiegen kannst, kaufe sie!" verbrachten Anwälte von Microsoft und von Sun vier Monate damit, einen Lizenzvertrag auszuhandeln. Alan Baratz, einer der Verhandlungsführer von Sun, sagt, dass Sun „unter der Prämisse [handelte], dass Microsoft sich verhält wie eine gesetzestreue juristische Person und dass es daher das Richtige war, dem Unternehmen eine Lizenz zu gewähren." Mike Morris, Chefanwalt von Sun, bemerkt: „Wir gingen offenen Auges in diesen Vertrag. Wir formulierten den Vertrag so straff wie möglich." Aber Morris fragte sich: „War es naiv von uns zu glauben, dass sich Microsoft an den Vertrag halten würde?" Diese Frage lag einem Verfahren wegen Vertragsbruch zu Grunde, das Sun zwei Jahre später vor einem Bundesgericht einreichen sollte, einen Monat vor dem Kartellprozess.

Etwa zu dieser Zeit hatte Microsoft einige interne Schwierigkeiten mit Mitarbeitern, die das Gefühl hatten, sie arbeiteten auf der ungemütlichen

Seite von Gut und Böse. Einer der größten und traurigsten Scherze in der amerikanischen Unternehmenswelt sind vier Wörter, die in fast jedem Finanzbericht stehen: Generally Accepted Accounting Principles (GAAP) [Allgemein akzeptierte Bilanzierungsrichtlinien].

Ein recht junges Beispiel für die Dehnbarkeit von GAAP ist die Tatsache, dass Enron laut der Rechnungsprüfungsgesellschaft Arthur Andersen noch ein paar Minuten bevor es zusammenbrach ein gesundes Unternehmen war. Der Journalist schrieb über Buchführung und Verantwortung einen gleichnamigen Arti-

kel für das Microsoft-eigene Magazin *Slate* und listete die Hunderte von Millionen Dollars im Einzelnen auf, die die fünf größten amerikanischen Rechnungsprüfer bis zur Jahrtausendwende als Geldstrafen und für Vergleiche würden zahlen müssen, weil sie Bücher frisierten.

Microsoft war in gewisser Weise zum Gefangenen des eigenen Erfolges geworden. Die Wall Street erwartete, dass die riesigen Gewinne weiter bestehen würden. In den letzten zehn Jahren öffentlicher Ergebnisberichte war das Betriebsergebnis von Microsoft stetig und zügig gewachsen, von 41 Millionen auf mehr als zehn Milliarden US-Dollar. Die Aktie war bereits fünfmal gesplittet worden. Frei nach W. Somerset Maugham ist nur ein mittelmäßiges Unternehmen immer in Bestform, und die Ebbe und Flut des Handels hat etwas mit Ebbe und Flut zu tun. Microsoft bemühte sich, seine Quartals- und Jahresberichte zu glätten, indem es den Büchern nach Millionen von Dollars als Reserve anlegte. Mittels gewisser Tricks machte Microsoft diese Reserven flüssig und bezeichnete sie als Gewinn – wenn es das Unternehmen wollte. Trotz seines phänomenalen Erfolges frisierte Microsoft also die Bücher; einige Angestellte schauten hin, und was sie sahen, gefiel ihnen überhaupt nicht.

Einer von ihnen, Charles Pancerzewski, trug seinem Vorgesetzten seine Bedenken wegen der Fummeleien vor, und dieser schlug sie einfach in den Wind; kurz darauf warf das Unternehmen Pancerzewski hinaus, obwohl seine Bewertungen vor der Beschwerde hervorragend gewesen waren. Dem Gesetz nach ist ein Unternehmen, das sich an jemandem rächt, der zu viel redet, zu Entschädigungszahlungen verpflichtet. Pancerzewski klagte. Als ein Richter in Seattle entschieden hatte, dass die Beweislage für einen Prozess ausreichte, akzeptierte Microsoft einen Vergleich. Laut der Alternativzeitung der Rainy City, der *Seattle Weekly*, die der Village Voice gehört, bezahlte Microsoft für Pancerzewskis Weggang vier Millionen US-Dollar, eine Summe, die vermutlich nicht am Büro des Präsidenten vorbeiläuft, ohne dass das Trio unterzeichnet, zu dem auch Ballmer gehört.

Ballmer und Microsoft werden oft als einschüchternd dargestellt, meistens wenn es um Rivalen geht; und Ballmer weiß sehr gut, dass seine Größe und seine Art Menschen aus der Fassung bringen können. Als er einmal bei einer Unternehmensversammlung mit einem Baseballschläger herumspielte, rutschte ihm der Schläger aus der Hand, flog quer durch den Saal und blieb ein paar Zentimeter vor einer Mitarbeiterin liegen. Sie starrte Ballmer an und sagte: „Ein Glück, dass er mich nicht getroffen hat." Wie so oft, wenn er jemanden unabsichtlich angreift, bekam er den Gesichtsausdruck eines geschlagenen Hundes. Aber manchmal trifft Ballmer Menschen wirklich, mal zufällig, mal nicht. Eine der Lieblingsgeschichten von Ballmer spielte sich in Kolumbien ab, wo er vor einer Versammlung von Kunden sprach und zum Spaß Basebälle in die Menge warf. Ein Ball flog einem Kunden an den Kopf und schlug ihn k.o. Ballmer: „Ich bat und flehte, ‚Bringt den Kunden wieder ins Leben zurück.'" Der Kunde erlangte wieder das Bewusstsein, oder wie es Ballmer in hoffnungsloser Übertreibung ausdrückte: „Und er erstand wieder aus der Asche. Und das ist bis heute das Bedeutendste, das in Kolumbien je auf dem Feld der Informationstechnologie passiert ist." Ballmer schenkte seinem Opfer ein Exemplar von Microsoft Office.

Inzwischen waren viele Microsoftianer reich geworden, und viele hatten entsprechende Allüren. Ende der 80er-Jahre begannen sich die goldenen Fesseln auszuzahlen. Die Menschen verdienten buchstäblich Millionen von Dollars, als ihre Aktienbezugsrechte schließlich in ihren Besitz übergingen. Mehr als nur ein paar vereinzelte Microsoftianer trugen Anstecker mit der Abkürzung für: „Fuck You! I'm Fully Vested!" – FYIFV [etwa: Leck mich am Arsch! Ich habe alle meine Aktien eingelöst.] Ein reicher und angesehener früherer leitender Angestellter von Microsoft: „Nachdem sie fünf Jahre dort gearbeitet hatten, hingen sie am Haken. Sie waren süchtig. Hinsichtlich der Stundenzahl wollten sie alle anderen überbieten. Nicht zwölf oder vierzehn Stunden am Tag arbeiten, das konnten sie einfach nicht." Eine andere ehemalige Führungskraft: „In der Personalabteilung hießen die Mitarbeiter, die ihre Aktien schon hatten, die Freiwilligen."

Windows 95 verkaufte sich innerhalb von zwei Monaten mehr als sieben Millionen Mal. In den vier Jahren mit Ballmer als Marketingchef hatte Microsoft viele Millionen Kopien seiner Betriebssysteme verkauft und schwamm auf der explodierenden Einsatzwelle des Personal Computers obenauf. Windows 95 war ein Megahit, obwohl es wie üblich verspätet kam und nicht alles tat, was Microsoft behauptet hatte.

Wie alle Microsoftprodukte hatte auch Windows 95 seine Kritiker. Die meisten Bauchschmerzen bereitete die Tatsache, dass es nicht so ganz kompatibel mit allen früheren Windows- und MS-DOS-Programmen war, was so mancher als einprogrammierte Veraltung betrachteten. Andere beklagten, dass es nicht so einfach zu installieren war, zu häufig abstürzte und eine leistungsfähigere Maschine brauchte als sie hatten, damit es gut lief. Einer der Erfinder des Internets fragte sich, wieso man zum Beenden eines Programmes auf den Start-Knopf klicken musste. Ein anderer User sagte: „Die 95 in Windows 95 ist die Anzahl der Stunden, die man braucht, um es zu installieren, der Prozentsatz der existierenden Windowsprogramme, die nicht damit laufen oder die Anzahl der Abstürze pro Stunde." Microsoft war auf dem Feld der Betriebssysteme derart dominierend geworden, dass es 1995 kaum mehr Alternativen gab; Microsoft besetzte mehr als 90 Prozent des Marktes.

Die mächtigsten Kritiker fand Windows 95 in Washington, D. C. Als Reaktion auf Beschwerden schrieben Ralph Nader und sein Partner James Love einen Brief an Präsident Clinton und baten ihn zu verhindern, dass Bundesbehörden Windows 95 kauften, denn Microsoft verkaufte Windows im Bundle mit seiner neuen Internet-Zugangssoftware Microsoft Network (MSN), und der Registration Wizard sollte als Maßnahme gegen Softwarepiraterie die Registrierung erleichtern, versorgte aber in Wirklichkeit Microsoft mit Informationen über Dateien, die sich auf den Festplatten der Kunden befanden; der gleiche Vorwurf kam sechs Jahre später bei Windows XP wieder.

Wenige Tage vor der Veröffentlichung von Windows 95 sagte das Justizministerium zu, Microsoft nicht durch eine einstweilige Verfügung (zum Vergleich) daran zu hindern, den Internetzugang zusammen mit Windows zu verkaufen. Das Ministerium wusste wohl nicht so recht Bescheid, denn Microsoft sorgte unter anderem dafür, dass andere Internetzugänge mit der Software von Microsoft nicht richtig funktionierten. Das ist so, als wenn Microsoft den Auftrag erhalten hätte, alle Straßen Amerikas zu asphaltieren und dies dann auf eine Weise getan hätte, dass diejenigen Autos am besten darauf fahren konnten, die Microsoft herstellt, falls andere überhaupt darauf fuhren.

Wieder einmal war die Spieltheorie am Werk, die Gates und Ballmer in Harvard kennen gelernt hatten, nämlich dass man seine Chancen verbessert, wenn man Konkurrenten ausschaltet – bis das Justizministerium zwei Jahre später merkte, was geschah, und Anklage erhob. Viele Kritiker vertraten die Auffassung, dass das Justizministerium nicht weit genug gegangen war. Bob Metcalfe fragte sich in einer Zeitschriftenkolumne öffentlich, wann denn die Bundesbehörden Microsoft der Erpressung nach dem RICO Act anklagen würden, den man normalerweise mit der Mafia assoziiert.

Als Michael Kinsley für Microsoft zu arbeiten begann und das Online-Magazin *Slate* aufbaute, druckte *Newsweek* auf der Titelseite ein Bild von ihm in einem gelben Regenmantel ab. Kinsley hatte 1968 die gleiche Schule in Bloomfield Hills abgeschlossen wie Scott McNealy, die Cranbrook Academy. Nach seiner Zeit in Harvard studierte er mit einem Rhodes-Stipendium an der Oxford University und machte dann seinen Abschluss an der Harvard Law School. Er war Redakteur bei *Harper's* und bei *The New Republic*, sieben Jahre war er das liberale Sprachrohr von Crossfire auf CNN, dann gab er fünf Jahre lang *Slate* heraus, bevor er wegen seiner Parkinsonschen Krankheit aufhörte.

Als Kinsley las, dass Microsoft darüber nachdachte, eine Online-Publikation aufzulegen, schrieb er an Steve Ballmer, den er aus Harvard flüchtig kannte. Dieser gab die Idee, dass Kinsley Slate an den Start bringen würde, an die Denkfutter-Nahrungskette weiter. *The New Yorker* berichtete, dass Kinsley – als professioneller Kontrarianer bekannt – an seinem ersten Arbeitstag in Redmond eine Baseballmütze mit dem Emblem des Justizministeriums trug. Kinsley sagte mir, es sei in Wirklichkeit eine Halloween-Party gewesen, und niemand habe sich etwas dabei gedacht.

Im Juni 1996 organisierte Kinsley eine von Slate gesponserte Online-Debatte unter der Überschrift „Spielt Microsoft fair?". Er lud ein paar Harvardabsolventen ein, von denen er wusste, dass sie schlagfertige Kommentare abgeben würden. Darunter waren Steve Ballmer und James Fallows, der ebenfalls in Harvard studiert und ein Rhodes-Stipendium bezogen hatte. Dazu kam der Autor und Microsoft-Kritiker James Gleick (der Harvard ein Jahr vor Ballmer abgeschlossen hatte). Diese und einige andere Kommentatoren diskutierten eine Woche lang auf intelligente, geistvolle und höchst exakte Weise hin und her über das Gute, das Schlechte und das Hässliche an Microsoft. Jodi Sternhoff, Mitherausgeberin von *Slate*: „*Slate* hat Steve seither nie wieder gebeten, an einer Diskussion teilzunehmen."

Der Wirtschaftswissenschaftler Herbert Stein, der die Debatte moderierte, legte fünf knallharte Fragen auf den Tisch, bei denen es darum ging, was mit Microsoft geschehen sollte, falls überhaupt etwas geschehen sollte. Die Teilnehmer unterhielten sich im Cyberspace miteinander, und die Öffentlichkeit konnte mithören. Stein fragte:

Kann Microsoft seine derzeitige Vorherrschaft benutzen (und tut es das auch?), um die Entwicklung neuer und möglicherweise besserer Betriebssysteme und Anwendungsprogramme zu verhindern?

Hindert die Art, wie Microsoft seine Betriebssysteme an Hersteller lizenziert, andere Hersteller von Betriebssystemen am Wettbewerb?

Verleiht die Bündelung von Microsoft-Anwendungen mit dem Betriebssystem diesen Anwendungen einen Vorteil und behindert sie die Entwicklung besserer Anwendungen?

Führt Microsofts Vorherrschaft im Betriebssystembereich dazu, dass das Unternehmen die Interessen der Verbraucher vernachlässigt, die ihre Ausrüstung möglichst effizient und zuverlässig nutzen wollen?

Ist es denkbar, dass Microsofts derzeitige Position und seine Ressourcen dazu führen, dass es in Zukunft die Welt der Kommunikation so beherrscht wie einst AT & T?

Ballmer stieg gleich voll ein, in vollkommen emotionslosem Ton. Er überprüfte Grammatik und Rechtschreibung und drückte auf „Absenden“: „Es ist schon ein Witz, dass im Jahre 1996 die ganzen Fragen wieder breitgetreten werden, wieso Microsoft 'zu' erfolgreich ist. Wir haben einen großen Teil des vergangenen Jahres mit der gegenteiligen Frage verbracht: ‚Kann Microsoft die Flutwelle Internet überhaupt überleben?‘ Microsoft-Programme sind bei den Verbrauchern sehr beliebt. Manche unserer Mitbewerber sagen, Microsoft sei ‚zu‘ erfolgreich, und wir tun der Branche gewissermaßen weh. Aber ich kann mir keinen Wirtschaftssektor vorstellen – nicht einen einzigen –, der wettbewerbsintensiver, dynamischer und innovativer wäre als PC-Software. [...] Alle Fragen von Slate laufen auf eines hinaus: ‚Wer sollte über Erfolg in der Softwarebranche entscheiden? Millionen von Verbrauchern mit ihren individuellen Kaufentscheidungen oder die staatliche Regulierungsbehörde?‘“

James Gleick sagte, er benutze Microsoft Word, Microsoft Exchange, den Internet Explorer und Microsoft Excel sowie „ein paar Programme, die nicht von Microsoft stammen – Quicken von Intuit zum Beispiel, das ja dank der staatlichen Intervention nicht geschluckt wurde [...]. Ich habe es aufgegeben, Programme von Unternehmen mit gutem kostenlosen Support zu kaufen; so kann ich meine Blutdruckmanschette anlegen und Microsofts berüchtigten Kundenservice genießen – die 206er-Nummern [Vorwahl] mit den labyrinthischen Telefonmenüs, mit dem Orwell-trainierten Personal, dem es verboten ist, die Existenz von Bugs zuzugeben. [...] Warum bin ich vor der Dampfwalze aus Redmond zu Boden gegangen? Weil das Leben kurz ist. Weil alle meine Programme miteinander funktionieren müssen. Weil ich mit der Software arbeiten muss, die alle anderen auch benutzen. Weil ich wirklich keine Wahl habe. Ich glaube ehrlich an die freie Marktwirtschaft. Von Zeit zu Zeit muss der Staat Möglichkeiten finden, die Freiheit des Marktes zu schützen – dafür sind die Antitrustgesetze da. Sie haben es vielleicht nicht bemerkt, aber aus weiten Teilen der Softwarebranche ist der Wettbewerb verschwunden. Zum Beispiel gibt es keine erwähnenswerten neuen Textverarbeitungsprogramme – nicht weil die Textverarbeitung den Zustand der Perfektion erreicht hätte, sondern weil Microsoft diesen Bereich abgesperrt hat. Im Jahre 1996 ist es in Amerika leichter, eine Fluggesellschaft zu gründen als eine Softwarefirma, die eine Textverarbeitung herstellt. [...] Spielt Microsoft fair? Nein, natürlich nicht. Jeder in der Branche weiß das – und es wurde von dem Justizministerium deutlich angesprochen –, Microsoft arbeitet mit allen Tricks, es verhält sich unmoralisch und teilweise ungesetzlich. [...] Wenn man das Betriebssystem hat, das auf quasi allen PCs der Welt läuft und wenn man die Möglichkeit hat, diese Macht für den Einstieg in neue Geschäftsfelder nutzbar zu machen, dann besitzt man einen Vorteil, von dem die großen Monopolisten des 19. Jahrhunderts nur träumen konnten."

Ballmer überging den größten Teil dessen, was Gleick gesagt hatte, und gab zurück: „Microsoft wird vorgeworfen, dass alle seine Softwareprodukte zusammenpassen und dass sie ‚mit der Software funktionieren, die alle anderen benutzen'. Schuldig im Sinne der Anklage!

Das letzte Mal, als ich das überprüft habe, war das genau das, was von uns verlangt wurde. Ich möchte Jim Gleicks Bemerkung über den Kundenservice aufgreifen. Der Kundensupport von Microsoft ist der beste der ganzen Branche. Zwei Jahre hintereinander hat Microsoft von PC World den ersten Preis für den besten Service und Kundendienst weltweit erhalten. Das ist auch kein Wunder, denn die durchschnittliche Wartezeit für unsere Kunden liegt unter einer Minute, und wir geben für den Support 500 Millionen US-Dollar aus, damit der Kunde auf der Stelle die richtigen Antworten bekommt. [...] Windows ist eine offene Plattform, sie beruht auf öffentlich bekannten Spezifikationen, und Microsoft bietet Entwicklern, die Windows-Programme schreiben, sehr viel Unterstützung."

Gleick schlug zurück: „In Wahrheit ist es doch so, dass Microsoft auf der einen Seite immense Informationsmengen darüber veröffentlicht, wie Programme mit Windows zusammen funktionieren; auf der anderen Seite jedoch hält es viele wesentliche Informationen zurück und stellt sie nur Insider-Programmierern und Freunden von Microsoft zur Verfügung. Das Unternehmen setzt diese Informationen zum Abschluss von Geschäften ein, indem es sie recht sparsam sowie im Austausch gegen andere Vergütungen und Dienstleistungen verteilt.

Steve, als ich Sie für meinen Artikel ‚Making Microsoft Safe for Capitalism' [für die New York Times] interviewte, erklärten Sie, dass Windows nur dann ‚offen' sei, wenn es Microsoft passt. Sie sagten: ‚Wir könnten hingehen und keine APIs [Programmschnittstellen] für unser Betriebssystem veröffentlichen. Oder wir könnten uns fünf Menschen heraussuchen, ihnen sagen, was in dem Betriebssystem alles drinsteckt – und es sonst niemandem sagen.' Stehen Sie immer noch zu dieser Ansicht? Oder will Microsoft hinsichtlich des Betriebssystems Windows jetzt eine Politik wirklicher Offenheit anstreben: Sich bereit erklären, alle APIs bekannt zu geben und zu dokumentieren und diese Information anderen Programmierern frei zur Verfügung zu stellen, sobald sie den Programmierern von Microsoft zur Verfügung steht? Und das nicht nur manchmal, sondern immer?"

James Fallows stieg in den Streit ein und schrieb: „An Steve Ballmer [...] Ich hoffe, dass Ihre anfänglichen Bemerkungen nur die offizielle Sprachregelung sind und nicht das, was Sie wirklich denken. Zum Beispiel: ‚Aber ich kann mir keinen Wirtschaftssektor vorstellen – nicht einen einzigen –, der wettbewerbsintensiver, dynamischer und innovativer wäre als PC-Software.' Der ganze Wirbel dreht sich doch nicht um ‚PC-Software' im Allgemeinen, sondern um ‚Betriebssystemsoftware für PCs'. Wenn es um Betriebssysteme geht, so kann man sich kaum einen Wirtschaftssektor vorstellen, der so eindeutig von einem Unternehmen dominiert wird wie der Betriebssystemmarkt von Microsoft." Weiter stellte Fallows Ballmers Behauptung in Frage, alles laufe nur darauf hinaus, wer in der Softwarebranche über Erfolg und Misserfolg entscheiden solle, entweder Millionen von Verbrauchern oder staatliche Regulierer. „Gönnen Sie mir eine Pause Steve, s'il vous plaît. Vor ein paar Wochen hörte ich mir an, wie Bill Gates darum bettelte, dass die Regierung mit strengeren Strafen gegen Softwarepiraten vorgehen solle, die von China aus operieren. Stellen Sie sich vor, ein chinesischer Freibeuter wäre auf der Versammlung aufgetaucht und hätte gesagt: ‚Eure ganzen Beschwerden laufen nur auf eines hinaus: Wer sollte über Erfolg in der Softwarebranche entscheiden? Milliarden von Verbrauchern, die individuelle Kaufentscheidungen treffen und ihre CDs für den Gegenwert von vier US-Dollar erstehen? Oder staatliche Regulierer, die versuchen, unfaire Handelsgesetze durchzudrücken? Ich kann mir nicht vorstellen, dass jemand, der so schlau und gebildet ist wie Sie, glaubt, die staatlichen Regulierungsbehörden würden versuchen, die Kaufentscheidung für die Verbraucher zu treffen. Dick Armey könnte so etwas glauben, oder eine Figur aus einem Roman von Ayn Rand, aber nicht jemand, der weiß, wie die allgemein akzeptierten Wettbewerbsregeln die Unternehmensstrategie beeinflussen können.

Jeder zivilisierte Wettstreit schließt Regeln ein. Adam Smith wusste das. Teddy Roosevelt auch. Und Sie wissen das ebenfalls. Es ist nicht die Frage, ob es Regeln geben soll, und schon gar nicht, ob ‚staatliche Regulierer‘ Kaufentscheidungen treffen. Die Frage ist, ob die jetzt geltenden Regeln für die Dynamik der Branche auf lange Sicht die besten sind. [...] Roosevelt mochte offensichtlich das Muskelspiel des wettbewerbsintensiven Kapitalismus – aber am besten gefiel es ihm, wenn die animalischen Instinkte durch gewisse Regeln im Zaum gehalten wurden.

Diese Regeln reservierten gewisse Landstriche für Nationalparks (auch wenn die Marktkräfte etwas anderes verlangt hätten), sie verboten es den Unternehmen, zur besseren Wettbewerbsfähigkeit Kinder zu beschäftigen und so weiter. Teddy Roosevelt würde angesichts des Geschäfts, das Sie aufgebaut haben, mit Sicherheit ‚Freistoß! Schläger vom Platz!‘ rufen. Aber er hätte es nicht, wie Sie hier andeuten, für ordinär gehalten, auch nur über die Regeln des Wettbewerbs zu sprechen.“

Dann erzählte Fallows von einem einschneidenden persönlichen Erlebnis, das er hatte, als er das Betriebssystem OS/2 von IBM benutzte. Er erzählte: „Ich erinnere mich an die bezaubernde Art und Weise, auf die jede Microsoftanwendung, die ich auf meinem OS/2-Computer öffnen wollte, ein fremdes Betriebssystem ortete und mich vor der ernsten Gefahr warnte, die dies für meinen Computer bedeute; freundlicherweise bot es mir dann jeweils an, meine Festplatte neu zu formatieren.“

Fallows wettert weniger gegen den Wettbewerbsvorteil, den Microsoft durch den Besitz des Betriebssystems hat, sondern eher gegen die Art, wie es diesen Vorteil nutzt, um weiterzukommen. Er vergleicht dies damit, was geschehen würde, wenn Bill Clinton die Verteilung der Gelder durch die Bundes-Wahlkommission kontrollieren würde; Clinton könne dann „versucht sein, dies als einen Vorteil zu sehen – zumindest würden seine ehrgeizigen Untergebenen dies so sehen.“

James Gleick wies auch auf die Vorteile hin, die es hat, wenn alle Software von einem einzigen Unternehmen stammt, und er sagte, dass „Microsoft der Unorganisiertheit der Hardwarehersteller entgegenwirkt, die sich nicht auf Standards einigen können. Redmond sagt ihnen einfach, was sie tun sollen. Und es stimmt auch, dass die Verbraucher für ihr Geld mit einem funktionsüberladenen Produkt wie Windows 95 einen Gegenwert bekommen. Diese Vorteile sind wirklich vorhanden, aber ein wenig geschmacklos, ähnlich wie die Vorteile, die totalitäre Regierungen bieten (in Singapur fahren die Züge pünktlich)."

Fallows bemerkte: „Um Steve B. zur Abwechslung einmal zu schmeicheln: Er ist ein schöner Gegner für diese Art von Diskussion – von R. J. Reynolds oder AT & T würde kein so hohes Tier online gehen und so schlagfertig Fragen zu seinem Unternehmen beantworten." Im weiteren Verlauf bezeichnete Fallows Bill Gates als den größten amerikanischen Geschäftsstrategen des 20. Jahrhunderts. Er sagte: „Was das Unternehmen so mächtig gemacht hat und was den Beobachter beeindrucken muss, ist die geschäftliche Vision der Unternehmensführer – insbesondere war die Idee, zum Standard zu werden, das Allerwichtigste. Schon bevor es zu dem Drama zwischen VHS und Betamax kam, verstanden Gates, Ballmer und Konsorten, dass es wichtig war, VHS zu sein. Sicherlich taten sie alles im Interesse des Unternehmens, aber es hatte historische Auswirkungen auf die gesamte Branche, denn es schuf einen Standard, den [Anwendungs-]-Hersteller für die Programmierung benutzen müssen.

Irrsinnigerweise scheint die Öffentlichkeit dies immer noch nicht zu begreifen. Wenn die Menschen Bill Gates sehen, denken sie an jemand, der Albert Einstein oder Gary Kasparov ebenbürtig ist. Der Mann ist ohne Zweifel intelligent, aber ich behaupte, dass es mehr Menschen gibt, die intelligenter sind als er (gemessen am IQ), als es Geschäftsstrategen gibt, die so fähig und unermüdlich sind wie er."

Fallows erzählte eine persönliche Anekdote: „Ich tippe diese Worte auf einem Laptop, der mit Windows 95 läuft. Habe ich diese Benutzerschnittstelle gewählt, weil ich überzeugt bin, dass sie allen alternativen Systemen überlegen ist? Nein. Ich habe sie ‚gewählt‘, weil ICH KEINE ALTERNATIVE HATTE. Mein alter Laptop ist kaputtgegangen, und ich brauchte einen neuen [...] alleine die Tatsache, dass etwas Standard ist, macht eine ganze Reihe sonstiger ‚Qualitäts‘-Merkmale bedeutungslos. ‚Entscheiden‘ sich Millionen von Kunden für die QWERTZ-Tastatur, weil sie die beste von allen ist? Nein – es gibt sie einfach. Entscheide ich mich für USAir, wenn ich von D. C. nach Boston fliege? Nein. Es gibt einfach keine Alternative. Und so ist es auch mit DOS/WINDOWS. Sie können die ‚Millionen von Kunden‘ mit Recht als Beweis für die Brillanz Ihrer Geschäftsstrategie anführen. Aber als Beleg für die Brillanz der Produkte an sich ...."

Ballmer machte sich über James Gleick her: „Jim G., Sie müssen noch einmal Ihre Fakten über den Ausgang der Ermittlungen des Justizministeriums gegen Microsoft überprüfen, denn jedes Mal, wenn Sie sich darauf beziehen, verstehen Sie etwas falsch.

Von 1990 bis 1994 ist nicht eine, sondern sind zwei Bundesbehörden der

Unmenge von Beschwerden seitens der Konkurrenz ausführlich nachgegangen, die Sie und Jim F. nun wieder aufrühren. Die FTC hatte am Ende nichts gegen Microsoft. Das Justizministerium kritisierte nur relativ spezifische Aspekte der Art, wie wir Betriebssystemlizenzen an Computerhersteller vergeben haben. Tatsächlich teilte das Justizministerium den Gerichten mit, außer den Punkten, die durch den kurz darauf geschlossenen Vergleich abgedeckt wurden, gebe es keine weiteren Grundlagen für ein Verfahren gegen Microsoft. [...]

Ihre Behauptung, das Justizministerium habe ‚die illegalen Taktiken bewiesen, mit denen Microsoft die letzten verbleibenden Betriebssystemkonkurrenten vernichtet hat‘, ist schlichtweg falsch.

Zunächst einmal hat das Justizministerium überhaupt nichts bewiesen. Es hat nur Behauptungen aufgestellt. [...] Zweitens hat das Justizministerium nicht einmal behauptet, der anfängliche Erfolg von MS-DOS und Windows sei einer ungesetzlichen Handlung zu verdanken. Wozu also die ganze Aufregung? Schwer zu sagen. Wir haben schon immer gesagt, dass die Computerhersteller auf den meisten Geräten Windows deshalb vorinstallieren, weil die meisten ihrer Kunden Windowscomputer kaufen wollen (und nicht wegen irgendwelcher Vertragsbedingungen). Das ist gar nicht so kompliziert. Also haben wir die geschäftliche Entscheidung getroffen, uns mit dem Justizministerium zu einigen und unsere Lizenzierungspraxis in bestimmten Punkten abzuändern. Und wissen Sie was? Die Kunden wollen immer noch Windowscomputer, und die Computerhersteller bieten sie immer noch an.‟

James Gleick rückte Ballmer den Kopf zurecht: „Steve Ballmer schrieb: ‚Jim G., Sie müssen noch einmal Ihre Fakten [...] überprüfen.‘ Aber nicht doch! Sie wollen die Tatsachen doch nicht wirklich bestreiten, Steve, oder doch? Lassen Sie uns mal sehen: ‚Von 1990 bis 1994 ist nicht eine, sondern sind zwei Bundesbehörden der Unmenge von Beschwerden seitens der Konkurrenz ausführlich nachgegangen, die Sie und Jim F. nun wieder aufrühren. Die FTC hatte am Ende nichts gegen Microsoft.‘

Um genau zu sein, kamen die Beamten nicht weiter, indem sie Empfehlungen der FTC-Mitarbeiter befolgten; und so übernahm das Justizministerium den Fall. [Weiter sagen Sie:] ‚Das Justizministerium kritisierte nur relativ spezifische Aspekte der Art, wie wir Betriebssystemlizenzen an Computerhersteller vergeben haben.‘

Sie sagen ‚spezifisch‘? Schauen wir mal ... Das Justizministerium stellte unter anderem fest, dass Microsoft über Jahre hinweg die Abschnitte 1 und 2 des Sherman Antitrust Act dadurch verletzt hat, dass es (ich zitiere aus den Gerichtsprotokollen) ‚ausschließende und wettbewerbswidrige Verträge zur Vermarktung seiner Betriebssystemsoftware für Personal Computer [eingesetzt hat]. Mittels dieser Verträge hat Microsoft in ungesetzlicher Weise sein Monopol auf Personal-Computer-Betriebssysteme aufrecht erhalten und den Handel über Gebühr eingeschränkt.‘ Zusammengefasst: ‚illegale Monopolisierung und gesetzeswidrige Handelsbeschränkung [...].‘ Ich bin sicher, Sie erinnern sich, dass das Bezirksgericht [Richter Sporkin], das den Vergleich hätte absegnen sollen, ihn geschmacklos fand und mit der Bemerkung abwies: ‚Das Bild, das sich aus diesem Verfahren abzeichnet, sieht so aus, dass die US-Regierung entweder unfähig oder nicht willens ist, einer möglichen Bedrohung des wirtschaftlichen Wohlergehens ein Ende zu machen. Dem Gericht erscheint es klar, dass die Botschaft, wenn es diesem Vergleich zustimmen würde, hieße: Microsoft ist so mächtig, dass weder der Markt noch die Regierung in der Lage sind, die monopolistischen Praktiken von Microsoft in den Griff zu bekommen.‘ Ein Berufungsgericht akzeptierte dann den Vergleich. Ich möchte darauf jetzt nicht noch mehr Raum verschwenden. Das ist Geschichte und kann jetzt nicht mehr ungeschehen gemacht werden. Ich hoffe, Sie wollen uns nun nicht noch einen Ausblick auf die Encarta-Version geben.“ Bald danach war die Diskussion zuende. Die Encarta, auf die Gleick Bezug nahm, ist eine Enzyklopädie, die Microsoft gekauft und verändert hat; dies ist ein Beispiel für das, was geschehen kann, wenn sich dieses Unternehmen als Content Provider betätigt. *The New Yorker* schrieb: ‚[...] nachdem Microsoft die Enzyklopädie von Funk & Wagnall gekauft und sie in Encarta umbenannt hatte, wurde der Eintrag über Bill Gates geändert. Die Zeile, in der steht, dass ‚Bill Gates als harter Wettbewerber bekannt ist, dem offenbar das Gewinnen im Wettstreit wichtiger ist als Geld‘, wurde folgendermaßen geändert: ‚[...] Bill Gates für seine privaten und über das Unternehmen abgewickelten Beiträge zu Wohlfahrtsorganisationen und Bildungseinrichtungen bekannt ist.‘“ Wenn man in der Online-Version der Encarta den Suchbegriff ‚Bill Gates‘ eingibt, dann erhält man in der Tat immer noch diesen Eintrag. Wie lautet noch der berühmte Ausspruch von Orwell: „Wer die Vergangenheit kontrolliert, der kontrolliert auch die Zukunft.“ Wenn man in der gleichen Version der Encarta den Namen ‚Steve Ballmer‘ eingibt, dann muss man schon sehr genau hinsehen, um zu erkennen, dass dieser Artikel in Wahrheit von Microsofts Propagandisten stammt.

DER TRAUERNDE SOHN

D er April 1997 war einer der grausamsten Monate für Steve Ballmer in einem der aufwühlendsten Jahre für ihn selbst und für Microsoft. Während Microsoft mit dem Justizministerium über Antitrust-Vorwürfe verhandelte, wurde Ballmer von einer persönlichen Tragödie heimgesucht: Innerhalb eines Monats wurde sowohl bei Fred als auch bei Bea Ballmer Lungenkrebs festgestellt. Ballmer holte seine Eltern nach Seattle, damit er sich um sie und um Microsoft kümmern konnte, und zwar in dieser Reihenfolge. Bea verabschiedete sich schnell. Steve nahm sich drei Monate frei, was dem Family Leave Act [gesetzlich erlaubter Urlaub aus familiären Gründen] entspricht, aber es besteht kein Zweifel, dass Bill Gates seinem besten Freund einfach die Zeit gab, die er brauchte, um über den Schock hinwegzukommen. Über zwei Monate lang wechselten sich Steve und seine Schwester Shelly in Zwölfstundenschichten am Sterbebett im University of Washington Medical Center ab. Bea verstarb am 20. April infolge eines Herzanfalls, der auf die Krebserkrankung zurückzuführen war. Steve Ballmer war am Boden zerstört. Als er sie in Detroit zur ewigen Ruhe bettete, hielt er eine leidenschaftliche Lobrede.

Eine ehemalige Microsoft-Führungskraft: „Eine Weile war Steve wirklich ruhig. Wir wussten, dass etwas nicht in Ordnung war." Ein anderer ehemaliger Mitarbeiter, der die Umstände kannte: „Ballmer wollte kündigen. Gates redete ihm das aus; manche sagen, er habe ihm das Präsidentenamt versprochen." Dies hätten viele Menschen als natürlichen Vorgang betrachtet. Steve und Connie Ballmer bauten für Fred Ballmer ein Haus ganz in der Nähe ihres eigenen. Zusätzlich zu seinem Lungenkrebs hatte Fred inzwischen sein Gehör fast vollkommen eingebüßt. Shelly Ballmer war ebenfalls nach Seattle umgezogen und opferte einen Teil ihrer selbstständigen Tätigkeit als Sozialarbeiterin der Pflege ihres Vaters.

Im August äußerte sich Ballmer gegenüber dem Wall Street Journal bezüglich der Marktkapitalisierung von Microsoft: „Ist unsere Gesellschaft wirklich 180 Milliarden US-Dollar wert? Das übersteigt meine Vorstellungskraft. Ich glaube das nicht. [...] Das ist ein tolles Unternehmen in einer tollen Branche, und wir leisten sehr gute Arbeit. Aber vermutlich sind wir keine 180 Milliarden wert."

Die Wall Street reagierte entsprechend, und die Aktie brach vorübergehend ein. Steve Ballmer, Ehemann der ehemaligen Pressefrau Connie, wurde die potenzielle Wirkung seiner öffentlichen Äußerungen auf den Kurs der Microsoft-Aktie deutlich bewusst, falls das nicht schon vorher der Fall war.

Laut dem Journal-Reporter David Bank sagte Bill Gates Beratern gegenüber, es sei unwahrscheinlich, dass Ballmer CEO werden würde, weil die Rolle des CEO in einem größeren Softwareunternehmen ganz einfach tiefer gehende technische Kenntnisse erfordere als Ballmer sie habe. Aber es bestand kein Zweifel an Ballmers organisatorischen und betrieblichen Fähigkeiten. Seit er in das Unternehmen eingetreten war, bastelte Ballmer ständig an der organisatorischen Struktur von Microsoft herum, damit die richtigen Menschen an den richtigen Dingen arbeiteten.

Sechs Monate nachdem Bea Ballmer verstorben war und Steve von der

Beerdigung in Michigan zurückgekehrt war, entwickelte sich sein Rivale aus der Detroiter Vorort-Schulzeit, Scott McNealy, zu einem noch größeren Pfahl im Fleische Ballmers. In der ersten Oktoberwoche reichte Sun Microsystems am Bundesgericht San Jose gegen Microsoft – das McNealy inzwischen gerne als „Reich des Bösen" bezeichnete – Klage wegen Vertragsbruch, Warenzeichenverletzung, irreführender Werbung, unfairen Wettbewerbs und Behinderung ein. Es war immer noch die Rivalität zwischen Cranbrook und Country Day, allerdings mit viel höheren Einsätzen; auf der einen Seite der einst relativ arme Country-Day-Schüler Ballmer, der inzwischen zig Milliarden besaß und ein 180-Milliarden-Unternehmen im Rücken hatte, auf der anderen Seite das reiche Kind von der Cranbrook Academy, das mit „nur" mehreren Hundert Millionen inzwischen vergleichsweise arm war und einem 14-Milliarden-Unternehmen vorstand. Nachdem er geklagt hatte, schrieb McNealy einen offenen Brief an das Wall Street Journal, worin er behauptete, Microsoft habe Java verändert und dann eine „verschmutzte Version" davon angeboten, die „das Wachsen einer neuen Softwarebranche sabotiert, die nicht von dem Betriebssystem Windows abhängig ist." Entwickler, die die Microsoft-Version von Java zum Erstellen von Programmen verwendeten, mussten feststellen, dass diese – Überraschung! – nur mit Windows kompatibel waren.

Seiner Gewohnheit entsprechend war Ballmer immer noch hinter den Kulissen aktiv, während Gates das öffentliche Gesicht des Unternehmens und sein Donnerkeil war. Ein ehemaliger leitender Microsoft-Angestellter sagte mir: „Ballmers Managementstil lässt sich in drei Worten zusammenfassen: Die unsichtbare Hand. Es ist ihm egal, ob der Erfolg eines Projektes ihm zugeschrieben wird. Darüber ist er längst erhaben. Also lenkt er das Geschehen mit unsichtbarer Hand." Es kommt selten vor, dass Ballmer Microsofts Schlachten gegen Mitbewerber zu einer persönlichen Angelegenheit macht, aber Sun und McNealy waren eine Ausnahme. The New Yorker sagte Ballmer: „Sun ist einfach ein dämliches Unternehmen. Diese Sun-Leute mit ihrem IQ unter 50, die glauben, unsere strategischen Interessen würden sich so wunderbar ineinander fügen, sind entweder schlecht informiert, verrückt oder sie schlafen." Auf den Jungen von Cranbrook hackte Ballmer mit den Worten ein: „Es lässt mich an McNealy verzweifeln, dass er sich an dieser Verleumdungskampagne beteiligt." McNealy sei „manisch auf uns fixiert. Das, was er sagt, liegt zwei Standardabweichungen neben der Realität." Mit seinen Kommentaren zu Sun und dem Prozess schaltete Ballmer in den Microsoft-typischen Verleugnungsmodus: „Als wir den Vertrag unterzeichneten, hatten wir nicht die Absicht, Java unschädlich zu machen", aber im gleichen Atemzug gab er zu: „'Einmal geschrieben, überall lauffähig', das ist nicht unser Ding." Microsoft-interne Dokumente, die in dem Prozess als Beweismaterial vorgelegt wurden, belegten, dass die Strategie von Microsoft in der Tat darin bestand, Java „unter Kontrolle zu bringen" und „unschädlich zu machen"; das erinnert an Netscape und das Märchen von den Chinese Walls.

McNealy gab sein Bestes und bezeichnete das dynamische Duo als „Ballmer and Butthead". Als McNealy ein Jahr später vor dem Kongress aussagte, spotte er: „Das einzige, was ich noch lieber besitzen würde als Windows, ist die englische Sprache, denn dann könnte ich von Ihnen 149 Dollar für das Recht verlangen, Englisch zu sprechen, und ich könnte eine Upgrade-Gebühr von Ihnen verlangen, wenn ich neue Buchstaben einführe." McNealy bezeichnet Windows als „Auswurf", und bei einer Präsentation im Moscone Center in San Francisco versuchte er seinen Hund dazu zu bringen, ein Microsoft-Logo anzupinkeln, das er mit auf die Bühne gebracht hatte. Als Forbes viele Monate später eine Titelstory über Ballmer gebracht hatte, sagte McNealy den San Jose Mercury News: „Ballmer ist der Grund, weshalb Microsoft so erfolgreich ist." Und an Ballmer sandte er eine Notiz des Inhalts: „Nun denn, Ehre, wem Ehre gebührt." Aber als John Heilemann McNealy fragte, was er von den Anschuldigungen seitens der Microsoftianer halte, er befinde sich auf einem Kreuzzug gegen Microsoft, sagte McNealy: „Das sagt mir, das ich damit durchkomme." Im Rückgriff auf seine Tage als Eishockeycrack in Cranbrook sagte McNealy: „In einem Eishockeyspiel versucht man, den besten Spielern auf die Nerven zu gehen und sie aus dem Konzept zu bringen. Deswegen stört es einen auch nicht, wenn man in einem gegnerischen Stadion ausgebuht wird – es stachelt einen eher noch an. Wenn Steve Ballmer sagt, ich sei bekloppt, dann betrachte ich das als Kompliment."

Es sah so aus, als würde Suns Prozess gegen Microsoft wieder einmal als Hintergrundrauschen vergehen, als zwei Wochen danach, am 20. Oktober, das Justizministerium in Washington Klage gegen Microsoft erhob, und zwar wegen Missachtung des Gerichts, weil Microsoft angeblich den Vergleich verletzt hatte, den Richter Penfield Jackson unterzeichnet und so die damaligen Antitrustverfahren beendet hatte.

Bill Gates, der Sohn eines in Seattle prominenten Anwalts, hatte sich schon immer für das Rechtswesen interessiert. Kelly Korr, der in der Verhandlung 1986 als Anwalt Seattle Computer Products vertrat, war überrascht, dass Gates jeden Tag erschien, um die Verhandlung zu verfolgen. Es wurde schon öfter gesagt, Microsofts größte Stärke seien die straff formulierten Verträge. Ab Anfang der 80er-Jahre wandte sich der Autor James Fallows ab und zu an Ballmer wegen Hintergrundinformationen für eine Artikelserie über Computer, die er für The Atlantic Monthly schrieb. Fallows schrieb im Jahre 1986: „Einer der Gründe für die häufige Softwarepiraterie liegt darin, dass so viele Softwareentwickler Piraten sind." Fallows wies auf Microsofts allgemeine Geschäftsbedingungen hin, die mit den Geschäftsbedingungen für Gebrauchtwagen vergleichbar sind. Die Haftungsausschlussklausel enthielt insbesondere die Formulierung: „Das Programm wird 'wie besehen' und ohne jegliche Gewährleistung geliefert. Der Käufer trägt das gesamte Risiko, das aus den Ergebnissen und Leistungen des Programms resultiert." Die Tatsache, dass auch die Verträge den Wettbewerb einschränkten, war einer der Hauptgründe, aus denen die Monopolpolizei hinter Microsoft her war.

Wie Bob Metcalfe bemerkt: „In der Computerbranche gibt es drei Monopolisten: Cisco [für Router], Intel [Computerchips] und Microsoft. Nur einer von ihnen hat kartellrechtliche Probleme." Tatsächlich gibt es bei Cisco ein Schulungsvideo für Angestellte, in dem erklärt wird, wie man sich gesetzeskonform verhält. Und als die Bundesbehörden Intel davon in Kenntnis setzten, dass sie wegen eventueller Verletzungen der Antitrustgesetze gegen die Gesellschaft ermittelten, kooperierte Intel in allen Punkten und veränderte seine Geschäftsführung ein wenig. Wie Cameron Mhyrvold sagte: „Microsoft hat nicht den blassesten Schimmer davon, wie man mit der Regierung umgeht. Probleme hat das Unternehmen nur wegen des persönlichen Charakters von Bill und Steve bekommen." Microsoft verfolgte in den Prozessen eine einfache Strategie. Leugnen, heruntermachen und verzögern. Faustdick lügen. Behaupten, man habe kein Monopol, obwohl es im amerikanischen Kapitalismus in Ordnung ist, ein Monopol zu haben. Der Computersoftware an sich wird ein Monopol in Form eines Patentes oder Copyrights zugestanden, damit die Schöpfer oder Eigentümer für ihre Arbeit oder Organisation einen Lohn erhalten. Und natürlich gibt es die öffentlichen Monopole, zum Beispiel für Wasser und Abwasser, damit nicht irgendwann irrsinnigerweise fünf oder sechs Rohre unter der Erde liegen, die den gleichen Zweck erfüllen sollen. Monopole sind in Ordnung. Man darf nur nicht den Verbrauchern schaden. Man kann nicht einfach die Innovationstätigkeit bremsen, einen Monopolistenpreis statt eines Marktpreises fordern oder von den Kunden verlangen, dass sie zusätzliche Produkte kaufen, die sie nicht brauchen, wenn sie ein Betriebssystem wollen; man kann nicht aktiv und gesetzeswidrig die Konkurrenz ausschalten und dergleichen mehr. Die größte Lüge war, dass Microsoft nie zugab, überhaupt ein Monopol zu haben, nicht einmal ein gutes. Das ist eben die Geschichte, an der die Unternehmensleitung festhält. Und niemand erzählt die große Lüge besser als Steve Ballmer.

Erinnern Sie sich, dass Gates und Ballmer 20 Jahre zuvor in Harvard über den Kartellprozess gegen Wonder Bread diskutiert hatten, dass Ballmer wie die meisten Detroiter sehr wohl über Ford, den Arbeitgeber seines Vaters, und den Antitrustprozess des Jahres 1971 bescheid wusste? Dass sich die Abteilung der Nürnberger Prozesse, für die sein nunmehr leidender Vater gearbeitet hatte, vorwiegend mit Kartellrecht befasst hatte, dass gegen Procter & Gamble ein Antitrustverfahren lief, als Ballmer dort arbeitete und dass er, wie er sich ausdrückte, den IBM-Bären ritt, als IBM 1982 den Kartellprozess durch Vergleich beendete. Trotz dieser Vorgeschichte war Ballmers stärkste Verteidigungslüge hartnäckige Ignoranz. Selbst nach sieben Jahren Gerichtsverfahren, in denen neun Bundesrichter befunden hatten, Microsoft stelle ein ungesetzliches Monopol dar, und als das Unternehmen vor dem zehnten Richter wegen des gleichen Vorwurfs auf der Anklagebank saß, sagte Ballmer im Jahre 2001 in einem Vortrag seinen Zuhörern in Brasilien: „Ich weiß immer noch nicht, was ein Monopol ist." Wie sagte noch der Schauspieler Kevin Spacey in dem Film American Beauty: „Unterschätzen Sie niemals die Macht des Leugnens."

Ballmer sagte dem Autor John Heilemann: „[...] bei Microsoft gibt es 'Antitrust-Fortbildungen, Antitrust-Schulungen' seit Mitte der 80er-Jahre. 'Aber', so Ballmer, 'schulen wir jeden Tom, Dick und Harry im Unternehmen? Nein. Aber es trifft ja auch nicht jeder Tom, Dick oder Harry die Entscheidungen.'" In Dutzenden von Gesprächen mit aktuellen und ehemaligen Microsoft-Führungskräften fand Heilemann nur wenige, die sich erinnern konnten, eine Antitrust-Schulung erhalten zu haben, und noch weniger, die sich über ein vages „an die Gesetze halten" hinaus an das Gelernte erinnern konnten. Aber Microsoft hält sich nicht so streng an die Gesetze. Manche glauben, dass Microsoft manchmal ähnlich wie Richard Nixon der Meinung ist, über dem Gesetz zu stehen. Wenige Tage nachdem das Justizministerium 1998 seine Antitrustklage erhoben hatte, erwies Ballmer der Sache keinen besonders guten Dienst, als er in San Jose bei einem Vortrag vor Kleinunternehmern von der Bühne herunter bellte: „Zur Hölle mit Janet Reno."

Steve Ballmer kann niemals Außenminister werden. Das Verteidigungsministerium könnte sich das nicht leisten.

Vor Ballmers Ausruf trug Microsoft seine Geschichte in dem gleichen Gerichtssaal vor, in dem sich Nixons große Lüge zu enthüllen begonnen hatte.

Die Anwälte sagten dem Richter Thomas Penfield Jackson, Microsoft könne seine Verfügung nicht befolgen, den Internetbrowser (Internet Explorer, kurz IE) nicht im Bundle mit Windows anzubieten, weil dies das Betriebssystem zerstören würde. Wir, das klügste, ausgefuchsteste und technisch kompetenteste Softwarehaus der Welt, finden keinen Weg, den Browser aus Windows zu entfernen. Ein paar Tage später lud Richter Jackson Microsoft in den Gerichtssaal, den gleichen Gerichtssaal, in dem 26 Jahre zuvor die Watergate-Einbrecher überführt worden waren. Jackson erzählte der versammelten Mannschaft eine Geschichte. Nach der letzten Anhörung hatte er einen Techniker mit dem Versuch beauftragt, mithilfe der „Uninstall"-Routine von Windows den Internet Explorer zu entfernen. „Weniger als neunzig Sekunden später", berichtete Jackson, erschien auf dem Bildschrim eine Mitteilung des Inhalts, dass der IE nicht mehr verfügbar war, aber Windows funktionierte nach Jacksons Worten „so fehlerfrei wie zuvor". Er fuhr fort: „Wenn dieser Vorgang doch nicht so einfach sein sollte, dann möchte ich gerne, dass Microsoft dies durch einen beliebigen Beweis widerlegt." Lange Pause. Neun-Monate-mit-Vierlingen-schwanger-Pause. „Ich möchte wissen, ob Sie meinen Augen trauen." Pause. Microsoft konnte keine Beweise vorlegen, dass Jackson im Unrecht war. Wie zu erwarten war dies für die Presse ein gefundenes Fressen. Wie schon Richter Sporkin traute auch Richter Jackson Microsoft nicht über den Weg. Könnte das seitens des Unternehmens beabsichtigt gewesen sein? Am 11. Dezember erließ Jackson eine einstweilige Verfügung, dass Microsoft bei der Lizenzierung von Windows die Mitlieferung des Internet Explorer nicht zur Bedingung machen durfte. Lawrence Lessig, Juraprofessor in Stanford und Cyberspace-Guru, sagte dem Autor Ken Auletta: „Microsoft war davon überzeugt, dass Jackson ein Idiot sei, aber das ist er nicht." Ein Microsoft-Insider erzählte ihm, Gates benehme sich wie ein Kind, das sich für schlauer als den Rest der Klasse hält. Und in den zehn Stunden Interview mit Ken Auletta beurteilte Richter Jackson das Verhalten von Microsoft im Gerichtssaal als „pennälerhaft und arrogant", Microsoft sei stolz darauf, außerhalb des üblichen Geschäftsgebarens zu agieren, „sie glauben, sie würden als erwachsene Mitglieder der Gemeinschaft betrachtet", aber „sie verhalten sich nicht wie Erwachsene". Bob Metcalfe bestätigt diese Beobachtung: „Gates und Ballmer sind wie riesige Teenager, die nicht wissen, wie groß sie geworden sind, und die immer noch alles über den Haufen werfen." Aber es gibt mindestens noch eine andere Erklärung. Während Microsoft im Gerichtssaal seine Spielchen mit der Monopolpolizei spielte, unterhielt ich mich mit einem angesehenen Mitglied der

Juristengemeinde Seattles. Wir saßen auf seiner klassischen 16-Meter-Holzyacht auf dem Lake Washington; das Boot erglänzte in mehreren erneuerten Schichten holländischen Firnis', ein Spleen, den er sich aus den gewonnenen Prozessen gegen Großunternehmen gönnte. Ich sagte zu dem Anwalt, die Presse sitze Microsoft wegen der ungeschickten Art, auf die es seinen Antitrust-Prozess führe, ja ganz schön im Nacken. Ob er der Meinung sei, die Presse habe Recht? Der Anwalt sah mir in die Augen und sagte fest: „Nein. Bill Neukom [Chefanwalt von Microsoft] ist ein schlauer Fuchs. Seine Strategie besteht darin, den Richter zu verärgern, damit er einen umstoßbaren Fehler macht. Dann müsste das Spiel von Los aus neu beginnen."

Verleugnen, heruntermachen, verzögern.

Die Dementis von Microsoft sind vorhersehbar, aber es gibt viele Menschen, die sie glauben. Microsofts Herabsetzungen erinnern häufig an Hauptmann Renault in Casblanca, der ach wie schockiert darüber ist, dass im Rick's Glücksspiele stattfinden, aber gleichzeitig seine Gewinne einstreicht. Aber Microsofts hinterlistige Verzögerungen zur Vermeidung eines endgültigen Antitrusturteils sind brillant, denn sie lassen den Einnahmenstrom weiter durch Redmond fließen – zwar nicht verurteilt, aber verurteilenswert.

Es wurde weithin darüber berichtet, dass Bill Gates einmal bei einer Sitzung des Microsoft-Vorstands weinend zusammenbrach. Der Philosoph Archimedes sagte: „Die Götter lassen die Sterblichen ihren Hochmut mit Tränen bezahlen."

Am 11. Dezember 1997 ordnete Richter Jackson an, dass Microsoft seine Praxis einstellen musste, Windowslizenzen an PC-Hersteller nur zu vergeben, wenn sie auch einen Internetbrowser von Microsoft lizenzieren und installieren. Jackson sagte, man könne von einem Kunden nicht verlangen, dass er etwas nehme, das er nicht wolle. Bill Gates antwortete darauf tatsächlich: Dann müssen wir Windows aufbrechen. Wir geben den Verbrauchern dann ein Produkt, das einfach nicht funktioniert. Im Hinblick darauf, dass Gates' Strategie darin bestand, den Richter zu verärgern, war das brillant, aber Ballmer erkannte sofort auch die Gefahr. David Bank vom Wall Street Journal gegenüber sagte er: „Wir werden schrecklich dastehen. Wir werden schrecklich dastehen. [...] Das bringt uns halb um, wir sehen schlecht aus." Bank berichtete: „Microsoft-Mitarbeiter, die in den Ferien nach Hause fuhren, sahen sich plötzlich gezwungen, die Integrität eines der bis dato angesehensten Unternehmen des Landes zu verteidigen. 'Es tut schon sehr weh, wenn man nach Hause kommt und einen der Sohn fragt: Papa, warum hat die Regierung Microsoft verklagt?'", so der Microsoft-Manager Anthony Bay. „Ballmer erkannte den Schaden: 'Wir waren nun in der Situation, dass viele Menschen unser Unternehmen in Frage stellten; ob es ein moralisches Unternehmen ist, ein sauberes Unternehmen, ein respektables Unternehmen [...], die Anzahl der Menschen, die von dem Unternehmen und von den Produkten begeistert sind, die sie weiterempfehlen oder kaufen würden, hat eindeutig einen Einbruch erlitten. Das ist kein schwerer Schlag, aber es ist eindeutig erkennbar.'" Ballmer war wie Sancho Pansa, der die praktische Seite von Don Quichotte bearbeitete. Ballmer verfolgte die Breaking-Windows-Strategie später nur um so intensiver.

Da die Monopolpolizei, die Konkurrenz und mehr als nur ein paar Kunden den napoleongleichen Bill Gates vor mehreren Gerichten und dem Gerichtshof der öffentlichen Meinung mit Fäusten traktierten, brauchte er eindeutig Hilfe. Gates konnte sich auf einen Ausspruch Napoleons berufen: „Vier feindlich gesinnte Zeitungen sind mehr zu fürchten als tausend Bajonette." Gates verbrachte im Geiste immer weniger Zeit in Redmond. Seine Aufmerksamkeit wurde von anderen Dingen abgelenkt, zum Beispiel Zeugenaussagen vor dem Kongress. Wie schon in den 18 Jahren davor wandte er sich an Steve Ballmer, seinen Chauvin, seinen General Grant, der die Dinge managen sollte. Unabhängig von seinem offiziellen Titel war Ballmer seit Paul Allens Ausscheiden 1983 die Nummer zwei bei Microsoft. Oder, wie der Autor Mark Leibovich schreibt, Nummer 1,5. Gates sagte später einmal, Ballmer habe „etwa 20 Prozent" der Arbeit übernommen. In Wahrheit war es weit mehr.

Am 28. Juli 1998 überging der Vorstand Ballmers ausgesproche Verachtung für Janet Reno und die Ansicht einiger Vorstände, er sei wie ein entsicherter Revolver; der Vorstand gab ihm das, wovon einige sagen, Gates habe es ihm versprochen, damit er nach Beas Tod bleiben würde: die Präsidentschaft über das Unternehmen. Bea Ballmer wäre stolz gewesen. Laut dem Vorstandsmitglied Jon Shirley hatte Gates für Ballmers Beförderung den Weg geebnet, indem er sicher stellte, dass alle ihm unterstellten Führungskräfte mit dem Arrangement zufrieden sein konnten und indem er den Vorstand davon überzeugte, dass er sein Verhalten ändern könne. Die Vizepräsidentschaft über die weltweite Verkaufs- und Marketingabteilung gab Ballmer an seinen langjährigen Adjutanten Jeff Raikes ab.

Insgesamt wuchs der Umsatz zwar immer noch, aber Ballmer bemerkte die einfache Tatsache, dass der amerikanische Markt so langsam gesättigt war. Er musste seine Energie auf die Auslandsmärkte richten. Inzwischen erzielte Microsoft mehr als 50 Prozent seines Umsatzes außerhalb der Vereinigten Staaten. Zwei Monate des Jahres verbrachte Ballmer von Connie und seinen Söhnen getrennt (sie hatte Sam zwei Brüder geschenkt, Peter und Aaron) und überprüfte die weltweiten Microsoft-Dependancen. Laut dem Wall Street Journal behauptete Ballmer, er habe auf einer Europareise zur Überprüfung der Verkaufsabteilungen in den 168 Stunden seines Aufenthaltes 130 Arbeitsstunden absolviert. Als Präsident von Microsoft führte Ballmer das Unternehmen, während Gates die Antitrust-Verteidigung führte. Ballmer war seiner Aufgabe gewachsen. Wie jeder gute General verschaffte er sich einen Überblick darüber, womit er arbeiten konnte und begab sich dann an die Front, um in den vordersten Linien seine Truppen zu mustern. Sofort machte er einen Terminplan für Vier-Augen-Gespräche mit den Top-100 der mittlerweile 35.000 Microsoft-Mitarbeiter und fragte sie, was sie an dem Unternehmen schlecht fänden und was man ändern könnte. Zur gleichen Zeit, als Ballmer Präsident wurde, erschien Windows 98. In der Öffentlichkeit sagte Ballmer zwar immer, Windows 98 sei „großartig", aber intern hieß es über die Vorteile von Windows 98 gegenüber Windows 95 immer nur, es sei „weniger beschissen". Die exkrementalen Eigenschaften von Windows 98 wurden bald innerhalb wie außerhalb des Unternehmens zum Gesprächsthema.

Eines Abends trank ich etwas mit einem ehemaligen Microsoft-Programmierer auf seinem Segelboot im Yachthafen der Shilshole Bay bei Seattle. Er war, wie er sich selbst ausdrückte „voll mit Aktien versorgt und frei". Während er herumkramte, stieß er auf eine Windows-95-Diskette, lachte und warf sie über Bord. Als die Diskette wieder auftauchte und über Wasser blieb, schaute er mich an und sagte mit ausdruckslosem Gesicht: „Scheiße schwimmt oben." Dann sagte er: „An Windows haben mehr als 3.000 Programmierer gearbeitet. Können Sie sich vorstellen, wie ein Roman aussehen würde, an dem 3.000 Autoren geschrieben haben?" Ein wohlhabender ehemaliger Microsoft-Manager spinnt diesen Gedanken fort: „Stellen Sie sich vor, 3.000 Schriftsteller würden an einem Buch arbeiten. Stellen Sie sich weiter vor, der eine wäre für die Punkte zuständig, ein anderer für die Kommas, wieder ein anderer für die Doppelpunkte, einer für die Kapitelüberschriften, einer für die ersten Sätze, einer für die letzten Sätze, einer für alle 'und', einer für alle 'der' und endlos so weiter. Dann stellen Sie sich das über 15 Jahre hinweg vor. Das Interessante an der Geschichte ist nicht, dass Windows so schwerfällig ist, sondern es ist ein eindeutiges Wunder, dass es überhaupt funktioniert." In der Tat, Ballmer blickte auf das, was ihm vererbt wurde, und war entsetzt. Bis kurz vor der Veröffentlichung waren Windows 2000 und das Schwestersystem

Windows ME (Millenium Edition) wie ein selbst aufblasendes Schlauch-boot auf mehr als 40 Millionen Zeilen Programmcode angeschwollen. Er befahl dies zurechtzustutzen. Als Windows ME erschien, bestand es aus rund 29 Millionen Programmzeilen. Der stichelfreudige Scott McNealy nannte es „Windows More Errors" [mehr Fehler]. Windows war das Baby von Bill Gates, der Schrein, vor dem die Microsoftianer gelernt hatten, in die Knie zu gehen, der Grund, aus dem die Sonne in Redmond jeden Morgen aufging. Ballmer jedoch verstand, dass Windows irgendwie passé war. Er musste das Unternehmen neu ausrichten. Er erkannte, dass Mi-crosofts Zukunft im „tolel internbet" lag. Er investierte seine Energien in die Entwicklung seiner internetbasierten Strategie namens .Net.

In dem folgenden internen Kampf .Net gegen Windows zerfielen die Mi-crosoftianer in zwei Lager: „Bill-Typen" und „Steve-Typen". Wie der Autor David Bank in Breaking Windows berichtete: „Ähnlich wie Gates sind die Bill-Typen scharf darauf, alles ohne Abstriche umzusetzen. Und wie Ball-mer glauben die Steve-Typen, sie müssten gnadenlos Prioritäten setzen und das Unwesentliche opfern. Bill-Typen glauben, der Sieg hänge vor allem von der Strategie ab. Steve-Typen verlassen sich mehr auf die kon-krete Umsetzung. Gates' Lieblinge neigen zum technischen Absolutismus. Die Ballmer-Anhänger sind gewitzter, was Einnahmen, Marketing und Kundenbelange angeht."
Und Ballmer bemühte sich wieder seine Truppen zu sammeln. Nicht alle Erwählten waren erfreut. Einer von ihnen, der CTO (Chief Technological Officer) Nathan Mhyrvold, beschloss, dass es Zeit für eine Pause war. Nathan, der ältere Bruder des Chefs der Developer Relations Group Cameron Mhyrvold, hatte einen Doktorgrad aus Princeton; sein Disserta-tionsthema war die Plasmaphysik gewesen, und er hatte in Cambridge bei Stephen Hawking studiert, bevor er in Berkeley eine Softwarefirma grün-dete, die 1986 von Microsoft aufgekauft wurde. Im Rahmen dieses Ge-schäfts kamen die Mhyrvold-Brüder zu Microsoft. Aber nach zwölf Jahren im Dienst von Microsoft war Nathan Mhyrvold müde geworden. Anstatt offen zu kündigen, nahm er sich ein Jahr unbezahlten Urlaub und ging sei-nem Hobby nach: Der Ausgrabung von Dinosaurierknochen. Ballmer sagte dazu: „Wenn jemand Paläontologie treiben will, dann sollte er das eben tun." Nicht wenige Microsoftianer entschieden, dass es Zeit sei zu gehen, und im Laufe eines Jahres wurde das Tröpfeln zur Flut.
Ballmer hatte den Job übernommen, bevor die Monopolpolizei des Bundes und von 20 Bundesstaaten in Washington, D. C. ein breit angelegtes Anti-

trustverfahren gegen Microsoft angestrengt hatte. Wie Ken Auletta berichtet, beschuldigte das Justizministerium Microsoft des zweifachen Gesetzesbruchs. Erstens stellte es ein Monopol dar, das Konkurrenten und manchmal auch Verbündete zu vernichten oder zu nötigen versuchte; dadurch schadete es den Verbrauchern. Zweitens hatte es versucht, sein Windows-Monopol zu bewahren und für die Erschließung neuer Märkte und deren Beherrschung auszunutzen; dadurch beeinträchtigte Microsoft den Wettbewerb. Joel Klein, der Chef der Antitrustabteilung im Justizministerium, sagte: „Was nicht toleriert werden kann – und was die Antitrustgesetze verbieten -, das ist das Sperrfeuer illegaler und wettbewerbswidriger Praktiken, das Microsoft zur Zerstörung seiner Rivalen und zur Vermeidung von Konkurrenz eingesetzt hat." In den vorangegangenen Verhandlungen hatte es Ballmer geschafft, eine Aussage zu umgehen; das war Gates' Job. Aber er wusste, dass er als Präsident vor der Monopolpolizei unter Eid würde aussagen müssen, was geschehen war. Überraschenderweise fand sich unter den Millionen von Seiten, die das Justizministerium für die Beweisaufnahme vorliegen hatte, kaum eine Notiz von Ballmer, die das Ministerium gegen das Unternehmen verwenden konnte. (In einem privaten Antitrustverfahren im Jahre 2000 sagte ein ehemaliger leitender Microsoft-Mitarbeiter aus, dass ähnlich wie im Weißen Haus von Nixon und bei Arthur Andersen im Enron-Fall die Emails nicht weniger Microsoft-Führungskräfte vernichtet worden waren.) Das Justizministerium beklagte sich bereits über das „erstaunlich schlechte Gedächtnis" der Microsoft-Manager, die ihre Aussagen zu Protokoll gaben. Ballmer reagierte auf seine bevorstehende Vernehmung mit Humor. Als der Technik-Autor Steve Hamm ihn fragte, was er auszusagen gedenke, sagte er, dass er sich an den Sergeanten Schultz aus der 60er-Jahre Fernsehserie Hogan's Heroes halten wolle; und er sagte mit künstlichem deutschen Akzent: „Ich sehe nichts! Ich weiß nichts!."

Der gut entwickelte Sinn für Humor des umgänglichen Ballmer ist einer der Gründe, weshalb viele seiner Untergebenen und selbst einige seiner Kritiker auch Gutes über ihn zu sagen haben. Irgendwann in den 80er-Jahren ließen viele Microsoftianer Dampf ab, indem sie Schaumstoffbälle herumwarfen, und zwar in einem Ausmaß, dass laut der Bemerkung eines Beobachters die Flure so aussahen, als habe es eine Invasion von Tribbles (Wesen aus der TV-Serie Star Trek) gegeben. Ballmer stampfte mit dem Fuß auf und verbannte die Bälle, bevor er zu einer Dienstreise aufbrach. Während seiner Abwesenheit zogen die Tribble-Verteidiger eine Trennwand ein paar Zentimeter vor der Glaswand von Ballmers Büro hoch und füllten sie mit Schaumstoffbällen. Als Ballmer zurückkam und dieses Schaufenster sah, ließ er etwas ertönen, das die Zuhörer als das lauteste Lachen bezeichnen, das sie je gehört hatten. Im November 1988 schwamm er auf eine Wette hin quer durch einen der künstlichen Weiher auf dem Campus. Und 1997 verulkte er zusammen mit Gates einen Werbespot von Volkswagen. Sie fuhren angeblich mit einem Ford herum, weil sich Ballmer weigerte, in einen ausländischen Wagen zu steigen. Dann nahmen sie eine Sun Microsystems Workstation vom Straßenrand mit und warfen sie bald darauf wieder hinaus, nachdem sie festgestellt hatten, dass sie stinkt (die Abteilung für Öffentlichkeitsarbeit von Microsoft war auf Anfrage nicht in der Lage, eine Kopie des Videos zu finden). Ken Wasch, leitender Direktor der Software Publishers Association, der Microsoft so lange angehörte, bis das Unternehmen feststellte, dass die SPA nicht nach ihrer Pfeife tanzte, sagt: „Ich finde Ballmer erfrischend. Ihn umgibt Freude und die Liebe zum Leben."

Manchmal jedoch gewann Ballmers geradezu bösartige Seite die Überhand. Als er herausfand, dass Pacific Bell einen Handel geschlossen hatte, den rivalisierenden Browser von Netscape zu vertreiben anstatt den von Microsoft, schrie er David Dorman, den CEO von Pacific Bell, an: „Sie sind entweder Freund oder Feind, und jetzt sind Sie der Feind!" So wie man einen Schläger auf dem Spielfeld behandelt, so trat Dorman Ballmer gegenüber und wies ihn zurecht; er erinnerte ihn daran, dass Pacific Bell mehr als 34.000 Computer mit Windows in Betrieb hatte. Ballmer gab nach. Etwa zur gleichen Zeit nahm eine vorübergehende Microsoft-Mitarbeiterin im Pausenraum einen Snack ein, als, wie sie mir sagte, „dieser große Kerl hereinkam, der sich wie ein Verrückter benahm. Er schmiss Pfannen herum, weil er nicht fand, was er suchte. Es war beängstigend. Der Typ war gestört. Ich war drauf und dran, den Sicherheitsdienst zu rufen, da sagte mir jemand, der Kerl sei der Präsident der Gesellschaft, Steve Ballmer." Die Mitarbeiterin hatte allerdings immer noch mehr Glück als der fest Angestellte, in dessen Büro Ballmer hineinstürzte und rief: „Sie verfluchter Idiot! Wie konnten Sie eine dermaßen beschissene Entscheidung treffen? Was zum Teufel haben Sie sich dabei eigentlich gedacht?" Der Mitarbeiter kündigte und gründete eine erfolgreiche Website. In dem Schlafmittel, das sich die offizielle Microsoft-Story nennt und den Titel Microsoft: Inside and Out trägt, wird Jeff Raikes mit der Erklärung zitiert, Ballmer rufe manchmal „Wie konnten Sie so-und-so-eine Entscheidung treffen", weil er seine Angestellten mag.

Drei Monate nach Beginn von Ballmers Präsidentschaft, am 19. Oktober 1998, begann in Washington, D. C., das Kartellverfahren. In der Bestsellerliste von Business Week kamen im Jahre 2001 zwei Bücher über den Prozess unter die ersten Zehn: World War 3.0 von Ken Auletta und Pride Before the Fall von John Heilemann; in beiden Büchern wird ausführlich und Schlag auf Schlag dargestellt, wie Microsoft seinen Plan, Richter Jackson zu reizen, erfolgreich ausführte, auch wenn keiner der Autoren diese Strategie ausdrücklich erwähnt. Welche Auswirkungen hatte der Prozess auf Steve Ballmer? Und was genauso wichtig ist: Welche Auswirkungen hatte Steve Ballmer auf den Prozess?

Ballmers Ausruf „zur Hölle mit Janet Reno" kam sicherlich weder bei der Monopolpolizei noch bei Richter Jackson gut an, auch wenn es sich auf dem Campus ganz gut machte. Ein Microsoftianer dazu: „Viele von uns dachten genau das, was Steve ausgesprochen hatte. Nach dem Waco-Debakel und besonders nach den Ruby Ridge-Morden war Frau Reno in Seattle nicht gerade sehr beliebt. Die meisten von uns wollten einfach nur coolen Code schreiben. Dann kam die Anweisung, man solle darauf achten, was man in seinen Emails schrieb, man solle darauf achten, was man gegenüber der Presse sagte, und man solle alle Pressekontakte zuerst mit der PR-Abteilung klären. Die Politik des Unternehmens bestand darin, den Prozess als 'weißes Rauschen' zu betrachten." Und doch waren die Microsoftianer wegen des Vefahrens sehr besorgt, und ein nicht unerheblicher Teil des Informationsaustauschs entfiel auf dieses Thema. Wie der Windows-95-Blitzkrieg belegt, ist die Werbemaschinerie eine der Stärken von Microsoft. Ken Auletta berichtete jedoch: „Für ein bekanntes, mächtiges Unternehmen, das mitten in einem lebensbedrohenden Gerichtsverfahren steckte, zeigte sich Microsoft im Umgang mit Reportern teilweise erstaunlich ungeschickt. Bill Gates oder Steve Ballmer lehnten es beispielsweise ab, mit bestimmten Journalisten zu sprechen, die als kritisch galten (im Gegensatz zu eingeschworenen Feinden)." Auletta merkt an, dass Microsoft über Journalisten Dossiers anlegte, die „mit FBI-Akten vergleichbar" waren. Auletta kam an eine Kopie seiner Akte heran. Er sagte mir: „Beim Lesen des Dossiers, das Microsoft über mich zusammengestellt hatte, hatte ich das Gefühl, dass es insofern zahlreichen FBI-Akten ähnelte, als es voll von Klatsch und Gerüchten war. Ich hatte nicht den Eindruck, dass es auf einer ernsthaften Ermittlung basierte, denn es war auf komische Weise falsch."

DER PROZESS

S eit dem 19. Oktober 1998, als das Antitrustverfahren vor einem Bundesgericht in Washington, D. C., begann, kann man sich Steve Ballmer
sehr gut vorstellen, wie er vor der New York Times sitzt und die Beatles-
Zeile singt: „I read the news today, oh boy" [Junge, Junge, ich habe heute
die Nachrichten gelesen]. Ballmer singt gerne Top-40-Songs, und es sah
so aus, als würde eine bewiesene Untat von Microsoft nach der anderen die
Titelseiten der Zeitungen der Welt füllen. Die Washington Post bezeichnete Microsofts rüpelhaftes Verhalten als unternehmerisches Rowdytum.

John Heilemann berichtet in seinem Buch Pride Before the Fall, dass der Microsoftianer Dan Rosen bei seiner Zeugenaussage „derart schreiende Unwahrheiten äußerte, dass [der leitende Staatsanwalt David] Boies nicht davor zurückschreckte, ihn ganz offen als Lügner zu bezeichnen." Ein weiterer Microsoft-Zeuge, Senior Vice President Bob Muglia „schwafelte derart endlos und sinnlos drauflos, dass [...] er Richter Jackson damit zur Weißglut trieb." Jackson rief: „Halt, nein nein!" und unterbrach die Verhandlung für zehn Minuten. Ein dritter Zeuge von Microsoft, der MIT-Wirtschaftswissenschaftler Richard Schmalensee, sagte: „Um die Wahrheit zu sagen – die interne Buchhaltung von Microsoft ist nicht immer so hoch entwickelt, wie man es von einem derart erfolgreichen Unternehmen erwarten könnte. Die Verkäufe von Betriebssystemen werden von Hand auf Papier erfasst."

Als das Kartellverfahren eröffnet wurde, schätzten Beobachter, dass es etwa sechs Wochen dauern würde. Die Verschleppungstaktik von Microsoft jedoch – jeden Punkt zu bestreiten und nicht einmal zuzugeben, dass man ein gutes Monopol innehabe – dehnte den Prozess über ein Jahr. Viele Zeugen für Microsoft traten in Gates' Fußstapfen, sie schienen selbst einfache Fragen absichtlich durcheinander zu bringen. In einem Wortwechsel mit David Boies wurde Gates gefragt, ob er in den Kopf einer Email „Wichtigkeit: hoch" getippt habe. „Nein", antwortete Gates.

„Nein?"

„Ich habe das nicht getippt."

„Wer dann?"

„Ein Computer."

„Ein Computer. Warum hat er dann 'hoch' eingegeben?"

„Das ist ein Attribut der Email."

„Und wer setzt die Attribute einer Email?"

„Normalerweise setzt der Absender dieses Attribut."

„Und wer ist hier der Absender, Herr Gates?"

„In diesem Fall bin das wohl ich."

„Ja. Und somit sind Sie auch derjenige, der den hohen Wichtigkeitsgrad eingestellt hat, oder etwa nicht?"

„Es sieht so aus."

In dem Jahr der Verhandlung gab es nur einen bedeutenden Punkt, in dem Microsoft gewann: Richter Jackson befand, dass sich Microsoft nicht eines „Exklusivgeschäfts" schuldig gemacht habe, weil der Netscape-Browser immer noch verfügbar war. Ken Auletta schrieb: „Es war so, als hätte Microsoft, das im neunten Inning 20 zu null zurücklag, einen Pitcher auf das

Feld geschickt, der einen Homerun erzielte."

Ähnlich wie es der Kollege Bundesrichter Harold Greene 19 Jahre zuvor im gleichen Gericht im Antitrustverfahren gegen AT & T getan hatte, versuchte Jackson wiederholt, die Parteien zu einer Einigung zu bewegen; schließlich benannte er Richard Posner als Vermittler, der dieses Ziel anstreben sollte. Personen, die die Vergleichsverhandlungen miterlebt haben, sagten, sie seien eine weitere Verschleppungstaktik gewesen und Microsoft habe sie genutzt, um auszuspüren, welches Beweismaterial die Regierung gegen das Unternehmen in der Hand hatte. In Seattle musste Ballmer mit den Nebenwirkungen des Prozesses zurechtkommen. Der personelle Aderlass setzte sich fort. Es heißt beispielsweise, Cameron Mhyrvold, der auch für Microsoft ausgesagt hatte, sei in einem Zug aus dem Zeugenstand, aus dem Gerichtssaal und aus dem Unternehmen getreten. Mhyrvold ging zusammen mit einigen anderen Microsoftianern zu der Ignition Corporation, einem Venture-Capital-Unternehmen in Belleview, Washington; ein Computermanager spricht vom „Burschenverein der Ex-Microsoft-Milliardäre".

In den breit angelegten Prozess gegen Microsoft hatte das Justizministerium auch Scott McNealys Vorwurf aufgenommen, Microsoft habe Java so abgewandelt, dass die Microsoft-Version nur unter Windows funktionierte und somit das Konzept „einmal geschrieben, überall lauffähig" zunichte gemacht. Eine interne Mitteilung zeigt, dass eine einflussreiche Gruppe innerhalb von Microsoft „die plattformübergreifende Natur [von Java für] eine Krankheit für Microsoft" hielt. Zwei leitende Sun-Mitarbeiter sagten in dem Verfahren aus. Aber es stellte sich die Frage, wo der sonst so mitteilungsfreudige McNealy war. Als die Verhandlung in die Phase trat, wo es um Maßnahmen ging – was man tun konnte, um Microsofts ungesetzliches Verhalten zu beenden –, setzten viele Vertreter aus dem Silicon Valley die berühmte Geschichte von dem einsamen Cowboy in die Tat um, der Tonto seinen Angriffsplan erklärt und von seinem Kumpanen nur die Antwort bekommt: „Was meinst du eigentlich mit 'wir'?" Eine Aussage gegen Microsoft könnte den Zorn des schlafenden Riesen wecken (der politische Karikaturist der Los Angeles Times Jeff Danziger zeichnete einen Anwalt, der in einem Büro des Justizministeriums sitzt und sagt: „Mein Klient ist bereit, gegen Microsoft auszusagen, wenn Sie ihn in das Zeugenschutzprogramm aufnehmen"). Aber für Scott McNealy, der einen Sohn namens Maverick hat, sollte eine große Bühne bereitet werden, auf der er im wahrsten Sinne des Wortes gegen das Reich des Bösen, die Bestie aus Redmond, wie er es nannte, antreten konnte. McNealy konnte auftreten wie

Gary Cooper in Zwölf Uhr mittags oder wie Luke Skywalker in Krieg der Sterne. Schließlich spielte er nicht nur Komödie für die Kunden oder schnitt Grimassen für die Presse, sondern der Junge aus Cranbrook mit dem losen Mundwerk sollte vor Gericht seinen großen Tag gegen das Unternehmen bekommen, das von seinem Rivalen aus der Vorbereitungsschule geleitet wurde. Und es sollte auf der größten Medienbühne stattfinden, die man sich vorstellen kann. Er konnte so viel Einfluss ausüben wie noch nie. McNealy steckte seine rechtlichen Pistolen in das Halfter, baute sich in seiner vollen Größe von 1,88 m auf und stand da; er blickte auf die Schießerei in der Microsoft-ist-nicht-in-Ordnung-Wagenburg, saugte das Lied aus Anwaltsland tief in sich auf, suchte mit den Augen die Gerichts-Schlucht ab, schaute dem raubtiergleichen Monopolisten gerade ins Auge – und zwinkerte. Anstatt nun seinen Gang zu gehen, nachdem er die rechte Sprache gesprochen hatte, scheute er nun vor lauter Scheu. McNealy zog den Schwanz ein.

„Wovon zum Teufel reden Sie da!" schrie Mike Morris, der Chefanwalt von Sun, McNealy an, als er die ungewohnte Ruhe seines Klienten sah. „Wir haben das 100.000-mal durchgekaut, unsere Position ist öffentlich bekannt." Ein Beobachter erzählte John Heilemann: „Scott hatte ein kleines Offenbarungserlebnis. Microsoft ist heute das Betriebssystemunternehmen Nummer eins, und Sun ist die klare Nummer zwei. Wenn Microsoft in drei Betriebssystemgesellschaften zerfällt, fällt Sun sofort auf den vierten Rang zurück. Und wenn Microsoft in sieben Gesellschaften aufgeteilt wird, um Himmels willen, dann fällt Sun auf Rang sieben. Je mehr McNealy darüber nachdachte, desto besser gefiel ihm der Gedanke, Microsoft in einem Stück zu lassen."

Während des einjährigen Ringens spielte das Justizministerium Auszüge aus der 20-stündigen auf Video gebannten Aussage vor, die Bill Gates in Redmond gemacht hatte. Sie werden sich erinnern, dass Gates in vielen anderen Microsoft-Prozessen gerne in den Zeugenstand getreten war, unter anderem gegen Stac Electronics und Seattle Computer Products. In Washington trat er nicht in den Zeugenstand. Warum? Ein Anwalt mit Sitz in San Francisco, der zusammen mit Gates und Ballmer in Harvard studiert und sich auf Unternehmensrecht spezialisiert hat: „Gates ist das, was wir Anwälte als 'schlechten Mandanten' bezeichnen. Wir verwenden die Bezeichnung 'schlechter Mandant' (wenn es nicht einfach heißen soll, dass jemand nicht bezahlt) für Mandanten, die sich nicht vorbereiten lassen, die die Ratschläge des Anwalts nicht befolgen und die sich für schlauer als die Anwälte beider Parteien zusammen halten; für jemanden, der nicht den mindesten Respekt vor dem Gegner oder vor dem Vermögen des Gegners hat, ihn schlecht aussehen zu lassen. Von außen betrachtet sah Gates aus wie ein schlechter Mandant.

Ich kann mir nur schwer vorstellen, dass die Anwälte von Microsoft Gates dazu geraten haben sollen, derart schlechte Video-Aussagen anzubieten. Es könnte natürlich auch sein, dass Gates' Anwälte die Sache vermasselt haben, weil David Boies sie komplett überraschte. Boies ist ein phänomenaler Anwalt, und was die Intelligenz betrifft, so ist er Gates Stück für Stück ebenbürtig oder ihm sogar überlegen." Der Anwalt weiter: „Ein schlecher Mandant in diesem Sinne birgt in einem Gerichtsverfahren immense Risiken, denn ein guter Anwalt auf der Gegenseite kann das übertriebene Selbstvertrauen (und die mangelnde Vorbereitung) ausnutzen und ihn zu belastenden Geständnissen verleiten oder [wie es Boies mit Gates tat] ihn ausweichend und unglaubwürdig erscheinen lassen. Wenn man nicht sicher sein kann, was ein schlechter Mandant tun oder sagen wird, dann ist es oft besser, man strebt einen Vergleich an."

Der Washington Post gegenüber maulte Gates später, die Regierung habe ihn nicht einmal als Zeugen geladen. „Warum", so der gleiche Anwalt, „sollte die Regierung Gates als Zeugen aufrufen? Er hätte es nur besser machen können als in der Videoaussage. Die Aussage einer Partei kann in einem Prozess beliebig verwendet werden, also tat die Regierung das Richtige, indem sie die peinlichsten und belastendsten Auszüge verwendete. Selbstverständlich hätte Microsoft ihn als Zeuge aufrufen können. Dass die Anwälte es nicht getan haben, lässt mich vermuten, dass sie entweder fürchteten, was dann geschehen könnte, oder dass sie dem Vorwurf der Regierung nicht dadurch Glaubwürdigkeit verleihen wollten, dass sie das größte Tier aufriefen; oder dass sie es deshalb nicht getan haben, weil sie sich dann nicht so einfach über den Ausgang hätten beklagen können – oder es war alles zusammen."

Während Richter Jackson über den Fall nachdachte, flog Steve Ballmer mit seiner Familie nach Boston, um das 25 Millionen US-Dollar teure Maxwell Dworkin Computer Center einzuweihen, das er und Gates Harvard gestiftet hatten. Er machte einen Zwischenstopp in Detroit, um Tante Olga und Onkel Irving Dworkin sowie zwei Cousins mitzunehmen. Fred Ballmer war zu krank, um mitzufliegen. Gates schickte seinen Vater als Vertretung, vermutlich weil er sich auf den Prozess konzentrierte. Olga Dworkin: „Steve und Bill befassen sich mit einer Sache und gehen dann zur nächsten über. Sie haben sich hin und her beraten, ob der Name des

Rechenzentrums mit oder ohne Bindestrich geschrieben werden sollte und kamen zu keinem Schluss. Also wird es nun ohne [Bindestrich] geschrieben." Olga Dworkin sagt lachend: „Steve war so sehr mit der Sache beschäftigt – als er mit Connie und den Kindern wieder nach Seattle kam, stellten sie fest, dass die Lichter im Haus nicht gingen. Sie gingen in den Keller und überprüften die Sicherungen, aber die waren alle in Ordnung. Nach ein paar Minuten kamen sie darauf, dass sie die Stromrechnung nicht bezahlt hatten."

Steve Ballmers Wohltätigkeit ist bestenfalls bescheiden. Es gibt im Gegensatz zu Gates keine Ballmer-Stiftung, und die Sprachregelung des Unternehmens besagt, dass er seine Spenden anonym tätigt. Erstaunlicherweise kann der Gilda's Club, ein landesweites Netz von Krebshilfegruppen, das nach Gilda Radner, Ballmers Cousine zweiten Grades, benannt ist, keinen Beleg über einen Beitrag von Steve Ballmer vorweisen, obwohl Olga Dworkin ehrenamtlich für die Detroiter Gruppe arbeitet. Ballmer sagte gegenüber Newsweek: „Bevor Bill und ich zusammen [Maxwell Dworkin] gemacht haben, habe ich ein- oder zweimal an Harvard gespendet. Aber das habe ich völlig anonym getan, weil mir so etwas unangenehm ist. Das ist einfach unfassbar. Ich habe Arbeit. Ich habe Kinder. Wir führen ein normales Leben. Die Vorstellung, herumzugehen und Geld zu verteilen... Ich tue das zwar gerne, aber mir gefallen die Nebeneffekte nicht. Andererseits haben wir beide [Bill und ich] mehr Geld als man haben sollte oder als man je ausgeben könnte." Gates greift ein: „Oder als gut wäre, an unsere Kinder weiterzugeben." Ballmer greift den Gedanken auf: „Ja, hier geht es ja nicht um eine Produktionskette. Wenn wir es ihnen geben, dann so, dass sie es erst bekommen, wenn sie steinalt sind, nicht dass sie von vornherein festgenagelt sind."

Ballmer bemüht sich, dass seine Familie ein normales Leben führt, so weit das für einen Multimilliardär möglich ist. Die Ballmers bewohnen ein vergleichsweise bescheidenes Haus, die Kinder besuchen öffentliche Schulen, sie haben keine Yacht und sie fahren Ford (Steve fährt einen roten Lincoln Continental ohne Chauffeur). Selbstverständlich gibt es in dem Haus Sicherheitssysteme und einen so genannten „Sicherheitsraum", in den sie im Falle einer Bedrohung flüchten können.

Wie große Mühe sich Ballmer (und in geringerem Maße Gates) auch geben mochte, trotz der Milliarden ein normales Leben zu führen – zwei Wochen nach der Einweihung des Maxwell-Dworkin-Gebäudes wurde es erschüttert. Am 5. November 1999 tat Richter Jackson einen ungewöhnlichen Schachzug: Er verkündete seine 207 Seiten und 421 Absätze umfassende stichhaltige Beweisaufnahme. Jackson hoffte, beide Parteien würden daraus auf sein potenzielles Urteil schließen und sich um eine Einigung bemühen. Microsoft verlor, Microsoft verlor schwer, und zwar in praktisch allen Punkten (die Beweisaufnahme, die Aussage von Bill Gates sowie zahlreiche weitere Verhandlungsdokumente und Beweisstücke findet man im Internet unter microsoft.com oder beim Justizministerium unter doj-.gov). Später einmal sagte Ballmer, er habe sich in den Tagen nach der Veröffentlichung „wie im Belagerungszustand" gefühlt. Kein Wunder.

Jackson schrieb: „Hauptsächlich deuten drei Faktoren darauf hin, dass Microsoft monopolistische Macht genießt. Erstens ist Microsofts Anteil am Markt für Intel-kompatible PC-Betriebssysteme extrem groß [95 Prozent]. [...] Zweitens ist dieser beherrschende Marktanteil durch eine hohe Eintrittsbarriere für Anwendungen geschützt. Drittens haben die Kunden hauptsächlich aufgrund dieser Barriere keine wirtschaftlich tragbare Alternative zu Windows." Jackson zählte ein ganze Latte von Beispielen für die räuberischen Praktiken von Microsoft auf. Zum Beispiel dass Microsoft den Internet Explorer verschenkte, um Netscape in die Knie zu zwingen; dass es Computerhersteller wie Dell und Compaq dazu zwang, auf den äußerst wichtigen ersten Installationsseiten Microsoft-Icons zu verwenden; dass es diesen OEMs nicht erlaubte, Computer ohne Betriebssystem beziehungsweise ohne Internetzugang anzubieten, damit die Verbraucher ihre Kaufentscheidung selbst treffen könnten anstatt gezwungen zu sein, Microsoft-Produkte zu kaufen. Jackson zitierte eine Microsoft-interne Studie, wonach Microsoft schon solide Gewinne erzielt hätte, wenn es von den Verbrauchern für das Upgrade von Windows 95 auf Windows 98 einen Preis von 49 US-Dollar verlangt hätte. Stattdessen jedoch zwang ihnen das Unternehmen den „Umsatz maximierenden Preis" von 89 US-Dollar auf, ein weiteres klares Indiz für den Monopolstatus. Ballmer, der sich vor allem mit Betriebsergebnissen befasste, interessierte sich mehr für den kurzfristigen Ablauf, er wollte den reißenden Einnahmenfluss, der durch Redmond strömte, aufrecht erhalten. Jackson stellte fest, dass ein Computerbesitzer, der mit seinem Betriebssystem glücklich war, es nicht auf einen neu gekauften Computer übertragen konnte. Man konnte keinen neuen Computer ohne Betriebssystem kaufen. Das ist ungefähr so, als müsste man beim Kauf eines neuen CD-Players jedes Mal neue CDs kaufen. Und dann berichtete Richter Jackson die Fakten, die er darüber gefunden hatte, wie der König der Kaffestadt an Java herumbraute.

Jackson fand, dass Microsoft das System von Sun sabotiert hatte, dass „die Inkompatibilität ein beabsichtigtes Resultat der Bemühungen von Microsoft war"; er stellte fest, dass das Tool, das Entwickler benötigten, damit Java auch mit Nicht-Windows-Plattformen möglichst gut funktionierte, in einer entlegenen Ecke der Entwickler-Website von Microsoft versteckt war und in dem Inhaltsverzeichnis der Website nicht auftauchte. Jackson bemerkte, dass „ein Microsoft-Mitarbeiter dem Manager, der seine Arbeit abzunehmen hatte, schrieb: 'Man muss schon zufällig über [das erforderliche Tool] stolpern, nur dann weiß man von seiner Existenz. [...] Ich würde sagen, es ist ganz gut vergraben.'" Jackson beschrieb in Einzelheiten, wie Gates auf Intel und andere Druck ausübte, damit sie die Javaversion verwendeten, die von Microsoft dahingehend verändert worden war, dass sie nur mit Windows funktionierte; und er beschrieb noch weitere hinterhältige Methoden, die das Versprechen von Java, „einmal geschrieben, überall lauffähig", unterminierten. Eine saftige Ohrfeige.

Das Leben in Seattle sah recht trübe aus. Die feuchte Jahreszeit hatte begonnen, in der die Seattler mehr als einhundert Tage in Folge mit messbaren Niederschlägen ertragen mussten. Aber am schwersten regnete Richter Jackson und nicht Mutter Natur auf Microsofts Profitparade, wenn auch nicht sofort. Im folgenden Monat erreichte die Microsoft-Aktie ein kurzfristiges Rekordhoch von 119,75 US-Dollar. Mit 5,5 Milliarden umlaufenden Aktien betrug die Marktkapitalisierung von Microsoft somit mehr als 600 Milliarden US-Dollar; Microsoft war so viel wert, als würde jeder der sechs Milliarden Menschen, die derzeit auf der Erde leben, einen Hundertdollarschein in der Hand halten, oder so, als hätte jeder der schätzungsweise 100 Milliarden Menschen, die je auf Erden gelebt haben, sechs Dollar. Im nächsten Jahr sollten sowohl die Marktkapitalisierung als auch die Profite einen Abfahrtslauf vollführen, und Ballmer nahm zu seiner großen Ehre die herkulische Aufgabe in Angriff, diese Talfahrt zu stoppen.

Wie es ein Mitarbeiter formulierte: Steve Ballmer „mag Typen, die etwas gebacken kriegen". Er verwendet den Ausdruck Schiffer. Das Denken war gut und schön, und es war notwendig, aber jetzt waren Taten gefragt. Die Steve-„Typen" hatten begriffen, dass Microsoft, um wettbewerbsfähig zu bleiben, ein Internetprodukt brauchte, und daraus wurde das .Net-Programm. Ballmer reorganisierte das Unternehmen ein weiteres Mal und rief die Business Leadership Group ins Leben; sie bestand aus einem Dutzend Topmanagern, die sich einmal wöchentlich trafen und über die Strategie nachgrübelten. James Fallows stellte später etwas fest, das sein Freund Steve Ballmer schon seit vielen Jahren gewusst hatte. In einem Artikel für Atlantic Monthly mit dem Titel „Im Bauche des Leviathan" sagte er, das

Unternehmen wisse genau, wer seine wichtigsten Kunden seien und dass der Einnahmenstrom von den Büroanwendungen Windows und Office stammte – alles andere, sei es nun Hotmail, Flight Simulator, Slate, MSNBC, Mäuse, Keyboards, Expedia oder Encarta, ist „finanziell bedeutungslos". Microsofts Zielmarkt sind „Großorganisationen [Abkürzung: LORG, für „large-sized organizations"], die Tausende Kopien von Office oder Windows zum Stückpreis von Hunderten von Dollars pro Stück kaufen." Die Borg konzentrieren sich auf die LORGs.

Damit er sich besser auf die LORGs konzentrieren konnte, änderte Ballmer die Unternehmensstruktur in fünf Gruppen, die gemäß den Kundenbedürfnissen gegliedert waren; dies zeigte eine weitere Stärke von Microsoft: Flexibilität. Ein Microsoft-Manager sagte zu mir: „Die Menschen, die ich einstelle, müssen die Arbeit, für die ich sie engagiert habe, vielleicht nicht einmal ein halbes Jahr lang machen. Deshalb suche ich nach Breitband-Menschen, deren Kenntnisse und Fähigkeiten sowohl in die Breite als auch in die Tiefe gehen, ich suche nach Multitaskern. Es ist nicht so wichtig, wo sie studiert haben oder wie unglaublich intelligent sie sind, viel wichtiger ist, dass sie auf die Bremse treten und eine Kehrtwendung vollziehen können – und wenn ein Fertigstellungsdatum naht, müssen sie das Gaspedal voll durchtreten können."

In der Öffentlichkeit hielt Ballmer nach wie vor das Windows-Banner hoch, aber persönlich hatte er schon begriffen, dass in der Zukunft das Internet regieren würde, und nicht der Desktop. Jedoch war sein bester Freund mit einer auf Windows beruhenden Strategie verheiratet – Windows Everywhere nannte man das. Wie konnte Ballmer Gates gegenüber loyal bleiben, während er merkte, dass Gates' Vision das Unternehmen auf Kollisionskurs mit der Realität brachte? Und wie würde Ballmer damit zurechtkommen, dass Richter Jackson durchaus der Empfehlung der Regierung folgen und die Zerschlagung des geliebten Unternehmens anordnen könnte? Für den Super-Verkäufer Ballmer war die Lösung nicht schwer. Wenn sie die Vorstellung propagierten, dass die Zukunft in Internet-basierten Diensten liege und das Unternehmen in diese Richtung steuerten, wäre das, was Gates und Ballmer am meisten fürchteten – die Zerschlagung – gar nicht mehr nötig. Denn wenn ihr Monopol nicht fest war, warum sollte man es dann brechen?

Zu diesem Zweck setzte Ballmer all seine Hoffnungen und Träume sowie diejenigen der Gesellschaft auf das, was als „Dot Net" bekannt wurde. Die Software .Net sollte nicht als abgepackte Ware daherkommen, sondern als Dienstleistung, ähnlich wie Kabelfernsehen und Telefon. Ballmers Strategie bestand darin, nicht mehr Millionen von Programmzeilen auf einen Schlag zu verkaufen und es dabei zu belassen – stattdessen sollte .Net Microsoft den Kunden die Software einschließlich regelmäßiger Upgrades vermieten. Microsoft hatte den Betriebssystemstandard für PCs gesetzt, es hatte die grafische Benutzeroberfläche erobert und Netscape die Luft abgeschnürt. .Net sollte das vierte große Pferd werden, auf das Microsoft setzte, aber zum ersten Mal unter dem Nicht-Glücksspieler Ballmer. Der Öffentlichkeit wurde .Net zum ersten Mal im Juni 2000 detailliert vorgestellt.

DIE LAWINE

D er 23. September 1999, ein Donnerstag, begann wie ein normaler regnerischer Morgen in Seattle. Der Nieselregen bei einer Temperatur von zehn Grad dämpfte das Horn der Pendelfähre von Bainbridge Island, das die Ankunft um 9:10 Uhr an der Zentralstation Washington Street ankündigte; die Fähre brachte viele verspätete Arbeitsbienen zu ihren Hightech-Waben. Wolken, die aussahen wie graue und weiße Wattebäusche, bedeckten auf allen Seiten den Himmel; sie verdunkelten die Sicht auf Mount Baker im Nordosten, Mount Olympus im Westen und Mount Rainier

im Süden. An diesem Morgen stellte Mike Mailway, der Klatschkolumnist des Seattle Post-Intelligencer, die Frage: „Kann ein Jodler tatsächlich eine Lawine auslösen?" Seine Antwort darauf: „Unmöglich ist das nicht."
Fünf Häuserblocks oberhalb des Fährterminals hatte Ballmer im Smaragd-Ballsaal eines Luxushotels soeben eine Rede mit dem Thema „Technologie im neuen Jahrtausend" beendet. Das Magazin Forbes hatte an diesem Morgen eine Liste der 400 wohlhabendsten Amerikaner veröffentlicht, und Ballmer war die Nummmer vier mit einer Nettosumme von rund 21 Milliarden US-Dollar (vor ihm waren Bill Gates, Paul Allen und der Vorstandsvorsitzende von Oracle, Larry Ellison; obwohl Ballmer der viertreichste Amerikaner war, war er der drittreichste Bewohner seines Landes. Und da Gates, Allen und Ellison das College abgebrochen hatten, war er der wohlhabendste Amerikaner mit College-Abschluss). Ballmer konterte die Fragen der versammelten Schreiberlinge. Die Einkommen wurden über das Investor Broadcast Network ausgestrahlt. Ein Journalist fragte, ob es in der Computerbranche Storys gäbe, über die zu wenig berichtet würde. Mit seiner donnernden Stimme brüllte Ballmer: „Die Tech-Aktien sind dermaßen überwertet, es ist absurd! Und ich würde auch die Aktie unseres Unternehmens in diese Kategorie einordnen." Auf diesen Donnerstag fiel auch die herbstliche Tag- und Nachtgleiche, der Herbstanfang. Nicht nur die Tage wurden kürzer, Ballmers Worte markierten den Anfang eines weiteren Rückgangs.

2894 Meilen weiter östlich war es im Herzen des Finanzviertels von New York ein schöner Tag: klar und sonnig, 22 Grad und kaum ein Luftzug. Die Mittagsfähre von Staten Island befand sich auf halbem Weg zum Whitehall Terminal in Lower Manhattan. Fünf Häuserblocks von dem Terminal entfernt tendierte der NASDAQ-Index nach einem schwachen Start nach oben. Die Börse war 1971 geschaffen worden, als Ballmer Schüler in Country Day war und den Mathematikunterricht am College besuchte. Zwei Wochen davor hatte der Index, vor allem von Tech-Aktien angetrieben, einen Rekord-Höchststand von 2.887 Punkten erreicht. Der Dow Jones Industrial Average stand bei 10.512 und hatte seit Januar 15 Prozent zugelegt. Ballmers Bemerkung schoss durch den Cyberspace und befiel die Wall Street wie ein Technologiewerte-Virus.

Die NASDAQ wechselte abrupt die Richtung. Das Handelsvolumen nahm zu. Der Absacker griff auf den Dow Jones über. Auf die Aufforderung hin, er solle sich deutlicher erklären, wiederholte Ballmer seine Worte und fügte hinzu: „Ich liebe unser Unternehmen und verkaufe meine Aktien nicht." (In mehr als 20 Jahren hatte Ballmer von seinen 240 Millionen

Aktien nicht einmal 200.000 Stück verkauft.) Der Markt tauchte weiter ab. Bis zum Ende des Handelstages verlor der NASDAQ-Index 108 Punkte beziehungsweise vier Prozent. Die Microsoft-Aktie gab fast fünf US-Dollar ab. Der Dow Jones verlor 205 Punkte oder zwei Prozent. Die asiatischen Börsen folgten nach: In Japan fiel der Nikkei um drei Prozent, Hongkong rutschte um zwei Prozent nach unten.

Als die Börsen am Freitag schlossen, war der Dow Jones um 524 Punkte gefallen, der bis dahin schwerste Wochenverlust nach Punkten, den es je gegeben hatte. 280 davon gingen verloren, nachdem Ballmer gesprochen hatte. Er selbst verlor 1,17 Milliarden US-Dollar, und Microsoft als Ganzes schrumpfte um 28 Milliarden. Da 40 Prozent der Aktionäre von Microsoft in der Region Seattle leben, ging das Vermögen der Rainy City innerhalb von 27 Stunden um elf Milliarden US-Dollar zurück, das sind mehr als 3.000 Dollar auf jeden Mann, jede Frau, jedes Kind und jeden Hund.

Ein Jodler kann eine Lawine auslösen, aber warum sollte er das tun?

Eine heiße Debatte über Ballmer entbrannte. Sein Einfluss auf die Märkte wurde mit demjenigen von Alan Greenspan verglichen, des Vorsitzenden des Federal Reserve Board. Ein Analyst: „Dass die Tech-Aktien überbewertet waren, sprang sofort ins Auge, aber das ist wie mit des Kaisers neuen Kleidern. Jedermann weiß es, aber niemand darf es aussprechen."

Ein anderer: „Vielleicht haben wir gerade das Platzen einer Blase vernommen. Es gibt immer ein einschneidendes Ereignis, das auslösend wirkt. Vielleicht haben wir den einzigen ehrlichen Mann gefunden." Ted Kartes, ein Geschäftsmann aus Seattle, rügte: „Für jemanden in seiner Position ist es unverantwortlich so etwas zu sagen. Jemand sollte ihn einmal zurechtweisen." Stattdessen sollte ihn der Vorstand von Microsoft vier Monate später zum Chief Executive Officer ernennen. Das wöchentlich erscheinende Finanzmagazin Barron's notierte: „Zyniker stellen sich die Frage, ob Ballmers Bemerkungen vielleicht durch die Ausgabe einer neuen Runde von Aktienbezugsrechten an das Management von Microsoft motiviert waren. Ein niedrigerer Aktienkurs macht die Bezugsrechte attraktiver."

An jenem Freitagmorgen brachte das Handelshaus Goldman Sachs die Aktie des neuen Hightech-Unternehmens NetZero zum ersten Mal auf den Markt – ein IPO (Initial Public Offering). Goldman Sachs hatte 14 Jahre davor den erfolgreichen Börsengang von Microsoft organisiert; NetZero zog weitaus weniger Kapital an als erwartet. Vanity Fair berichtete: „Die Börse öffnete wie an jedem Werktag um 9.30 Uhr, und sofort gerieten die Technologiewerte ins Straucheln. Auf der elektronischen Anzeigetafel erschien das Symbol von Cisco Systems mit einem Minus von drei Prozent; Microsoft minus ein Prozent. Es war der zweite Tag in Folge, dass der Markt sank, und schuld daran war einzig Steve Ballmer. Die Menschen waren wütend, vor allem die Menschen, die ihr Unternehmen an die Börse bringen wollten. 'Das war eine ziemlich dumme Bemerkung', so ein führender Vertreter von NetZero. 'Gerade ist er Nummer vier auf der Forbes-Liste der reichsten Menschen geworden, also was kümmert es ihn?', so ein anderer. In den Augen aller brachte Ballmer den Ruin. 'Ich verstehe nicht, was er sich dabei gedacht hat', fügte Mark Godson, der CEO von NetZero, hinzu. 'Warum hat er das gesagt?'"

Bedenken Sie Folgendes: Vielleicht waren Ballmers Worte gar nicht so zufällig wie es schien. Nachdem seine frühere Bemerkung im Wall Street Journal erschienen war, er glaube nicht, dass sein Unternehmen wirklich 180 Milliarden US-Dollar wert sei, war die Microsoft-Aktie ebenfalls gefallen; also wusste Ballmer sehr wohl um die Wirkung, die seine Worte haben konnten. Angesichts der Tatsache, dass Microsoft damals mehr als 20 Milliarden US-Dollar auf der Bank hatte, brauchte es (und braucht es) zur Geldbeschaffung nicht auf den Kapitalmarkt zurückzugreifen, wohingegen seine tatsächlichen und potenziellen Mitbewerber dies tun müssen. Dadurch dass die finanzielle Ebbe alle Tech-Boote ein wenig absinken ließ, erschwerte Ballmer den Konkurrenten die Beschaffung von Munition für ihre Kämpfe um Marktanteile. Brillant. Skrupellos, aber brillant.

Während der Kartellprozess in Washington, D. C., langsam voranschritt, näherte sich ein anderes Verfahren vor einem anderen Bundesgericht in dem anderen Washington seinem Abschluss. Im Jahre 1992 hatten sieben vorübergehend angestellte Mitarbeiter Microsoft mit dem Vorwurf verklagt, das Unternehmen habe sie nur deshalb befristet beschäftigt, weil es dann nicht die vollen Kosten zu tragen hatte. Ballmer war an der Einführung der befristeten Arbeitsverhältnisse entscheidend beteiligt gewesen; er reagierte damit auf eine Entscheidung der Steuerbehörde IRS, wonach viele Selbstständige, die im Auftrag von Microsoft arbeiteten, de facto Beschäftigte waren. Die Befristeten beklagten in dem Verfahren auch, dass das Unternehmen sie nicht an dem Aktien-Bezugsplan für Angestellte teilhaben ließ. Bei Microsoft war es nicht ungewöhnlich, dass befristet Angestellte jahrelang dort arbeiteten, weshalb sich viele fragten, was das Wort befristet eigentlich bedeuten sollte. Und aufgrund dieser Praxis wurde der Begriff permatemp [aus permanent für ständig oder fest angestellt und temporary für vorübergehend oder befristet angestellt] geprägt.

Bei Microsoft gab es seit dem Eintritt Ballmers in das Unternehmen im Jahre 1980 zwei Klassen von Beschäftigten. Und in Harvard, wo Ballmer dem Kuratorium angehörte, bekamen viele der unteren Beschäftigten ein Gehalt, das nicht zum Leben reichte; ein paar Jahre später kam es dann in Harvard auch zu einem Streik. Etwa jeder dritte Mitarbeiter von Microsoft war ein Permatemp, und zwar größtenteils über Zeitarbeitsfirmen. Als sich der Prozess seinem Ende näherte, fand Microsoft wieder einmal einen einzigartigen Weg, noch einen Angehörigen der Bundesjustizbehörden zu verärgern.

Im Juli 1999 war der vorsitzende Richter des Permatemp-Prozesses in Seattle, John Coughenour, bass erstaunt, als er in der Seattle Times las, dass Microsoft die Zeitverträge mit seinen Mitarbeitern abgeändert hatte: Die Beschäftigten mussten entweder auf die potenziellen Gewinne aus dem Prozess verzichten oder ihr Beschäftigungsverhältnis beenden. Richter Coughenour lud den üblichen Verdächtigen in den Gerichtssaal und fragte, auf welcher Stufe der Microsoft-Unternehmenshierarchie die neuen Vertragsbedingungen genehmigt wurden. Bevor Jim Oswald, der Anwalt von Microsoft, den Mund aufmachen konnte, sagte Coughenour: „Bevor Sie antworten, möchte ich Sie darauf hinweisen, dass hier das fünfte Amendment [Selbstanzeige] anwendbar sein könnte." Oswald sagte, dies beziehe sich ja nur auf künftige Urteile, nicht auf bereits verkündete. Das war die falsche Antwort und verärgerte Coughenour noch mehr. Er sagte: „Ich dachte, ich bekäme von Ihnen zu hören, dass dies jemand ohne rechtliche Beratung getan habe und dass man nach einer rechtlichen Beratung festgestellt habe, man habe – vorsichtig ausgedrückt – ungeschickt gehandelt. Ich muss bekennen, dass es mir bei allen Gedanken, die ich mir dazu gemacht habe, nicht in den Sinn gekommen ist, Sie könnten sich mit dem Hinweis verteidigen wollen, dies beziehe sich nur auf Künftiges. [...] Das ist unverschämt und arrogant."

Coughenour wies Oswald wie ein begriffsstutziges Kind zurecht: „Wir stellen diese Frage etwa eine Woche zurück, damit die Anwälte die Gelegenheit haben, ihren Mandanten dazu zu bewegen, dass er das Richtige tut. Und dann werden wir das Ganze noch einmal durchsprechen, falls das Gericht der Meinung ist, es seien nicht die richtigen Maßnahmen ergriffen worden. Also gut." Er vertagte die Verhandlung. Microsoft entfernte die gesetzeswidrigen Passagen aus den Verträgen.

Im Dezember 2000 stimmten Ballmer und Co. einem Vergleich mit den Permatemps über 97 Millionen US-Dollar zu. Das Gericht hatte entschieden, dass Microsoft langfristig beschäftigte Zeitarbeiter unrechtmäßig von dem Aktienkaufprogramm ausgeschlossen habe. Laut Stephen Strong, einem der Anwälte der Permatemps, wurden zwei Ziele der Klage erreicht:

Die Vorstellung, man könne unbegrenzt befristet beschäftigt sein, wurde beseitigt, und Microsoft musste seine Vorgehensweise ändern. Einige Zeit davor hatte Microsoft begonnen, die Zeitarbeiter konsequent nur noch ein Jahr lang zu beschäftigen. Vor Beginn eines neuen Arbeitsverhältnisses musste der Mitarbeiter dann einen Monat pausieren.

In diesen Zeiten war es für Ballmer noch mehr als sonst eine große Sorge, Mitarbeiter zu bekommen und auch zu halten. Da damals Vollbeschäftigung herrschte, da es eine Flut von Hightech-Personal gab und da zahlreiche Dot.com-Startups attraktive Gehälter und das Bonbon der Aktienbezugsrechte boten – besonders leckere Bonbons, da die Gesellschaften den Börsengang häufig noch vor sich hatten -, war die Konkurrenz groß. Microsoft war ein Großunternehmen geworden; es beschäftigte fast 40.000 Menschen, und einige kamen sich recht verloren vor. Der Antitrustprozess hatte der Spontaneität einen Dämpfer versetzt, und auch wenn die Kursverluste der Aktie irgendwann wieder wettgemacht würden, verloren die Bezugsrechte ihren Wert. Nach wie vor befanden sich die Vereinigten Staaten in der längsten Wachstumsperiode ihrer Geschichte, und vielerorts erschien das Gras grüner als auf dem Campus in Redmond. Ballmer stand vor dem Problem, dass die Microsoftianer in Scharen davonliefen. Schätzungen zufolge belief sich der Aderlass auf 150 Mitarbeiter pro Woche, wozu auch die Hälfte der höheren Führungskräfte gehörte.

Als Möglichkeit, den dringenden Bedarf an qualifizierten Mitarbeitern zu decken, fand Ballmer den Import. Er befürwortete die Erhöhung der Einwanderungsquoten gemäß der so genannten Verordnung H-B1; danach richteten sich die Einwanderungsgenehmigungen für hoch spezialisierte ausländische Arbeitskräfte. Zum Beispiel spendete Ballmer im Jahre 2000 den Betrag von 5.000 US-Dollar für den Wahlkampf zur Wiederwahl von Spencer Abraham, der unter der Regierung von George W. Bush einer der US-Senatoren aus Michigan war und die Änderung der Vorschriften verfocht. Die Gegner der Ausweitung von H-B1 sagten, dies würde den Amerikanern die Arbeitsplätze wegnehmen und es würde dem Arbeitgeber eine fast vollständige Kontrolle über den Arbeitnehmer in die Hand geben; wenn er kündigte oder entlassen wurde, könnte der nunmehr ehemalige Beschäftigte sofort ausgewiesen werden.

Durch Vermittlung von Ballmer arbeitete James Fallows damals als Berater für Microsoft und versuchte, Microsoft Word zu verbessern (falls Sie jemals von Clippy genervt wurden, dem lästigen kleinen Büroklammer-Icon, das plötzlich auftaucht, während Sie in Microsoft Word einen Brief schreiben, und das Ihnen mitteilt, sie schrieben einen Brief, obwohl Sie doch sicher selbst wissen, dass Sie einen Brief schreiben – Clippy bleibt weiterhin in Word, weil es von Melinda Gates entwickelt wurde, als sie noch Melinda French hieß). Fallows stellte fest, dass „in Redmond Menschen aller Hautfarben arbeiten. Allerdings sind diejenigen Dunkelhäutigen, die im Hightech-Bereich arbeiten, fast alle Nicht-Amerikaner. Sie kommen aus Indien und Malaysia, gelegentlich auch aus Kenia oder Äthiopien. Die schwarzen Amerikaner sind in der Softwareentwicklung ungefähr so stark vertreten wie amerikanische Juden im Profi-Basketball." Clarence Page sagte mir, seiner Meinung nach gebe es im Hightech-Bereich deswegen so wenige Schwarze, weil sie normalerweise in der Highschool weniger Wert auf Mathematik und Naturwissenschaften legen.

Rahn Jackson, ein schwarzes Mitglied von Ballmers Verkaufsmannschaft, konfrontierte Ballmer bei einer Besprechung einmal mit der Tatsache, dass weniger als drei Prozent der Manager bei Microsoft Afroamerikaner sind. Jackson sagte mir: „Ballmer hörte mich an und sagte mir dann, er könne nichts dagegen tun. Und ich dachte mir, wenn er nichts dagegen tun kann, wer dann?" Jackson nahm ein besseres Angebot von Sun an und war Chefkläger in einer Fünf-Milliarden-Dollar-Gruppenklage, die ein Jahr danach angestrengt wurde. Das Los entschied zufälligerweise, dass der Prozess dem Richter Thomas Penfield Jackson zugewiesen wurde; dieser trat allerdings von dem Vorsitz zurück, nachdem er den Angeklagten mit flammenden Worten attackiert hatte. Vor dem versammelten Gericht hatte er gesagt: „Das höhere Management von Microsoft ist sich nicht zu schade, sich gegen Anschuldigungen mit falschen Zeugenaussagen und unechten Schutzbehauptungen zu verteidigen." Er sagte, er habe den Eindruck eines Unternehmens gewonnen, das „die Missachtung der Wahrheit und von gesetzlichen Regeln institutionalisiert hat, die von geringeren Firmen befolgt werden müssen." Richter Jackson hatte das Gefühl, Microsoft handle gemäß dem Ausspruch von Michael Dukakis: „Manche Menschen halten mich für arrogant, aber ich weiß, dass ich besser bin."

Was die Rassenfrage betrifft, so findet sich in Ballmers großem Körper nicht eine einzige fanatische Faser („Haben Sie auch alle gecheckt?", fragte Clarence Page). Erinnern Sie sich an das Gerücht, er habe das Country Day Stipendium für den schwarzen NBA-Star Chris Webber bezahlt. Angeblich soll er auch Bill Gates dazu gebracht haben, dass er eine Stiftung finanzierte, die ausschließlich Stipendien an viel versprechende Schwarze vergibt, die in die Welt der Computer einsteigen wollen. Man kann wohl kaum ein Basketballfan sein und keine Afroamerikaner bewundern, und Isaiah Thomas ist einer von Ballmers Helden. Zwar stoßen

Schwarze bei Microsoft irgendwann an eine gläserne Decke – ein schwarzer Amerikaner wird leichter Außenminister oder Richter am Obersten Gerichtshof als in das elitäre Business Leadership Team von Microsoft zu gelangen – aber Ballmers Verhältnis zu schwarzen Untergebenen ist das gleiche wie das von Vince Lombardi. Als einer der schwarzen Spieler von Lombardi gefragt wurde, ob der Trainer mit ihm anders umgehe als mit den weißen Spielern, antwortete er: „Lombardi behandelt uns alle gleich – wie Hunde."

Ballmers größtes Problem bestand darin, dass viele Microsoftianer schon ihre Sachen gepackt hatten und auf dem Sprung waren zu gehen, einschließlich der Hälfte der höheren Führungskräfte. Warum wollten die Microsoftianer über Bord springen? Einige der Gründe gehen aus einem ausführlichen neunseitigen Abschiedsbrief hervor, den einer dieser Angestellten, Brandon Watson (M.B.A. von Wharton), per Email an Gates, Ballmer und den Rest der Geschäftsleitung schickte. Watson fragte sich: „Ab welchem Zeitpunkt hat Microsoft im Herzen des Führungsteams die Leidenschaft, den Spaß und den Einfluss verloren? Ich wollte etwas bewegen, die Freiheit der Gedanken genießen und innovativ sein, ohne von dem Geschäftlichen eingeschränkt zu werden, wo es nur darum geht, die Bargeldkuh zu melken." Watson formulierte die Bedenken vieler frustrierter Microsoftianer, die dachten, Microsoft sorge sich mehr um die Erhaltung der installierten Basis und werde von Managern geführt, die sich weniger um die Arbeit kümmerten, die sie leisteten. Watson fragte: „Wann kommt der nächste Dschihad zur Freude unserer Kunden?" Zur Anfeuerung der Truppen wurde bei Microsoft oft in Begriffen von Dschihads gesprochen – Heiliger Islamischer Kriege. Jeff Raikes, Ballmers oberster Feldherr, sagte gegenüber Fortune: „Microsoft ist dann am besten, wenn es in einen Dschihad zieht."

Watson fuhr fort: „[...] wir werden noch viele Menschen verlieren, weil wir nicht mehr innovativ sind. Ja, es stimmt, dass Windows das Kerngeschäft von Microsoft ist, aber das Problem ist, dass es zu groß und zu chaotisch ist. Die Vertreter des Wechsels, die man anziehen beziehungsweise halten will, wollen etwas Neues, etwas Begeisterndes, und nicht etwas, das seit fünf Jahren in Arbeit ist. [...] Ich hoffe, Sie werden verstehen, dass es sehr schmerzlich und frustrierend ist, dies zu erleben, wenn man nichts anderes will als dass das Unternehmen, das man liebt, Erfolg hat."

Dann sprach Watson ein anderes Problem an, das viele Microsoftianer mit sich herumtrugen: die Beurteilungen. So ungefähr alle sechs Monate mussten die Manager alle ihnen unterstellten Mitarbeiter auf einer Skala von

eins bis fünf bewerten, wobei fünf die beste Beurteilung war (und Zwischenwerte erlaubt waren). Darauf wurde dann die gausssche Glockenkurve angewandt und den untersten zehn Prozent entweder nahegelegt, sich woanders eine Arbeit zu suchen, oder sie wurden einfach entlassen. Wenn man einem Angestellten dagegen eine gute Note gab, dann wurde er zum Objekt der Begierde von einflussreicheren Managern, die sie einem dann versuchten wegzunehmen. So ähnlich sah auch das Mitarbeiterbeurteilungssystem von General Electric aus, wo Jeff Immelt, Ballmers Bürokollege in der Zeit bei Procter & Gamble, nach dem Rücktritt des Über-Vorsitzenden Jack Welsh für den Posten hofiert wurde. Das System hatte den Fehler, dass es denen, die sich anstrengten, nicht half, sondern die Manager dazu ermunterte sie gehen zu lassen. Watson schrieb zu diesem Thema: „Wenn mir mein Manager sagt, dass jemand eine 3er-Bewertung bekommen kann, obwohl seine Arbeit 4,5 wert ist – denn er muss in die Kurve passen -, dann ist das so ziemlich das Rückständigste, Frustrierendste und Demotivierendste, das ich in meinem ganzen Leben je gehört habe."
Wie die New York Times berichtete, ist die Einstufung oder Benotung von Mitarbeitern bei Technologieunternehmen wie Cisco Systems oder Hewlett Packard durchaus üblich. Aber nachdem immer mehr Unternehmen die Normalverteilung auf die Bewertung anwendeten, wiesen die Mitarbeiter darauf hin, dass diese Methode bestimmte Gruppen von Menschen gegenüber den anderen begünstigte: weiße Männer gegenüber Schwarzen und Frauen, jüngere gegenüber älteren Managern und ausländische Mitbürger gegenüber Amerikanern. Nicht nur gegen Microsoft, sondern auch gegen Ford und Conoco wurden Gerichtsverfahren eingeleitet, die die Fairness der so genannten rank-and-yank-Methode [etwa: Schleudersitz-Bewertung] in Frage stellten.
Ballmer zeigte Cameron Mhyrvold anhand des Beurteilungssystems eine weitere Seite seines Ballmertums. Mhyrvold erzählt: „Mein Boss hatte beschlossen, dass sich unsere Entwicklergruppe auf einen einzigen Internet Service Provider (ISP) konzentrieren sollte. Als Steve das hörte, ging er glatt an die Decke. Er schrie: 'So, das ist also euer Plan? Das ist euer Plan?? Wenn das euer Plan ist, dann ist das ein 1,0-Plan. Verfolgt euren Plan und holt euch eine 1,0-Beurteilung ab.' Aber während er das sagte, grinste mich Steve die ganze Zeit von der Seite an. [Seine Verärgerung] war reine Show. Die Menschen blicken nicht hinter seine Show und hinter seine Übertreibungen."
Watson hatte zwar länger als eine Stunde mit Ballmer über die Themen gesprochen, die in seinem Brief angesprochen wurden, aber die

Besprechung hatte keine konkreten Konsequenzen. Watson sagte mir: „Meiner Meinung nach ist er jederzeit sehr zugänglich. Er ist eben nur sehr beschäftigt." Watson ist zufällig auch Afroamerikaner, aber er beteiligt sich nicht an dem Prozess wegen Rassendiskriminierung. Er sagt: „Wenn man bei Microsoft intelligent und begabt und Afroamerikaner ist, dann geht es einem gut. Diejenigen Microsoftmitarbeiter, die behaupten oder behauptet haben, es gebe Vorurteile, haben es nicht leicht, und ich fühle mit ihnen; aber was mich und meine engeren Freunde angeht, so hat sich meines Wissens die Rassenzugehörigkeit auf unsere Laufbahnen bei Microsoft nie ausgewirkt." Nicht genug damit, dass er sagte, was er für falsch hielt – Watson bot auch einen interessanten Lösungsvorschlag, wie man die Menschen im heimeligen Redmond halten konnte. „Wie erzeugt man Dschihads?", fragte er und machte einen Vorschlag. Anstatt weiter Unternehmen aufzukaufen, was Microsoft zu Hunderten tat (so manches Startup-Unternehmen träumte davon, von Microsoft gekauft zu werden), empfahl Watson Microsoft die eigene Zucht. „Wenn man (von den 35.000 vorhandenen) Menschen im Hause einfach 20 bis 30 hernehmen würde, ihnen zehn Millionen Dollar geben und sagen würde: 'Los, macht euren Traum wahr!', dann hätte man viele Probleme mit einem Schlag gelöst. Zurückzublicken ist wunderbar, weil man dann sieht, wer sich von hinten anschleicht, aber wenn man zu lange nach hinten schaut, fährt man gegen die Mauer, die man gar nicht hat kommen sehen." Leider, leider trafen Watsons Bedenken und Vorschläge auf Ohren, die das Hintergrundrauschen des Prozesses taub gemacht hatte. Er ging.

Der Schauspieler Wallace Shawn, ein Sohn des legendären Redakteurs des New Yorker William Shawn, könnte durchaus auch Microsoft gemeint haben, wenn er sich an die Worte seines Vaters erinnert: „Wenn man es sich zu gemütlich macht, dann verwandelt man die kreative Energie nach und nach in defensive Energie und ist die ganze Zeit damit beschäftigt, das Vorhandene zu bewahren." Ballmer wusste das und bemühte sich um Veränderung. Er mailte einem ehemaligen Mitarbeiter, der zu Amazon.com gegangen war: „Ich bin selbst ein Teil des Problems. Schwer zu sagen, was zu tun ist."

Natürlich sind Geistesarbeiter das Pfund, mit dem Microsoft wuchern kann. Cameron Mhyrvold: „Von Microsoft kann man lernen, wie man Mitarbeiter wirbt. Die Einstellungspolitik ist für ein Technologieunternehmen, das geistiges Eigentum produziert, das Wichtigste." Im Jahre 1992 besuchte Microsoft mehr als 130 Colleges, manche davon bis zu viermal.

Brad Silverberg dazu: „Microsofts Präsenz in den Universitäten ist eine regelrechte Maschinerie." Ballmers Adjutant Jeff Raikes sagt: „Man kann nicht schlechte Programmierer einstellen und gute Software produzieren." Ballmers Prüfungsmethode ist Legende. Bevor er John Neilson als regionalen Generaldirektor des New Yorker Microsoft-Büros einstellte, gingen Ballmer und Neilson im Central Park joggen. Ballmer wandte sich plötzlich an Neilson und fragte: „Was glauben Sie, wie viele Tankstellen gibt es in den Vereinigten Staaten?" Die nächsten 20 Minuten verbrachte Neilson damit, die Antwort auszuknobeln. Ballmer zu Business Week: „Sie müssen nicht auf die richtige Antwort kommen. Aber ich will sehen, wie sie sich durch diesen Prozess durcharbeiten. Wenn sie gut sind, verschärfe ich das Spiel."

Seit dem Erfolg von Windows 3.1 gehen monatlich um die 20.000 Bewerbungen bei Microsoft ein. Nachdem die große Mehrheit ausgesiebt ist, werden die wenigen Verbliebenen zu Bewerbungsgesprächen nach Redmond eingeladen. Zwei Personen, die damit befasst waren, sind Joe und Cathy Jo Linn. Die Linns haben beide einen Doktortitel und arbeiteten in einer militärischen Denkfabrik in Washington, D. C., als sie über das Angebot von Microsoft nachdachten. Sie freuten sich nicht gerade darauf, an das andere Ende des Landes zu ziehen, sie wollten nicht weiter als eine Meile von ihrem Arbeitsplatz entfernt und in einem Haus von bestimmter Größe wohnen und sie nahmen Karatestunden, die sie nicht aufgeben wollten. Die Microsoft-Personalbeauftragte Carrie Tibitts bot ihnen flexible Arbeitszeiten an, fand ein passendes Haus eine halbe Meile vom Campus, von dem sie ein Foto faxte, und sie besorgte ihnen sogar einen Karatelehrer. Menschen einzustellen war eine Sache, sie zu halten eine andere; und eine dritte, sie gehen zu lassen.

Im Jahre 2000 stand Ballmer vor einem anders gelagerten Problem, mit dem die wenigsten Manager je konfrontiert sind. Nach einer Schätzung der Harvard Business Review waren rund 30 Prozent der Microsoftianer Millionäre – etwa 12.000 Menschen. Wie motiviert man Millionäre? Oder, wie es Suzy Wetlaufer, eine leitende Redakteurin der Review formulierte: „Wer will schon einen Millionär managen?" (Wetlaufer wollte weder bestätigen noch dementieren, dass sie Ballmer für ihren Artikel interviewt hat, aber jedenfalls sitzt James Cash, der Verlagsleiter der Harvard Business School, im Aufsichtsrat von Microsoft. Später sollte Wetlaufer wegen einer Affäre mit dem kurz zuvor in den Ruhestand getretenen Jack Welch eine gewisse Berühmtheit erlangen – sehr zum Entsetzen von Frau Welch und einiger Mitarbeiter der Review). Wetlaufer fand heraus, dass Millionäre ein Unternehmen dazu zwingen, sehr viel kreativer und wagemutiger mit ihren Produkten und Dienstleistungen zu sein als andere. Microsoft war das nicht. Sie treiben ein Unternehmen dazu, ihre Ziele am Markt zu übertreffen. Das tat Microsoft. Und sie zwingen ihre Chefs dazu, eine produktive und gesunde Unternehmenskultur aufzubauen – ein Plan, den Ballmer seit 20 Jahren verfolgte. Sie fand heraus, dass arbeitende Millionäre „anspruchsvoll und heikel" sind, dass man aber als Arbeitgeber davon ausgehen kann, dass in einem solchen Unternehmen Mittelmäßigkeit nicht geduldet wird. Sie bemerkte, Millionäre neigten dazu, ein Erbe hinterlassen zu wollen, dass sie einen Traum aufbauen wollen, anders sein, vielleicht sogar die Welt verändern. Wetlaufer stellte fest, dass sie Freiheit brauchen: „Man kann nicht jemanden kleinkariert managen, der in jeder Hinsicht sein eigener Herr ist." Und schließlich fand sie heraus, dass es sehr wichtig ist, die richtige Strategie für den Ausstieg zu haben.

Ab diesem Punkt hätte der Rest des Artikels von Ballmer verfasst sein können. Er wusste, dass die Menschen ab einem gewissen Punkt aus ihrem Job herauswachsen – oder dass das Unternehmen irgendwann alle Möglichkeiten ausgeschöpft hat, den Job umzugestalten. Wetlaufer riet, als Manager solle man den Ausstieg „so gestalten, dass die Person ein gutes Gefühl dem Unternehmen gegenüber hat", das sie verlässt. Zum Beispiel könnte man ihr ein Urlaubsjahr anbieten – eine Taktik, die Ballmer schon seit Jahren nutzte -, oder eine Beraterstellung in Teilzeit. Eine der befragten Personen sagte mit Worten, die von Ballmer stammen könnten: „Man muss den Leuten Möglichkeiten bieten, ihre Leidenschaften auszuleben. Wenn sie gehen, behandeln die Kollegen sie als geschätzte Ehemalige – und vielleicht kommen sie dann wieder." Microsoft hat eine offizielle Ehemaligen-Organisation, in der man als früherer Microsoftianer für 130 US-Dollar Jahresbeitrag mit den anderen mittels regelmäßiger Veranstaltungen, einem Newsletter und natürlich Stellenausschreibungen in Kontakt bleiben kann, ganz so wie bei der Ehemaligenorganisation von Harvard. In der Broschüre der Microsoft-Ehemaligen-Organisation wird ernstlich gefragt: „Gibt es ein Leben nach Microsoft?" Die gleiche Frage wurde auch in Washington, D. C., gestellt.

DAS ENDE DES JAHRTAUSENDS

D as letzte Jahr des vergangenen Jahrtausends begann für Steve Ballmer erst so richtig am 13. Januar 2000, als er CEO wurde. Einige Beobachter fragten sich, ob die Ernennung von Ballmer nur ein öffentlichkeitswirksamer Schachzug war, um die Aufmerksamkeit von Richter Jacksons Beweismaterial abzulenken, aber in Wahrheit war es eine Machtverschiebung. Hemingway schrieb: „Die Welt zerbricht jeden, und danach sind viele stark an den zerbrochenen Stellen." Der Prozess hatte Bill Gates zerbrochen. Steve Ballmer wurde Gates' Stärke an den zerbrochenen Stellen.

Am Ende des Jahres und des Jahrtausends sollte Ballmer seinen Vater Fred begraben, er sollte den größten Teil der immensen Bürde tragen, das belagerte Ungeheuer von Redmond zu managen, er sollte Einigungen in einigen größeren Prozessen gegen sein Unternehmen erzielen, er sollte erleben, dass ihn Richter Thomas Penfield Jackson ins Gebet nahm und dann die Zweiteilung seines Unternehmens anordnete, er sollte seine lebenslange demokratische Einstellung über Bord werfen und die Präsidentschaft des Republikaners George W. Bush befürworten und er sollte die beiden gegensätzlichen Ehren genießen, von seinesgleichen in der gleichen Erhebung einerseits zum besten CEO Amerikas und andererseits zum zweitschlechtesten nach dem Chef von Bridgestone mit seinen geplatzten Reifen gewählt zu werden.

Als sich Ballmer am 7. Januar darauf vorbereitete, das Amt des CEO offiziell zu übernehmen, gab Microsoft bekannt, dass es sich in dem privaten Antitrustverfahren gegen Caldera, Inc. mit Sitz in Utah, das im Februar beginnen und bei dem es um eine Milliarde US-Dollar gehen sollte, mit dem Kläger geeinigt habe. Ballmer hatte bereits angekündigt, er werde in dem Prozess aussagen, aber offenbar hegte er dabei Hintergedanken. Microsoft gab bekannt, man werde im Zuge des Vergleichs eine Zahlung von drei Cents pro Aktie leisten, woraufhin das Wall Street Journal schätzte, dass Microsoft an Caldera etwa 275 Millionen US-Dollar zahlte. Ein Effekt des Vergleichs bestand darin, dass die Aufzeichnungen des Gerichts unter Verschluss gehalten wurden. Albert Foer, der Präsident des American Antitrust Institute, sagte: „Gerüchten zufolge hatte Caldera sehr viele Informationen zusammengetragen, die für Microsoft sehr, sehr nachteilig waren. Für Microsoft war es möglicherweise sehr, sehr wichtig, dass diese Informationen, welcher Natur auch immer sie waren, nicht an die Öffentlichkeit gelangten."

Caldera hatte im Jahre 1996 von Novell das PC-Betriebssystem DR-DOS gekauft. Wie schon erwähnt, hatte Novell von Gary Kildalls Unternehmen DRI das Betriebssystem CP/M erworben – das System, von dem Kildall behauptet hatte, Gates habe Teile davon für MS-DOS gestohlen – und daraus DR-DOS gemacht. DR-DOS machte Windows Konkurrenz und erreichte in den Vereinigten Staaten einen Marktanteil von zehn Prozent, wobei es im Einzelhandel Windows stellenweise überholte. In Übersee war DR-DOS noch deutlich besser gelaufen, insbesondere in Deutschland. Der vorsitzende Bundesrichter Ronald Boyce gab den Anträgen diverser Medienorganisationen statt und machte einen Teil der unter Verschluss gehaltenen Aufzeichnungen öffentlich zugänglich. Zwar wurde Ballmers Aus-

sage nicht freigegeben, dafür aber das Protokoll einer ehemaligen Kunden-
betreuerin von Microsoft Deutschland, Stephanie Reichel; und die sorgte
für Zündstoff.

Reichel sagte unter Eid, sie sei unter Druck gesetzt worden, Hunderte von
Emails zu vernichten, die in dem von Richter Jackson in Washington verhandelten Fall hätten belastend sein können. Die Vorgesetzten von Frau
Reichel entfernten die Festplatten aus den Computern und „vergruben sie
auf Friedhöfen in Ostdeutschland, von denen niemand weiß." Ballmers
Problem bestand darin, dass Vobis, ein großer deutscher Computerhersteller und Kooperationspartner von Frau Reichel, das DR-DOS dem MS-DOS
vorzog. Im Jahre 1991 war Vobis der führende europäische Computerhersteller, und sämtliche von dem Unternehmen verkauften Computer wurden
mit DR-DOS ausgeliefert. Es war, als wäre der Geist von Gary Kildall zurückgekehrt, um Microsoft heimzusuchen.

Die einzige Möglichkeit, wie Microsoft Vobis zu einer Änderung überreden
konnte, bestand darin, Vobis die Kosten der vorhandenen DR-DOS-Kopien
zu erstatten und einen Schmusedeal für MS-DOS anzubieten. Einer freige-
gebenen Email von Bill Gates zufolge war Ballmer über Vobis sehr besorgt.
In einer Email von dem Microsoft-Vizepräsidenten Brad Chase heißt es:
„Steve [Ballmer] sagte mir, ich sollte Vobis essen, trinken und schlafen."
Nach dem Abschluss des Schmusedeals mit Microsoft verkaufte Vobis
nach einem Jahr mehr als 90 Prozent seiner Computer mit MS-DOS. Kein
Wunder, dass Microsoft die Aufzeichnungen unter Verschluss halten wollte. Ballmer musste ein Unternehmen führen, keinen zusätzlichen Kartellprozess, und möglicherweise hatte er auf die Einigung gedrungen.

Es heißt, ein Sohn werde erst nach dem Tode seines Vaters zum Mann.
Fünf Wochen nachdem Ballmer die Kontrolle über ein 600-Milliarden-
Dollar-Unternehmen übernommen hatte, erkannte er persönlich die Wahrheit dessen, was der Schriftsteller Clark Blaise meinte, als er schrieb, die
mittleren Lebensjahre seien die letzte Waisenzeit. Am 21. Februar, genau
um zwölf Uhr mittags, schied sein Vater Fred Ballmer in dem Haus, das
Steve und Connie für ihn gebaut hatten, dahin. Als Todesursache wurde
Atemstillstand infolge eines Nierenversagens festgestellt, das seinerseits
die Folge von großzelligem Lungenkrebs war. Fred Ballmer war nicht sanft
in den ewigen Schlaf gefallen, und seine Taubheit hatte ihn nicht daran gehindert, wütend gegen das Unvermeidliche aufzubegehren. Aus irgendwelchen Gründen hatte sich die häusliche Pflegerin, die Ballmer engagiert
hatte, bei der Versorgung von Fred verletzt und reichte Beschwerde bei der

Washingtoner Arbeitsaufsichtsbehörde ein. Es ist nicht unwahrscheinlich, dass Freds Tod für Steve Ballmer gewissermaßen eine Erleichterung war. Er sprach nicht viel über Freds Tod, aber der Autor Mark Leibovich berichtete, als ein leitender Mitarbeiter Ballmer gesagt hatte, er würde gehen, habe Ballmer „die Tür seines Büros geschlossen; die beiden Männer beweinten und besprachen zusammen ihre [verstorbenen] Väter, und am Ende umarmten sie sich herzlich" (problematisch daran ist, dass dies laut Leibovich im Januar 2000 stattfand, als Fred Ballmer noch am Leben war). Fred Ballmer wurde daheim in Detroit neben Bea begraben.

Im April sagte Ballmer in einem Vortrag vor Studenten der George Washington University in Washington, D. C.: „Microsoft hat die Antitrustgesetze nicht gebrochen und hat dafür starke rechtsgültige durch Fakten belegte Argumente. Werte sind für Microsoft überaus wichtig. Mir liegt etwas daran, dass wir ein Unternehmen von hoher Integrität sind. Mir liegt sehr viel daran. Mir liegt etwas daran, wenn ich mit meinen Kindern spreche." Zwei Stunden danach sprach die Generalstaatsanwältin Janet Reno ebenfalls vor den Studenten; sie sprach nicht von dem Antitrustverfahren, und in keinem der Berichte wird erwähnt, dass sie mit Ballmer geredet hätte.

Einem Reporter gegenüber sagte Ballmer: „Während der vergangenen 25 Jahre haben wir uns für ein kleines, aggressives Unternehmen gehalten, das mit den großen Gesellschaften Fangen spielt, obwohl wir irgendwann unterwegs selbst ein Großunternehmen geworden sind." Ballmer beharrte darauf, dass dies nur eine Imagefrage sei: „Unsere Leidenschaft, die besten sein zu wollen, wurde manchmal falsch interpretiert." Ken Auletta schrieb in World War 3.0: „Richter Jackson deutete an, Microsoft habe sich manchmal unreif verhalten, nicht abgebrüht oder bewusst unmoralisch. Wieder einmal ist es die unausweichliche Schlussfolgerung, dass Ballmer und Microsoft vielleicht den Anschluss zur Realität verloren haben und die Konsequenzen ihres Verhaltens nicht in ihrer vollen Tragweite abschätzen können."

Auletta weiter: „Als Richter Jackson am 19. April 2000 die Washington Post zur Hand nahm, las er, dass Ballmer am Vortag der Zeitung einen Besuch abgestattet hatte. In einem Raum voller Reporter und Redakteure sagte Ballmer: 'Ich glaube nicht, dass wir auf irgendeine Art oder in irgendeiner Form das Gesetz gebrochen haben. Ich habe das tiefe Gefühl, dass wir uns jederzeit überaus integer verhalten haben. Ich will damit nicht sagen, dass wir keine harten Worte gebrauchen oder dass manche Menschen per Email ein wenig angeknurrt werden und solche Sachen.'" Laut Auletta war „Richter Jackson fuchsteufelswild und interpretierte

Ballmers Worte etwa so: 'Wir sind an den Kanten etwas rau, aber man sollte nachsichtig mit uns sein.' Bis zum heutigen Tage leugnet Microsoft, irgendetwas Unrechtes getan zu haben." Gates sagte dann PBS gegenüber:
„Sie müssen sich darüber im Klaren sein, dass Microsoft in aller Deutlich-
keit sagt, dass es nichts Falsches getan hat." Der vermutlich strengste Generalstaatsanwalt, Tom Miller aus Iowa, sagte: „Ballmer sagen zu hören,
sie hätten nichts Unrechtes getan, das ärgerte uns wirklich. Wir [die Ge-
neralstaatsanwälte] sprachen darüber. Es scheint, als hätten sie überhaupt
nicht begriffen, worum es geht. Das nährte unsere Besorgnis, dass sie es
weiterhin versuchen würden." Richter Jackson bereitete die unmittelbare
Übertragung des Falles an den Supreme Court gemäß dem Antitrust Expe-
diting Act vor, denn, wie er zu Auletta sagte: „Eines will ich auf keinen
Fall: dass Microsoft noch einmal zwei Jahre Aufschub bekommt, in denen
es einfach so weiter machen kann."

Ende Mai fragte Richter Jackson den Microsoft-Anwalt John Warren, ob
Ballmer in einem Kurzbericht des Softwareverbandes korrekt zitiert worden sei. Angeblich hatte er gesagt: „40 Prozent der Funktionalität von
Windows 2000 kann man ohne Windows 2000 Server gar nicht nutzen."
Jackson war ernstlich irritiert, wieso Ballmer sich derart selbst beschuldi-
gen könnte, wo doch genau über solche Dinge vor Gericht verhandelt wurde. Warren ließ seine Kollegin Steven Holley antworten. Laut Holley war
der Bericht von der Konkurrenz angefertigt worden, und er könne nichts
Sicheres dazu sagen, was Ballmer gesagt oder gemeint habe; diese Frage
sei irrelevant, weil Windows 2000 in der Verhandlung nicht zur Debatte
stehe. Jackson ließ dann verlauten, das er sich mit dem Gedanken trage,
in der Endphase des Prozesses noch einmal eine Anhörung abzuhalten.
Microsoft stellte die Nackenhaare auf und antwortete mit einem 35-seiti-
gen Schreiben, worin Schadenersatzansprüce vorgeschlagen wurden und
worin es hieß, sowohl Gates als auch Ballmer würden sich unter den 16
Zeugen befinden, die Microsoft in der Anhörung aufrufen würde (beide
hätten auch in dem eigentlichen Prozess aussagen können, hatten sich
aber dagegen entschieden). Darin hieß es weiter, man habe „in der Kürze
der Zeit" wichtige Informationen gesammelt, und wenn mehr Zeit gewährt
würde, könne sich Microsoft den Schadensersatzansprüchen besser stellen. „In der Kürze der Zeit?", fragte Jackson. „So ist es, Euer Ehren",
sagte Holley. Ein verwirrter Jackson gab zurück: „Dieser Fall ist nun scon
seit zwei Jahren anhängig."

Am 7. Juni verkündete Jackson seine Entscheidung und ordnete die Zerschlagung des Unternehmens an. Jackson nahm Gates und Ballmer aufs

Korn, als er schrieb: „Microsoft ist in seiner derzeitigen Organisation und unter seiner derzeitigen Führung nicht willens, die Auffassung zu akzeptieren, dass es das Gesetz gebrochen hat; oder Anordnungen zu folgen, die sein Verhalten bessern sollen. Offizielle Unternehmensvertreter wurden erst kürzlich mit der Aussage zitiert, das Unternehmen habe 'nichts Unrechtes getan'. Microsoft hat sich in der Vergangenheit nicht als vertrauenswürdig erwiesen." Jackson weigerte sich, die Benennung eines Compliance Officers Steve Ballmer zu überlassen, wie es die Regierung vorgeschlagen hatte. Jackson verlieh seiner Verachtung für Ballmer weiter Ausdruck, indem er dem Microsoft-Vorstand 90 Tage Frist gab, um einen Kontrollausschuss mit mindestens drei Vorstandsmitgliedern zusammenzustellen, „die weder jetzt noch in der Vergangenheit bei Microsoft beschäftigt waren". Und diesem Kommittee – nicht Ballmer – gab er die Befugnis, einen Chief Compliance Officer zu ernennen, der dem Kommittee und dem CEO gegenüber verantwortlich war.

Als das Urteil verkündet wurde, war Ballmer gerade auf Europareise und sagte vor einer Gruppe norwegischer Computerfreaks: „Der Rhythmus der Innovation in der Computerindustrie würde sich verlangsamen, wenn die Aufteilung durchkäme." Allerdings stammen, wie schon gesagt, nur sehr wenige Innovationen in der Computerwelt von Microsoft.

Die Wall Street reagierte heftig auf Jacksons Entscheidung, und die Microsoftaktie brach um 15 US-Dollar ein; das kostete Bill Gates mehr als acht Milliarden Dollar, und Steve Ballmer dreieinhalb, was beide mit Leichtigkeit verschmerzen konnten. Was ist von einem räuberischen und um sich schlagenden Monopolisten zu erwarten?

Dass er sich wie ein Sieger gebärdet.

Gates und Ballmer gingen fast sofort auf Sendung, in Fernsehspots trugen sie flauschige warme Pullover (im Juni), redeten freundlich und behaupteten „das Beste kommt erst noch"; auf diese Weise wollten sie die „Freiheit der Innovation" verteidigen. Dass Microsoft die Freiheit der Innovation vertreten will, das ist etwa so wie damals, als Mahatma Gandhi gefragt wurde, was er von der westlichen Zivilisation halte; er antwortete: „Ich finde, das wäre eine gute Idee." Richter Jackson hatte Microsoft insbesondere der illegalen Behinderung des Innovationsprozesses überführt. Microsoft kündigte an, gegen die Entscheidung Berufung einzulegen.

Die meisten Menschen kaufte Microsoft die einschmeichelnden TV-Spots und die Krokodilstränen nicht ab, auch nicht der Journalist Bob Garfield von Advertising Age. Er schrieb über die Falschheit der Werbung und vertrat die Meinung, Gates und Ballmer sollten nicht versuchen, sich aus dem

Problem herauszureden, sondern lieber den Anordnungen des Gerichts folgen und ihr Unternehmen „ein bisschen mehr micro und ein bisschen mehr soft" zu machen. Der Karikaturist Jeff Danziger schlug einen schärferen Ton an. Er brachte eine Folge von sechs Zeichnungen, auf denen Gates zuerst einen schwarzen Mantel ablegte, unter dem ein Eisernes Kreuz erschien; dann nahm er eine SS-Mütze ab, zog die Uniform aus, verwirrte seine Haare, setzte sich an einen Schreibtisch und sagte: „Böser Monopolist? Ich? Ich bin doch nur ein harmloser kleiner Computerfreak."
Ballmer kehrte eilig aus Europa zurück und versuchte den Schaden zu begrenzen. Er erinnerte Angestellte daran, dass Richter Jacksons Urteil schon einmal anlässlich des Vergleichs gekippt worden war. Ihm war klar, dass die Aktienbezugsrechte inzwischen nicht mehr viel wert waren, weil sich der Aktienkurs durch den Abstieg der vorangegangenen sechs Monate halbiert hatte. Er erlaubte den Managern, ihren Leuten 100 Prozent des Marktwertes zu bezahlen. Und er wusste, dass er durch die Bekanntgabe seiner .Net-Strategie eine gute Presse bekommen würde. Also tat er dies am 20. Juni 2000. Den in Redmond versammelten Reportern und Analysten sagte Ballmer: „Windows wird nicht verschwinden. Aber um den neuen Trend der Software-Technologie auszunutzen, brauchen wir die Plattform .Net." Er schlug mit der Faust in die offene Hand und sagte: „Wir setzen auf .Net! Wir kennen noch nicht alle potenziellen Einnahmequellen im Einzelnen, aber wir erkennen hier zahlreiche Gelegenheiten."
Und dann trug Ballmer gegenüber der Seattle Times ziemlich dick auf. Er sagte: „Wir werden mit Drittanbietern zusammenarbeiten, um sicher zu stellen, dass die Programme miteinander funktionieren", wobei er natürlich leugnete, dies sei durch das Antitrust-Urteil motiviert. „Das ist genau die Strategie, die wir verfolgen müssen. Es ist eine der großen Tatsachenverdrehungen des Prozesses, dass Windows als irgendwie nicht offen dargestellt wurde." Große Tatsachenverdrehungen? Angesichts der Tatsache, dass in dem Prozess wiederholt gezeigt wurde, dass Windows aufgrund der versteckten APIs und der Java-Sabotage höchstens den Freunden von Microsoft offenstand, fragt man sich, wieso die Times ihn auf diese Falschbehauptung nicht angesprochen hat. Das Blatt schrieb: „Entwickler, die .Net den Rücken kehren, laufen Gefahr, nicht dabei zu sein, falls Microsoft es schafft, die Plattform zu verbreiten. Doch es sind auch Zweifel aufgekommen, ob Microsoft in der Lage ist, die Strategie auszuführen, weil in den letzten Monaten zahlreiche langjährige höhere Führungskräfte das Unternehmen verlassen haben und überwiegend zu Dot.com-Startups gegangen sind. Ballmer wies das Gerede vom 'geistigen Aderlass' allerdings von sich

und sagte, nur ein Hand voll der Weggänge mache ihn 'wirklich traurig'. Ein halbes Dutzend oder ein Dutzend (entscheidende Führungskräfte) sprengen noch nicht die Bank."

Erinnern Sie sich, dass einer von dem „halben Dutzend bis ein Dutzend" Führungskräfte, die das Unternehmen verließen, Cameron Mhyrvold war. Mhyrvold sagte mir: „Es fiel mir sehr schwer zu gehen, auch gefühlsmäßig, nachdem ich 13 Jahre dort gearbeitet hatte. Steve bot mir einen großartigen Job an. Ich ging, weil meine Frau und ich gerade unser erstes Kind bekommen hatten und weil ich den Ausgleich zwischen meinem Privatleben und der Arbeit bei Microsoft nie recht gefunden habe. Und ich dachte mir, es wäre wohl interessanter, einmal außerhalb des Unternehmens tätig zu sein anstatt mich für meine vierte oder fünfte Dienstzeit zu verpflichten." Den Microsoft-Millionären mehr Geld zu bieten hielt nicht viele von ihnen bei der Stange, aber es gab ein anderes großes Schlachtfeld, auf dem die Macht des Microsoftgeldes Aufsehen erregen und gewürdigt werden sollte: die Präsidentschaftswahl. Und Microsoft stimmte mit seinen Dollars ab.

Bei dem Wettlauf 2000 um einen Sitz im US-Senat für den Bundesstaat Washington stach die demokratische und hochgradig telegene Hightech-Managerin Maria Cantwell, Vizepräsidentin von Real Networks, den republikanischen Verteidiger Slade Gordon um nur 6.000 Stimmen aus. Entweder war es schreiende Demagogie oder Verblendung, jedenfalls kandidierten beide als „Senator von Microsoft"; damit wollten sie andeuten, dass sie die Bundesgerichtsbarkeit irgendwie daran hindern würden, das Urteil von Richter Jackson umzusetzen; anscheinend hofften sie darauf, die Wähler würden vergessen, dass sie zu der Legislative gehören würden und nicht zur Judikative, die letzten Endes über das Schicksal des Leviathan Microsoft zu entscheiden hatte.

Und tatsächlich wurde auch die Präsidentschaftswahl so wahrgenommen. Viele Menschen dachten, dass bei der Wahl des jüngeren Bush das Justizministerium den Antitrustfall nicht mehr so aggressiv verfolgen würde, und bis zu einem nicht geringen Grade hatten sie damit auch Recht. Allerdings negierte diese Denkweise die 19 in dem Prozess vereinigten Staatsanwälte aus den einzelnen Bundesstaaten. Nach Bushs Wahl verließen zwar zehn Staaten die Truppe und Microsoft bezahlte die Prozesskosten, aber neun Staaten blieben im Lager, darunter auch die Technikhochburgen Massachusetts und Kalifornien.

Die Präsidentschaftswahl des Jahres 2000 bewirkte einen Gezeitenwechsel in der Politik von Steve Ballmer. Winston Churchill wird häufig fälschlicherweise die Aussage zugeschrieben: „Wenn ein Mann mit 15 Jahren nicht liberal ist, dann hat er kein Herz; wenn er mit 35 nicht konservativ ist, dann hat er kein Hirn." (Churchill selbst war mit 15 konservativ gewesen und mit 35 liberal.) Andererseits korrigierte John Stuart Mill einmal einen Reporter: „Ich habe nie gesagt, alle Konservativen seien dumme Menschen. Ich habe gesagt, die meisten konservativen Menschen seien dumm." Die Präsidentschaftskandidaten der Demokraten erhalten normalerweise mehr als 70 Prozent der jüdischen Wählerstimmen. Gores Nebenkandidat Senator Joseph Lieberman war praktizierender Jude und redete auf seinen Wahlkampfreisen unaufhörlich über seinen Glauben. Am Ende stimmten 79 Prozent der Juden für Gore-Lieberman. Ballmers Eltern waren immer treue Demokraten gewesen, und auch Sohn Steve hatte sich Zeit seines Lebens aktiv für die Demokraten engagiert, von John Campbell, seinem Lehrer auf der Vorbereitungsschule, bis hin zu seiner Spende für Clinton-Gore im Jahre 1992. Im Jahre 2000 jedoch kehrte Ballmer seinen lebenslangen persönlichen Meinungen den Rücken und unterstützte den Kandidaten der Republikaner. Die Demokraten konnten Ballmers Foulspiel kaum fassen. Es war so, als hätte Ballmer gesagt: „Das ist unser Basketball, und wir spielen nach unseren Regeln." Als Ballmer hörte, dass George W. Bush Präsident werden würde, fuhr er gerade mit dem Auto durch Boston. Er reckte die geballte Faust wieder und wieder in die Luft und rief „Who-op! Who-op! Who-op!" Der Sicherheitsgurt rastete ein und das Auto schlingerte hin und her. Der Feind seiner Feinde war sein Freund.

Als ich Sam Verhovek, Korrespondent der New York Times für den pazifischen Nordwesten, nach etwaigen Auswirkungen des Microsoft-Antitrustprozesses auf die Wahl fragte, sagte er nur: „Nein, Gore hat die Stimmen des Volkes bekommen." Im Wahlkampf 2000 war viel von Al Gores Behauptung die Rede, er sei in seiner Zeit als Senator „maßgeblich an der Schaffung des Internets beteiligt" gewesen. Gore hatte entscheidend an der Durchsetzung von Gesetzen mitgewirkt, die den Weg für die Datenautobahn ebneten, und er ist ein strammer Verfechter des Internetzugangs für alle. Gore bemühte sich, die Hightech-Wähler einzuwickeln, und das ist keine leichte Aufgabe, denn Hightech-Arbeiter – Techies – sind im Allgemeinen Freidenker, die sich von der Regierung nicht vorschreiben lassen wollen, was sie tun sollen. Aber sie mochten Gore.

Das Online-Magazin Upside Today veröffentlichte die Wahlergebnisse für das südlich von San Francisco gelegene Silicon Valley, für Microsofts King County in Washington, für das texanische, von Dell Computers regierte

Austin, für das Forschungsdreieck in North Carolina, für die New Yorker Silicon Alley und für die Bostoner Route 128. Das Urteil: Erdrutschsieg für Gore mit zwei zu eins.

In den beiden Austiner Counties Travis und Williamson stimmten 206.173 Menschen (52,4 Prozent) für Bush, den Jungen aus ihrer Heimatstadt; 152.013 (38,6 Prozent) entschieden sich für Gore und 34.705 (8,8) für Nader.

In North Carolina entfielen in den Counties Durham, Orange und Wake 201.859 Stimmen (52,1) auf Gore und 185.609 (47,9) auf Bush.

Im King County von Seattle stimmten 319.262 (61 Prozent) für Gore, 178.976 (34 Prozent) für Bush und 24.304 (5 Prozent) für Nader.

In den Silicon-Valley-Counties Santa Clara und San Mateo gab es beeindruckende 440.126 (73 Prozent) Stimmen für Gore, 134.737 (22,4 Prozent) für Bush und 25.715 (4,3 Prozent) für Nader.

Die Silicon Alley im County New York wählte noch eindeutiger Gore mit 409.257 Stimmen (79 Prozent), magere 77.614 (15 Prozent) stimmten für Bush und 28.202 (5 Prozent) für Nader.

In Boston schließlich, im einzigen Bundesstaat, der sich 1972 für McGovern entschieden hatte, gingen 72 Prozent an Gore (129.861), 7 Prozent an Nader (13.301) und nur 20 Prozent (35.931) an Bush.

Gesamtergebnis der Technologieregionen: 1.649.378 für Gore (63,6 Prozent), 818.880 für Bush (31,6 Prozent) und 126.227 für Nader (4,8 Prozent).

Zwar spielt sich Microsoft gerne als Unternehmen auf, das sich nicht um die Intrigen in Washington, D. C., kümmert, aber jetzt traf in Wirklichkeit das Gegenteil zu. Gates und Ballmer hielten sich mit persönlichen Spenden an die Präsidentschaftskandidaten zwar weise zurück, aber das Unternehmen gab mehr als 2,2 Millionen für Geldzuwendungen aus und verteilte die Beiträge auf das Jahr 1999 und das erste Quartal 2000; somit belegte die Gesellschaft in dieser Art der Finanzierung Platz drei hinter Philip Morris und AT & T. Zudem wurden zwei Millionen für die Organisation der präsidialen Parteitage der Demokraten und der Republikaner locker gemacht. Bill Gates hatte vom 17. Juli bis zum 18. August 1972 auf Vermittlung eines Freundes der Familie, Senator Brock Adams, im amerikanischen Repräsentantenhaus als Page gearbeitet. Dazu die Autoren Paul Andrews und Stephen Manes: „Offenbar hat Gates die meisten klassischen Pagenstreiche gelernt, zum Beispiel Suppe in die über vier Stockwerke reichenden Briefschächte des Ämtergebäudes zu schütten oder Menschen auf endlose Irrläufe durch die nummerierten Ruheräume zu schicken." Gates kaufte sogar Tausende von McGovern-Eagleton-Anstecknadeln und hoffte nach dem Rückzug von Eagleton am 1. August einen „Monstergewinn" zu machen. Mit dem Hinweis, dass es Hunderttausende solcher Buttons gab, kommen Andrews und Manes zu dem Schluss, dass sich Gates' Anspruch auf hohe Gewinne „nicht rechnet".

Bis Ende der 90er-Jahre hatte sich die Personenstärke der Microsoft-Lobby in D. C. von eins auf 73 erhöht; dazu gehörten auch der frühere republikanische Abgeordnete Bill Paxton und Grover Norquist, Ballmers früherer Kollege beim Harvard Advocate. Ein weiterer Microsoft-Berater war Ralph Reed, der vorher Personalchef bei Newt Gingrich und dann leitender Direktor der Christian Coalition gewesen war. Während er für Microsoft tätig war, fungierte Reed auch als Wahlkampfberater für Bush, und auf Empfehlung des späteren Personalleiters in Bushs Weißem Haus, Karl Rove, wurde er als Berater von der Enron Corporation engagiert. Als die New York Times berichtete, dass Reed gleichzeitig für Microsoft arbeitete und Bush beriet, brachte dies den Kandidaten vor der Öffentlichkeit in Verlegenheit, und er beteuerte, er habe von dem Konflikt nichts gewusst. Reed war wohl auf der Suche nach Vergebung durch eine höhere Macht. Microsoft übte nur sein nach dem ersten Amendment verbrieftes Recht aus, sich einen Zugang zu erkaufen.

In einer schriftlichen beeidigten Erklärung, die der Enthüllungsjournalist und Experte für Wahlkampffinanzierung Edward Roeder im Rahmen einer Überprüfung durch die Richterin Colleen Kollar-Kotelly gemäß dem Tunney Act einreichte, hieß es:

„Ich finde die Ähnlichkeiten zwischen Microsoft und dem gerade aktuellen Enron-Skandal frappierend. Natürlich ist Enron in einer vollkommen anderen Branche tätig, aber es scheint, dass die Kernthemen – aus der Perspektive der öffentlichen Bekanntmachung – die Beiträge zum Wahlkampf und die Einflussnahme auf die landesweite Energiepolitik sind. Microsoft spendete wesentlich mehr für den Wahlkampf als Enron. Im Wahlkampf 1999-2000 belaufen sich die Geldzuwendungen von Microsoft und leitenden Microsoft-Angestellten auf 2.298.551 US-Dollar. Das sind zwei Drittel mehr als die 1.546.055 Papiergeld, die Enron und seine Führungskräfte gespendet haben. [...] In einer Kampagne von nie dagewesener Größe, Tragweite und Kostspieligkeit setzte Microsoft Wahlkampfspenden, Strohmänner, intensive Lobbyarbeit, einseitige Statistiken und andere erfinderische, wenn nicht gar unmoralische Druck- und Werbemittel ein, um mit intaktem Monopol aus dem Prozess herauszukommen. Microsoft hat zig

Millionen ausgegeben, um außerhalb des Gerichtssaals eine Aura dessen zu schaffen, was es vor Gericht nicht beweisen konnte – ein Aura der Unschuld. Laut Business Week haben „sogar mit allen Wassern gewaschene Washington-Experten noch nie einen so bombastischen Aufwand wie den von Microsoft erlebt." Die Finanzmittel von Microsofts „Ausschuss für politische Aktivitäten" (PAC, Political Action Committee) sind von 1995-96 bis 1999-2000 um 2500 Prozent gestiegen, eine beispiellose Zunahme. Ein Kommentator von Business Week dazu: „Es hat schon etwas Beunruhigendes zu beobachten, wie der reichste Mann der Welt versucht, sich aus den Schwierigkeiten mit Uncle Sam freizukaufen. [...] Gates' Verhalten untergräbt das Rechtssystem als solches."

Im Frühjahr 1998 bekam die Los Angeles Times ein Päckchen mit vertraulichen Materialien, die der wichtigste Propagandabeauftragte von Microsoft zusammengestellt hatte, das Unternehmen Waggener Edelman Public Relations. Die Dokumente enthielten unter anderem eine Medienstrategie für eine „Millionen-Dollar"-Kampagne gegen die Antitrustklage der Bundesstaaten. In dem Papier hieß es: „[...] der ausgearbeitete Plan fußt auf einer Anzahl ungewöhnlicher – man könnte sagen unmoralischer – Taktiken, darunter das Streuen von Artikeln, Leserbriefen und Stellungnahmen, die zwar von Microsofts Medienexperten verfertigt, aber von örtlichen Firmen als spontane Stellungnahmen ausgegeben werden sollten." Vereinigungen wie die Americans for Technology Leadership [„Verband für die technologische Führungsposition Amerikas"] und die Association for Competitive Technology [„Verband für technologische Wettbewerbsfähigkeit"] geben sich zwar den Anstrich der Unabhängigkeit, aber sie wurden in Wirklichkeit von Microsoft gegründet, arbeiten mit Microsofts Dollars und arbeiten kaum an etwas anderem als an der Verteidigung von Microsoft. Grover Norquist, Vorsitzender der Americans for Tax Reform [„Verband für eine Steuerreform"], hat über 50.000 US-Dollar dafür erhalten, als Lobby für Microsoft aufzutreten; für die Detroit News schrieb er gar einen Artikel, in dem er den erwiesenen Monopolisten unterstützte, ohne zu erwähnen, dass er auf dessen Gehaltsliste stand. Microsofts Lobbyarbeit war brillant – das Unternehmen engagierte in den entscheidenden Staaten derart viele entsprechende Unternehmen, dass die Gegenpartei keine mehr fand.

Weiter behauptet Roeder, Steve Ballmer habe – damit seine Zuwendungen erst nach der Wahl bekannt würden – bis wenige Wochen vor den Präsidentschaftswahlen abgewartet, bevor er der Republikanischen Partei auf

Bundesstaatsebene in Michigan und in Washington jeweils 50.000 US-Dollar spendete; letztere Partei unterstützte Senator Slade Gorton. Microsoft selbst spendete für Gorton 131.160 US-Dollar, und Gorton verlor ebenso wie Spencer Abraham seinen Sitz im Senat. Insgesamt stiftete Microsoft 19.000 US-Dollar für den fehlgeschlagenen Wahlkampf zur Wiederwahl von John Ashcroft (besiegt wurde Ashcroft von einem Mann, der drei Wochen vor der Wahl gestorben war). Freilich ist Ashcroft mittlerweile Generalstaatsanwalt und ist für den Antitrustfall zuständig. Und David Israelite, ein wichtiger Helfer von Ashcroft, war politischer Leiter des Nationalkommittees der Republikaner, das im Wahlkampf 2000 von Microsoft mehr als zwei Millionen US-Dollar empfing. Noch unentwirrbarer wurde das Geflecht, als die New York Times berichtete, Israelite habe den AOL-Lobbyisten Wayne Berman angerufen und gefragt: „Steckt Ihr etwa dahinter, dass die Staaten im Fall Microsoft ihre eigenen Anwälte anheuern? Sagt Euren Klienten, dass wir darüber nicht besonders erfreut wären." (Die Bill and Melinda Gates Foundation spendete zehn Millionen US-Dollar für das Besucherzentrum des Kapitols.) Nachdem Bill Gates den Präsidentschaftskandidaten George W. Bush im texanischen Austin besucht hatte – Newsweek sprach von einem „Teil des delikaten politischen Tanzes zwischen dem Softwaregiganten und der Republikanischen Partei" -, wurde der noch-Gouverneur Bush mit den Worten zitiert, er stehe „auf der Seite der Innovation und nicht der Verfolgung". Roeder berichtet zwar, Steve Ballmer sei Technologieberater des damaligen Gouverneurs Bush gewesen, aber in Wahrheit war es der Microsoft-Geschäftsführer Bob Herbold, der Bush Junior in technischen Fragen beriet. Interessanterweise spendeten die Mitarbeiter von Microsoft 222.750 US-Dollar für die so genannten „Democratic 527s", Gruppierungen, die nichts mit dem Wahlkampf zu tun haben, aber sie spendeten nur 15.000 US-Dollar an derartige Gruppierungen aus dem republikanischen Lager. Demokratische Ausschüsse für politische Maßnahmen bekamen von den Mitarbeitern 222.100 US-Dollar, wohingegen nur 42.875 Dollar an republikanische PACs gingen.

Einer der Ansatzpunkte von Microsofts Lobbyarbeit ärgerte im Wahlkampf viele Washingtoner Beobachter ganz besonders, unter anderem auch den Kolumnisten der New York Times Thomas Friedman. Er berichtete, die Bestie aus Redmond habe scharf intrigiert, damit der Haushalt der Antitrustabteilung im Justizministerium um etwas über neun Millionen US-Dollar gekürzt werden sollte. Das sei wie wenn jemand verhaftet wird und dann versucht, dem Polizeichef, dem Bürgermeister und dem Richter das Geld zu entziehen. Als Friedman Bill Gates damit auf dem Weltwirtschaftsgipfel im schweizerischen Davos konfrontierte, blitzte er ihn an und bezeichnete dies als „unverschämte und erfundene" Geschichte. Man habe lediglich versucht, das Werbebudget der Antitrustabteilung zu begrenzen, so Gates. Angesichts der Tatsache, dass die Antitrustabteilung keine Öffentlichkeitsarbeiter beschäftigte und dass es während der gesamten Verhandlung nur einen Pressebeauftragten und einen Assistenten gab, ist das freundlich ausgedrückt unaufrichtig.

Auch wenn Scott McNealy davor zurückgeschreckt war, die entscheidenden Schritte zu gehen, machte er mit Worten weiter. Dem New Yorker sagte er: „Washington, D. C. ist die Stadt, die ich von allen auf der Welt am wenigsten mag. Ich schaue mir die ganzen unglaublichen Regierungsgebäude an, Behörden, die auf dieser Welt keine Existenzberechtigung haben – Landwirtschaftsministerium, Transport und Verkehr, FEMA, Gesundheit, Bildung, Handel – riesige Anhäufungen von Stein und Mörtel, in denen Menschenmassen umherrennen und den Wohlstand umverteilen. Mir verursacht das Krämpfe." McNealy sagt weiter, man sollte "einen Teil des Unsinns zumachen, für den der Staat Geld ausgibt, und davon Microsoft-Aktien kaufen. Und dann sollte man das geistige Eigentum des Unternehmens frei zugänglich machen. Windows gratis für alle! Und dann könnten wir eine Bronzestatue von Bill Gates gießen und ihn vor das Handelsministerium stellen."

Dan Gillmore vom San Jose Mercury hält Steve Ballmer für sehr anpassungsfähig, für einen begabten Feldherrn, und er glaubt, dass Microsoft ohne ihn heute ganz woanders stünde. Gillmore sagte mir das Ende Oktober 2000 in Camden, Maine, einem Ort, den jeder kennt, der den Film In the Bedroom gesehen hat. Wie der Technik-Autor Tom DeMarco bemerkt, der in Camden lebt, weisen die 5.000 Menschen, die diese filmreife Küstenstadt ihre Heimat nennen, darauf hin, es sei „ein besonderer Ort, und jeder von uns weiß tief im Inneren, dass genau so eine Stadt sein sollte, voll von anmutigen Bäumen, hübschen Kapitänshäusern, Grünflächen im viktorianischen Stil und mit einem atemberaubenden Hafen mit Windjammern, Freizeitbooten und Hummerfängern." Erblickt man Camden, denkt man, dies sei wohl der letzte Ort, der die Welt der Computer beeinlussen könnte, bis man feststellt, dass sowohl der ehemalige Vorstandsvorsitzende von Apple als auch der Gründer von 3Com (und Erfinder des Ethernet) Bob Metcalfe für ihren so genannten Ruhestand ganz in die Nähe gezogen sind. In den letzten fünf Jahren haben Sculley, Metcalfe und DeMarco die Camden Technology Conference aufgebaut, einen Kongress von Weltrang. Technikexperten, Führungskräfte und Autoren, die das Glück haben hineinzukommen, diskutieren dort über das gewisse Etwas in jedem von ihnen, das weiß, wie die Computerbranche aussehen könnte, aussehen sollte und möglicherweise sowie wahrscheinlich auch aussehen wird. Anscheinend ein Leben ohne Microsoft.

Steve Ballmer war 3.200 Meilen entfernt in Seattle, wo er gegen die Begleiterscheinungen des Antitrustverfahrens, der fallenden Technologieaktien und einiger seiner weniger politischen Äußerungen ankämpfte; aber er entsandte Linda Stone, Vizepräsidentin für Unternehmens- und Brancheninitiativen, als Unternehmensrepräsentantin. Die sehr intelligente und attraktive Frau Stone sollte eigentlich das Unternehmen auf dem Kongress repräsentieren, aber sie zog sich im letzten Moment zurück; als Grund hatte sie Krankheit angegeben, aber später gestand sie, dass sie sich vor Camden fürchtete, weil dort, wie sie mir abschätzig sagte, „lauter Apple-Leute" seien.

Es ist wichtig festzuhalten, dass Frau Stone eine der wenigen Microsoft-Mitarbeiterinnen ist, die intern einen großen Einfluss haben (und die einzige – außer den Werbe-Menschen -, die bereit war, mit mir bei laufendem Tonband zu sprechen). Als Fortune eine Liste der 50 einflussreichsten Geschäftsfrauen veröffentlichte, fand sich keine einzige Microsoftianerin darunter (gegen das Unternehmen läuft eine Gruppenklage wegen Frauendiskriminierung). Frau Stone plappert nicht einfach nur die Unternehmenslinie nach, wenn sie sagt: „Menschen wie Steve Ballmer, denn er ist leidenschaftlich, engagiert, brillant, voller Energie, fürsorglich, echt, und er macht sich Gedanken." Selbst viele von Ballmers Kritikern würden den meisten ihrer Attribute zustimmen. Aber natürlich würden sie noch ein paar eigene ergänzen.

Die 500 Kongressteilnehmer füllten das glänzende Opernhaus von Camden bis zum letzten Platz aus und lauschten Rednern aus der ganzen Welt zu dem Thema Menschlichkeit im digitalen Zeitalter. Der Tenor war klar, nachdem einer der ersten Redner gesagt hatte, die Computerwelt sei bevölkert von „weißen Männern mit guten Mathematiknoten und die nicht tanzen können". Der Computerguru und Störenfried John Perry Barlow, dem die Erfindung des Begriffs Cyberspace zugeschrieben wird, beschreibt sich selbst als „Tech-Nomade" und ist Mitgründer der Electronic Freedom Foundation. In Camden sagte er, er sei „Auge seines eigenen Hurrikans", denn er arbeitet dafür, dass das Internet nicht zu sehr von Unternehmen beherrscht und dass es nicht zensiert wird. John Sculley stellte fest, dass der technologische Fortschritt zu einer Tautologie geworden sei, und aus Neuheit werde Notwendigkeit. Li Lu, einer der Anführer der

Studentenproteste auf dem Pekinger Platz des Himmlischen Friedens, rührte mit der Schilderung seiner qualvollen Flucht aus China einen Teil der Zuhörer zu Tränen, und er beschrieb, wie das Internet dem Durchschnittsbürger in seinem Heimatland eine nie dagewesene Unabhängigkeit von den offiziellen chinesischen Nachrichtenquellen bietet. Adam Clayton Powell III veranschaulichte, wie der Zugang zum Internet in afrikanischen Dörfern dazu führt, dass die Schüler nicht mehr bessere Bauern werden wollen, sondern Lehrer oder Wissenschaftler. Der geniale Verschlüsselungsfachmann Whitfield Diffie von Sun Microsystems sprach ausführlich über Sicherheit im Netz. Und während er das tat, protestierten vor dem Opernhaus ein paar Lehrer aus Maine gegen die Registrierung von Fingerabdrücken durch den Staat (ein Teilnehmer machte einen Kompromissvorschlag – die Lehrer sollten sich der Abnahme der Fingerabdrücke beugen, sie sollten sich aber selbst den Finger aussuchen dürfen). Der Leiter des MIT-Labors für künstliche Intelligenz, Professor Rodney Brooks, sprach von der gar nicht allzu fernen Zukunft, in der sich die gleichen jungen Leute, die sich jetzt piercen lassen, Handys implantieren lassen werden. Brooks stellte fest, der menschliche Körper werde durch die Fortschritte auf dem Gebiet künstlicher Herzen und sonstiger Organe einem B-52-Bomber immer ähnlicher: Er funktioniert mit wenigen Originalteilen wunderbar, und er hält viel länger, als man anfangs gedacht hatte (seine Website, iRobot, ist höchst erstaunlich). Ira Glasser, leitende Direktorin des ACLU, erklärte, dass es aufgrund einer einzigen vor Jahrzehnten abgegebenen Stimme in einem Prozess vor irgendeinem obskuren Gerichtshof nicht illegal ist, die Emails anderer Leute zu lesen. Aber ähnlich wie in einem Roman von Hemingway war das, was auf dem Kongress nicht gesagt wurde, weitaus wichtiger als das, was gesagt wurde. Das Wort Microsoft war nur selten zu hören, und noch seltener in einem positiven Zusammenhang – der gestrandete Wal im Opernhaus.

Je mehr man von Computersoftware versteht, desto weniger Respekt hat man vor der Bestie aus Redmond. Ein MIT-Professor fragte sich, wieso es die Menschen zulassen, dass Microsoft „lausige Software herstellt, die ständig abstürzt". Ein ehemaliger Microsoft-Programmierer sagte mir: „Microsoft ist wie McDonald's. McDonald's macht nicht die besten Hamburger, aber die meisten. Meine ganzen Kunden haben Windows, und deshalb muss ich auch damit arbeiten." Diesen Gedanken hätten wohl auch die meisten Kongressteilnehmer zugestimmt. Ein Programmier fragte sich ganz offen, ob Frankenstein wohl von Bill Gates programmiert worden sei. Der viertägige Kongress in Camden näherte sich dem Abschlussvortrag des ebenso wie Steve Ballmer in Farmington Hills aufgewachsenen Bill Joy. Vor seiner Rede sagte Joy zu mir: „Gates ist durchgeknallt, aber Ballmer ist verrückt, einfach wahnsinnig." (Robert Cringely sagte mir: „Das ist echt Joy. Er ist so verkopft, so intellektuell, so leidenschaftslos, er ist das Gegenteil von Ballmer.") Während des Kongresses meldete CNN, dass sich jemand aus der ehemaligen Sowjetunion in die Computer von Microsoft gehackt habe. Joy spöttisch: „Die Ironie daran: Jemand aus dem früheren Reich des Bösen hackt sich in das jetzige." Personal Computer World berichtete, dass sich der Russe möglicherweise seit 30 Tagen eingehackt haben könnte, und nicht erst seit zwölf Tagen, wie die Propagandisten von Microsoft behaupteten.

Joy stand vor der gebannten Menge und sprach über die provokative, manche sagen alarmierende, aber jedenfalls viel diskutierte Titelgeschichte, die er im April 2000 für Wired geschrieben hatte und deren Titel lautete: „Wieso uns die Zukunft nicht braucht." Joy hatte von seinen Befürchtungen geschrieben, dass die Fortschritte der Genforschung und der Nanotechnologie Computer auf biologischer Grundlage hervorbringen könnten. Außerdem schrieb er über das Erscheinen selbst-reparierender und selbst-replizierender Roboter (den Borg nicht unähnlich); diese Roboter könnten leicht zu einer Art unaufhaltsamen technologischen Stärkungsmittel werden, wobei schlechte Programme weitere schlechte Programme hervorbringen würden, ähnlich der Binsenweisheit des Informationszeitalters: GIGO – garbage in, garbage out [etwa: wenn man Müll reinsteckt, kommt auch wieder Müll raus]. Joy schrieb auch über seine Kindheit und Jugend in Michigan, wo er sich als Schüler genau wie Ballmer für höhere Mathematik zu interessieren begann. Aber anders als Ballmer wollte Joy Amateurfunker werden, denn der Amateurfunk war „das Internet der damaligen Zeit, es machte süchtig und recht einsam", aber seine Mutter fand, er habe sowieso schon „zu wenige Freunde" und machte die Idee zunichte. Joy schaute damals immer Star Trek, und er sagte, er habe damals den Star-Trek-Gedanken akzeptiert, dass die Menschheit eine Zukunft im Weltraum habe, nach westlichem Muster, mit großen Helden und Abenteuern und starken moralischen Werten, die so tief einprogrammiert waren wie die Oberste Direktive: Sich nicht in die Entwicklung technisch weniger fortgeschrittener Zivilisationen einzumischen. Joy glaubt, dass ethisch denkende Menschen Gene Roddenberrys (Erfinder von Star Trek) Traum von der Zukunft beherrschten, und nicht Roboter. In Joys derzeitigen Gedanken scheinen solche Menschen nicht gerade vorherrschend zu sein. Ohne konkret zu sagen, Microsoft sei Borg, aber wohl wissend, dass

Microsoft in Seattle mehr als 20.000 Menschen beschäftigte, erklärte Joy, ein Professor der University of Washington habe geschrieben, dass seiner Schätzung nach „in der Region um den Pudget Sound mindestens 20.000 Personen Opfer von Wahnvorstellungen sind."

Wahnvorstellungen. Autoren, die nach dem Urteil von Richter Jackson unabhängig voneinander Interviews mit Gates und Ballmer geführt hatten, fragten sich ganz offen, ob das teuflische Duo wohl in einem Wahn befangen sei. John Heileman fragte sich im Hinblick auf Gates: „Hat der Mann Halluzinationen? Oder erblickt er eine Wirklichkeit, für die meine Augen blind sind?" Die Washington Post schrieb, Gates' beharrliche Meinung, der Regierung sei es in dem Prozess nicht gelungen, ihn zu verleumden, sei „eine Auffassung, die die meisten Menschen, die den Prozess verfolgt haben, lachhaft finden würden". Ein anderer schrieb, da sei „einfach eine Schraube locker". Freud bemerkte in seinem bedeutenden Werk Das Unbehagen in der Kultur, dass „selbstredend niemand, der einem Wahn unterliegt, ihn als solchen wahrnimmt". Er bemerkt, dass sich jeder von uns paranoisch verhält, als Schutz gegen eine wahnbedingte Neuformung der Realität. Es ist bekannt, dass Microsoftianer sagen, das Arbeitsethos ihres Unternehmens beinhalte „konstruktive Paranoia". Und Andy Grove, der frühere Vorstandsvorsitzende von Intel, betitelte eines seiner Bücher über die Computerindustrie nicht umsonst Only the Paranoid Survive.

James Forrestal, der klinisch paranoide Verteidigungsminister, sprang 1949 aus einem Fenster des Marinekrankenhauses von Bethesda und rief: „Die Kommunisten kommen micht holen! Die Kommunisten kommen mich holen!" Minister Forrestal war zwar tot, aber in den darauf folgenden vier Jahrzehnten basierten die Profite vieler Produktionsunternehmen und die Programme vieler Politiker einschließlich Richard Nixons auf der Beschwörung der Roten Gefahr. Tatsächlich hatte sich der Jahrzehnte lange Alptraum, den die Amerikaner als Vietnamkrieg bezeichnen, auf die falsche Theorie gegründet, wenn noch ein weiteres asiatisches Land kommunistisch würde, dann würden wieder andere wie die Dominosteine umkippen; dies wurde widerlegt, als Amerika den Krieg verloren hatte und sich kein einziges asiatisches Land dem Kollektiv anschloss. Wie die erdrückende Mehrheit der Manager in der Computerbranche hat auch Ballmer nicht beim Militär gedient – im gleichen Monat, in dem er die Vorbereitungsschule abschloss, wurde das Losverfahren abgeschafft und die Armee wurde freiwillig. Das einberufungsfreie und relativ kriegsfreie letzte Viertel des 20. Jahrhunderts ist eine der Ursachen, weshalb so viele junge Amerikaner für die Arbeit in der Computerbranche zur Verfügung standen, wobei die immensen Verteidigungsausgaben zur Finanzierung ihrer Aktivitäten beitrugen sowie G. I. Bill, für diejenigen, die gedient haben. Selbstverständlich sah Bill Gates alle Gründe dafür, dass Microsoft nicht die hundertprozentige Kontrolle über den Betriebssystemmarkt bekommen konnte, als Bedrohung. Während einer Konferenz mit einem sehr bekannten Computer-CEO, bei der Gates, Ballmer und ein paar weitere Topmanager von Microsoft anwesend waren, erklärte der CEO, dass man beim Angriff auf einen Markt die Konkurrenz nicht töten sollte, sondern man sollte die Unternehmen nur verwunden und sie verwundet laufen lassen. Man könne sie nicht loswerden. Leichen sähen unschön aus und zögen die Aufmerksamkeit auf sich. Gates konnte das nicht verstehen. Ballmer schwieg. Gates wollte von jedem Markt, den er bekommen konnte, 100 Prozent. Das war Gates' Auffassung vom American Way. Und Ballmer hatte ein paar Jahre zuvor gegenüber CNET News gesagt: „Ich halte das, was wir tun, für richtig, gesetzlich, moralisch, sauber und wettbewerbskonform. Ich möchte fast sagen, das ist der American Way. Wir sind innovativ, wir sorgen für Mehrwert, wir drücken die Preise, wir konkurrieren und wir dienen unseren Kunden, und all dass machen wir gut. Viele Unternehmen der Vereinigten Staaten profitieren davon, dass sie auf unserer Plattform aufbauen und dadurch gedeihen. Wenn ich noch lange so weiter mache, singe ich noch 'The Star Spangled Banner.'"

Denken Sie bei diesem Gefühl auch an die Stimmung in Detroit, als Ballmer dort aufwuchs, wo die Verkaufstaktik „Sei Amerikaner, kaufe amerikanisch" die Produkte mit Patriotismus koppelte. Chevrolet packte die amerikanischen Insignien in seinem Werbeslogan zusammen: „Baseball, Hotdogs, Apfelkuchen und Chev-ro-lay." Ballmer, Herr über mehr als 40.000 Mitarbeiter in der ganzen Welt, schaffte es, die Rote Gefahr, amerikanische Aufschneiderei und einen kleinen Blip auf dem Betriebssystem-Monopol-Radarschirm zusammenzubringen. Bei dem Jahrestreffen der Microsoft-Finanzanalysten in Seattle sagte er: „Linux ist kommunistisch." Außerdem sagte er, er wolle „die drohende Konkurrenz und in gewissem Sinne die Wettbewerbsgelegenheit betonen, die Linux darstellt. Linux ist eine harte Konkurrenz. Es gibt kein Unternehmen namens Linux, es gibt kaum einen Plan für Linux. Aber irgendwie sprießt Linux organisch aus der Erde. Und wissen Sie, es trägt gewisse Züge des Kommunismus, die den Menschen gut gefallen. Das heißt, es ist [kosten]frei." (Ein Redakteur wies einmal darauf hin, dass Outlook Express von Microsoft auch kostenlos ist und dass es manchmal Fremden einen Teil der Festplatte überlässt.) Linux ist ein freies Computerbetriebssystem, das der 22-jährige Finne

Linus Thorvalds programmiert hat. Linux ist das, was Computerbetriebssysteme hätten werden können, wenn Bill Gates nicht vorgegangen wäre wie Jabba the Hut, sondern MS-DOS und dann das aufgeblähte Windows in den Softwarestrom geworfen und das abgeschöpft hätte, was oben geschwommen wäre. Bevor Gates die Softwareszene betrat, wurden viele Programme von Freaks in der Freizeit geschrieben und kursierten dann als so genannte Shareware. In seinem berühmten „Offenen Brief an die Computeramateure" aus dem Jahre 1975 forderte derselbe Gates, der sowohl in der Vorbereitungsschule als auch in Harvard Rechenzeit gestohlen hatte und der später Programmcode von Gary Kildall sowie von Stac Electronics stehlen sollte, dass Programmierer, die die Arbeit anderer kopierten, damit aufhören sollten, damit die Mühen der Softwareschöpfer finanziell belohnt werden könnten. Aber das Hacker-Ethos war nicht auf Geld ausgerichtet, sondern auf coolen, nützlichen Code. Also entstand eine freie Softwarebewegung sowie die Free Software Foundation unter der Führung des MIT-Programmierers Richard Stallman, die diese Sache verfechten will (Stallman ist fest davon überzeugt, dass herstellereigene Software Computer daran hindert, ihre volle Leistung zu bringen). Linux ist nicht nur kostenlos, sondern auch der Quellcode ist frei zugänglich, so dass jeder Programmierer hingehen und das Programm seinen Bedürfnissen anpassen kann (im Laufe des Antitrustverfahrens spielte Ballmer mit dem Gedanken, den Windows-Quellcode offenzulegen, und David Boies sagte, dies würde „den Fall entschieden ändern". Aber Ballmer machte einen Rückzieher, und der Windows-Code liegt nicht offen). Linux steht in einer so genannten Allgemeinen Öffentlichen Lizenz zur Verfügung, was im Wesentlichen bedeutet, dass das Urheberrecht übertragen wird und dass die Nutzer im Gegenzug ihre Veränderungen des Codes anderen bekannt machen müssen. Um Linux optimal installieren und nutzen zu können, braucht man grundlegende Programmierkenntnisse, und das ist der Grund, weshalb sich die meisten Nicht-Techies davon fern halten. Indem Ballmer Linux als Bedrohung für Microsoft zeichnete, konnte er die Fiktion am Leben erhalten (zumindest für sich selbst), Windows habe Mitbewerber und sein Unternehmen habe kein Monopol inne. Aber dadurch dass er sagte, Linux sei kommunistisch, zeigte er den 1,25 Milliarden Chinesen einen großen Stinkefinger, die sich ohnehin schon offiziell über Bill Gates ärgerten.

Microsoft war traditionell im chinesischen Computergeschäft recht erfolgreich. Und Wu Shihong, eine ehemalige Pekinger Microsoft-Managerin, spricht nicht nur von dem Unternehmen, sondern auch von Ballmer in den blumigsten Worten. China Online gegenüber sagte Frau Shihong, Ballmer sei „der Marschall der Unternehmer, der Führer der Führer und die Seele von Microsoft". Sie sagt, dass „Ballmer anscheinend jeden einzelnen Microsoft-Mitarbeiter kennt. Die Menschen in der Verkaufs- und Marketingabteilung lieben, respektieren und verehren Ballmer." Aber unglücklicherweise reichte Microsoft genau im falschen Moment eine Urheberrechtsklage gegen einen chinesischen Softwarehersteller ein, nämlich kurz nachdem ein Flugzeug der NATO eine dumme „intelligente Bombe" auf Belgrad geworfen und damit die chinesische Botschaft zerstört sowie vier Diplomaten getötet hatte. Unabsichtlich sorgte die von Bill Gates in der Öffentlichkeit groß angekündigte Klage dafür, dass sein zwar menschliches, aber unbestreitbar gieriges Imperialistengesicht mit der Tragödie identifiziert wurde und die Chinesen darauf ihre offiziellen fünf Hassminuten abladen konnten. Wu Shihong sagte, Microsoft habe sich die Schuld an dieser dummen Handlungsweise selbst zuzuschreiben, und es sei „idiotisch", eine Milliarde wütender Chinesen zu ärgern. Sie „wollte nicht den Sündenbock spielen" und kündigte. Und dann sagte Ballmer noch, Linux sei kommunistisch (später sollte Ballmer sein Lied variieren und sagen: „Linux ist ein Virus."). Etwa um diese Zeit entfernte Microsoft die Wörter Idiot, Narr und Schwachkopf aus dem Word-Thesaurus, aber sie wurden nicht durch Stephen Anthony Ballmer ersetzt. Der Autor Mark Goldblatt rief Bill Gates an und fragte ihn, weshalb Wörter, die im Thesaurus von Word 97 enthalten waren, für Word 2000 entfernt worden seien. Goldblatt wurde mit einem Microsoft-Mitarbeiter verbunden, der sich um die Sache kümmerte und ihm dann per Email eine Erklärung sandte: „Microsoft verfolgt mit seinem Rechtschreib-Wörterbuch und mit seinem Thesaurus die Strategie, keine Wörter vorzuschlagen, die beleidigend gebraucht werden könnten und keine beleidigenden Wortdefinitionen anzubieten." Bill Gates würde dazu wohl sagen: „Das ist das verflucht noch mal Dümmste und Beschissenste, was ich je gehört habe."

Auf jeden Fall hat Ballmer seinen Vorstoß wahrscheinlich bereut. In Ballmer lebt ein ständiger Optimist, der Kerl mit dem „wir sind die besten – wir sind verratzt", und manchmal klingt er wie Annie, die davon singt, dass „morgen" die Sonne wieder scheinen wird. Nun, wenigstens fast.

SONNENSCHEIN IN SEATTLE

F
ür viele Menschen sind Seattle und Microsoft gleichbedeutend, und die
Mächtigen von Microsoft bestimmen den Ton in der Stadt, bestimmen
ihr Verhalten; manche sagen, sie machten sie schäbiger. Aber ebensowe-
nig wie andere Menschen und andere Unternehmen können weder Ballmer
noch Microsoft das Wetter bestimmen. Der 28. Juni 2001, ein Donnerstag,
begann als für Seattle untypischer bedeckter Sommertag. Normalerweise
ist die scheinbar lückenlose Wolkenreihe, die über die Stadt hinwegzieht,
um diese Jahreszeit verschwunden. Im Winter waren die Wolken zwar da

gewesen, dafür aber weder die übliche Regenmenge noch der übliche Schneefall in den Bergen, der nach der Schmelze die Flüsse speist, die dann durch die Turbinen der Wasserkraftwerke rasen und sie drehen und drehen und drehen und so den preiswerten Strom der Region erzeugen. Die Seattler befürchteten schon, dass die Turbinen gegen Ende des Sommers Durst leiden müssten und die Stadt vor einer Energieknappheit stehen würde wie in Südkalifornien, wo regelmäßig die Lichter ausgingen – ein Bilderbuchexempel dafür, wie man öffentliche Monopole nicht deregulieren soll. In der Mitte des Jahres hatte Seattle einen Schub; aber leider richtete er sich abwärts.

Das Image von Seattle hatte zwei Jahre zuvor einen schweren Schlag erlitten, nachdem ein unfähiges Polizei-Einsatzkommando den wohlorganisierten Protest anlässlich der Tagung der Welthandelsorganisation noch anstachelte anstatt ihn zu dämpfen und ihn dadurch in einen Aufstand verwandelte, der weltweit als die Schlacht von Seattle bekannt wurde. Außerdem hatte sich das Versprechen der Dot.coms, schnellen Wohlstand zu erzeugen, als Schwindel erwiesen, die Geschäftsmodelle liefen nicht, und viele vertrauensselige Beschäftigte fühlten sich über den Tisch gezogen.

Seit der Schlacht von Seattle und seit Richter Jackson die Fakten auf den Tisch gelegt hatte, war der Kurs der Microsoft-Aktie von 119 US-Dollar auf die Hälfte gefallen. Während sich das Land, der Aktienmarkt und die Stadt auf die George-W.-Bush-Administration und auf das dritte Jahrtausend einstellten, kamen es im Februar in Seattle zu den Karnevalsunruhen, bei denen schwarze Banden mit dem Vorsatz durch die Straßen zogen, „ein paar Weiße zu verprügeln" und dabei einen Menschen töteten. Die landesweiten Medien nahmen davon kaum Notiz, aber dafür wurde die Stadt zwölf Stunden später von einem Erdbeben der Stärke 6,2 durchgeschüttelt. Sogar die Erde selbst hatte es auf Seattle abgesehen. Und dann gab Boeing seinen Abschied bekannt. Sinatra sang nicht „It Was a Very Good Year".

Kurze Zeit danach, als eine Selbstmörderin auf der mehr als 50 Meter hohen Autobahnbrücke kauerte, die einen Kanal überspannt, musste die Polizei den Verkehr in der morgendlichen Rush Hour in beiden Richtungen sperren, weil Vorbeifahrende Dinge riefen wie: „Spring doch, du Hure." Und das in einer Stadt, in der eigentlich schon das Hupen als ungehörig gilt. Drei Stunden später wollte die Frau nicht mehr mit den Polizisten sprechen und sprang (zum Glück überlebte sie). In jenem Sommer kam eine ziemlich schräge Statistik ans Licht: im Bundesstaat Washington wurden im landesweiten Vergleich die meisten Sonnenbrillen verkauft. Phil Nuygen, Geschäftsführer eines Seattler Sonnenbrillenladens, erklärte:

„Wir glauben, wenn über lange Strecken keine Sonne scheint, dann vergessen die Menschen, wo sie ihre Sonnenbrille hingetan haben, und dann kaufen sie sich einfach eine neue."

An jenem Morgen Ende Juni begab sich Ballmer auf seinen jährlichen Sommer-Campingurlaub, so wie er es seit seiner Kindheit fast jeden Sommer getan hatte. Nur dass er jetzt, mit 45 Jahren, Connie und seine drei Söhne mitnahm. In diesem Jahr hatten sich die Ballmers für den Shasta National Forest entschieden, oberhalb von Redding in Kalifornien. Ballmer unterbrach seine Ferien, um einen Anruf von Bill Gates entgegenzunehmen. Gates sagte ihm, dass das Berufungsgericht in Washington, D. C., in dem Antitrust-Fall Microsoft einstimmig mit sieben zu null Stimmen entschieden hatte.

Genauso wie es Gates und Ballmer gehofft und geplant und hintertrieben hatten, wies das Gericht Richter Jackson tatsächlich in die Schranken und hob seine Anordnung auf, das Unternehmen zweizuteilen. Viele Microsoftianer sprachen von dem Urteil als einem Sieg. Gates hielt ein paar Stunden später eine Pressekonferenz, zu der Ballmer vom Dach eines Red Roof Inn in Kalifornien zugeschaltet wurde. Time und einige örtliche Blätter schrieben: „Ballmer freute sich: 'Die Wolke über dem Unternehmen hat sich verzogen. Heute scheint definitiv die Sonne, von Seattle bis hierher zum Lake Shasta.'" In Kalifornien schien die Sonne tatsächlich, aber daheim in Seattle neckte sie die Seattler nur mit einem Tanz, den man dort als „Sonnenpausen" bezeichnet. An jenem Tag verkaufte Phil Nuygens Sunglass Hut 69 Prozent weniger Sonnenbrillen als sonst.

Es war, als hätten Gates und Ballmer „Der alte Mann und das Meer" gelesen, aber an der Stelle aufgehört, wo Santiago den Fisch an das Boot bindet. Denn das Berufungsgericht hatte ebenso einstimmig gefunden, dass Richter Jackson in seinem Urteil nicht erkennbar einseitig gewesen war, dass Microsoft ein illegales Monopol darstellte, dass es sich zur Aufrechterhaltung des Monopols wettbewerbswidrig verhalten hatte, dass es mindestens eine, vielleicht aber auch zwei Bestimmungen des Sherman Antitrust Act verletzt hatte; das Gericht verwies den Fall zurück an einen Richter niedrigerer Instanz, der darüber entscheiden sollte, was gegen Microsofts unternehmerische Verbrechen getan werden sollte, bis hin zur möglichen Zerschlagung. Jacksons Befund, dass Microsoft Java sabotiert habe, wurde vollkommen bestätigt. Aber nichts von alledem erfuhr man, wenn man Gates und Ballmer und der Microsoft-Propagandamaschine zuhörte, die sich schneller drehte als die wasserlosen Turbinen des westlichen Washington. Sie beschirmten meisterlich den Einnahmenstrom von

Microsoft und pumpten mehr Wirtschaftsmacht hervor als Seattle je gekannt hatte. An diesem Tag verteidigte sich Slobodan Milosevic vor dem Internationalen Gerichtshof in Den Haag im Rahmen der Kriegsverbrecherprozesse gegen Vertreter des ehemaligen Jugoslawien. Diese Prozesse beruhten auf Gesetzen, die der Richter des Supreme Court Robert Jackson mit Unterstützung von Fred Ballmer in Nürnberg auf den Weg gebracht hatte. Die New York Times berichtete, Milosevic „leugnete die Realität seiner Situation".

Das Urteil des Berufungsgerichts setzte die Wall Street in Erregung und drückte die Microsoft-Aktie ein paar Punkte nach oben, bis die Anleger die gesamte Entscheidung in sich aufgenommen hatten und die Aktie unter ihren Preis vor dem Richterspruch zurückfiel. Wochen später und ohne das Gesicht zu verziehen forderte Microsoft vor dem Berufungsgericht den Sieg ein. Das Gericht wies die überhebliche Argumentation des Unternehmens schnell ab, wonach Microsofts „Zeuge mehr von Software versteht als der Zeuge der Regierung". Microsoft habe „unsere Entscheidung wohl missverstanden". Das Gericht verwies den Fall an eine niedrigere Instanz, wobei der Richter nach dem Zufallsprinzip ausgewählt wurde, und zwar von einem Computer des Gerichts, auf dem das Betriebssystem Windows lief.

Kurze Zeit danach erschien das Affenjunge-Video von Ballmer. Ein Beobachter fragte sich, ob die Veröffentlichung des Videos vielleicht ein bewusstes Ablenkungsmanöver sein sollte, um die Aufmerksamkeit von dem Urteil des Berufungsgerichts abzuziehen. Zum ersten Mal besprochen wurde das Video von Thomas Greene, Redakteur des britischen Technikmagazins The Register. Die Reaktionen auf das Video zeigen die Bandbreite der Einstellung verschiedener Menschen gegenüber Ballmer und Microsoft. Greene schrieb: „Ich glaube, das Video zeigt den wahren Ballmer. Bei seinen öffentlichen Auftritten habe ich schon öfter ein vulkanisches, nicht denkendes Ich gespürt, das er zu beherrschen versucht." In einem Chatroom der Website NetSlaves.com wurde die Frage diskutiert: „Ist Steve Ballmer reif für Bellevue?" [einerseits ist Bellevue das New Yorker Krankenhaus, andererseits wohnt Ballmer in Bellevue, Washington]. Ein Rezensent schrieb: „Wenn ich ein Unternehmen leiten würde, das nicht unmittelbar die Umwelt verschmutzt, das keine Arbeitskräfte in der Dritten Welt ausbeutet, das keinen Krebs, keine Herz- und keine Lungenkrankheiten verursacht und das ein paar Produkte auf Lager hat, die stellenweise ganz gut sind, und wenn ich in einem ganz netten Teil unseres Landes wohnen würde, dann würde ich vielleicht auch so herumhüpfen." Ein anderer äußerte ähnliche Gedanken: „Wenn mich das Unternehmen,

für das ich arbeite, zum Multizillionär machen würde, dann würde ich es auch so sehr lieben, dass ich mich dafür völlig zum Affen machen würde." Andere fanden: „Das gibt ihm etwas Menschliches." „Ob er wohl in der Highschool irgendwelchen Sport getrieben hat?" „Die Stelle, wo er brüllt 'Give it up for meeee', ich glaube, da meint er, wir sollen alle eigenen Gedanken, alles Geld, unser Privatleben, unsere Frau, eben einfach alles aufgeben für den Meister von Microsoft." Ein Kritiker, der behauptet, früher bei Microsoft gearbeitet zu haben, schrieb: „Ballmers Begeisterungsfähigkeit und seine Fähigkeit, diese auf seine Untergebenen zu übertragen, gehören zu den Dingen, die ihn mehr zu einem Führer als einem Manager machen." Microsoft wollte sich zu den Szenen des Videos nicht äußern und nicht einmal sagen, wann es aufgenommen wurde, aber ein Sprecher des Unternehmens sagte gegenüber der New York Times: „Die Mitarbeiter von Microsoft lieben die Art, wie sich Steve für das Unternehmen und die Softwarebranche begeistern kann. Wir sind froh, dass er Microsoft führt."
Mit der Erziehung seiner drei Söhne ist Ballmer zu seinen eigentlichen religiösen Wurzeln zurückgekehrt (im Unterschied zu seinem religiös gefärbten Glauben an Microsoft) und hat seine Familie sowie seinen Glauben etwas mehr in die Öffentlichkeit gerückt. Zu Ballmers Kampagne gegen das vor Gericht entstandene Bild eines hartherzigen, räuberischen Monopolisten gehörte es auch, dass er die weichere Seite des Familienmenschen zeigte. Manche Menschen mögen denken, das sei so wie wenn ein Autohändler in einem Fernsehspot seine Kinder vorführt, um mehr Autos zu verkaufen; aber Ballmer ist ein hingebungsvoller, besorgter und liebender Vater, er fährt seinen ältesten Sohn jeden Morgen auf dem Weg zur Arbeit in die Schule und lässt ihn pro Tag maximal zwei Stunden vor dem Computer verbringen. Wie sein Vater spielt auch Steve mit Sam Schach – Aaron und Peter sind noch nicht alt genug; Sam spielt sehr gerne Schach, und er spielt es auch regelmäßig gegen einen Online-Kumpel in China. Und sein Name tauchte plötzlich in Vater Steves Begegnungen mit der Presse auf. Nachdem Richter Jackson seine Entscheidung verkündet hatte, sagte Ballmer der New York Times: „Ich habe meinem Sohn von dem Urteil erzählt, und er sagte: 'Ich hoffe, es geht gut für dich aus, Dad. Dad, wenn Sie nicht mit euch einverstanden sind, dann geht ihr in Berufung, oder? Denn was du getan hast, ist doch richtig, Dad, ist es nicht so?' Und ich sagte: 'Du hast Recht, Sam.' Ich meine, er ist nicht unser Rechtsberater oder so was, aber er versteht unsere Sichtweise."
Im Rahmen seiner Sympathie-Kampagne griff Ballmer auch auf seine geografischen Wurzeln zurück. Vor einer dicht gedrängten Menge von mehr

als tausend Menschen, die aus der Synagoge herausquollen, hielt er ein paar Meilen von dem Haus seiner Jugend in der Lynford Road in Farmington Hills enfernt, das ihm übrigens immer noch gehört, eine Rede, die gut aufgenommen wurde. Am Abend vor seiner Tempelrede führte er private Gespräche bei dem Vater-Sohn-Essen seiner Vorbereitungsschule Country Day. Und nach der Gerichtsentscheidung ließ er sich für eine Titelstory der Detroit Jewish News interviewen, wobei er über seine Familie sprach, und insbesondere über seine Mutter Bea. In der Synagoge sprach Ballmer nicht über Religion, sondern über die Bedeutung der Elternschaft. In Wahrheit ist Ballmer nicht sehr religiös, aber sein Glaube ist in der Computerbranche ein Pluspunkt. Angesichts der Tatsache, dass es in der Computerwelt kaum Eintrittsbarrieren gibt und angesichts des großen Wertes, den der jüdische Glaube (und Ballmer) auf eine geregelte Bildung legen, die einen auf die Schaffung geistigen Eigentums vorbereitet, überrascht es nicht, dass 30 Prozent der Führungskräfte im Computergeschäft Juden sind. Im Vergleich zur Autoindustrie, wo in der Zeit, in der Balllmer groß geworden ist, der einzige Jude, der es bis zum Chief Executive Officer gebracht hat, Gerald Meyers von American Motors war, sind die Möglichkeiten in der Computerbranche immens. Und übrigens passt das jüdische Chutzpah-Konzept sehr gut in den Softwarestrom.

Wie Alan Dershowitz, Rechtsprofessor in Harvard, erklärt: „Chutzpah ist Festigkeit, sicheres Wissen und der Wille zu fordern, was geschuldet wird, die Tradition herauszufordern, die Autoritäten herauszufordern, die Augenbrauen hochzuziehen", alles Qualitäten, die perfekt zur Computerbranche im Allgemeinen und Microsoft im Besonderen passen. Dershowitz bemerkt: „Die Chutzpah erscheint der reservierteren christlichen Welt manchmal etwas vulgär, aber diese Selbstsicherheit leistet dem Juden in einer vom Wettbewerb geprägten Welt gute Dienste. Im Geschäftsleben ist Passivität keine Tugend." Rund 36 Prozent der 50 reichsten Milliardäre und 33 Prozent aller Millionäre Amerikas sind Juden, das ist etwa das Sechzehnfache ihres Anteils an der Gesamtbevölkerung. Wieso? Lange bevor Steve Ballmer geboren wurde und seine Standfestigkeit sowie seine enorme Energie unter Beweis stellen konnte, trug sich Mark Twain mit einer ähnlich gelagerten Frage. In der Zeitschrift Harper's erzählte Twain:

„Die Juden stellen nur etwa ein Viertel Prozent der menschlichen Rasse. Das sieht nach einem nebulösen und verschwindenden Wölkchen Sternenstaub aus, das sich in der Glut der Milchstraße verliert. Eigentlich dürfte man von dem Juden kaum je etwas gehört haben; aber man hört von ihm und hat schon immer von ihm gehört [...] seine Bedeutung steht in einem wahnsinnigen Missverhältnis zu seiner geringen Stückzahl. [...] Er hat sich in dieser Welt zu allen Zeiten hervorragend geschlagen, und das sogar mit auf dem Rücken gefesselten Händen. Der Ägypter, der Babylonier und der Perser sind aufgestiegen, haben unseren Planeten mit Klang und Glanz erfüllt und sind dann in einem Traum dahingeschwunden; es folgten der Grieche und der Römer, sie machten einen Riesenlärm, und jetzt sind sie dahin; andere Völker sprangen auf und hielten eine Weile ihre Fackel hoch, aber sie ist heruntergebrannt, und jetzt sitzen sie im Zwielicht oder sind vergangen. Der Jude hat sie alle gesehen und alle geschlagen, und jetzt ist er das, was er schon immer war ... seine Energie hat nicht nachgelassen, seine Wachsamkeit und sein aggressiver Geist sind nicht abgestumpft. Alles ist sterblich außer den Juden; alle anderen Kräfte vergehen wieder, aber was ist das Geheimnis ihrer Unsterblichkeit?"

IN DER TAT.

Und dann kam der 11. September. In Seattle war die Sonne noch kaum über den Horizont gestiegen, als Terroristen ihre entführten Flugzeuge in die Zwillingstürme des World Trade Centers, auf das Pentagon in Arlington und auf die Erde in der Nähe von Pittsburgh stürzen ließen. Würde auch die Westküste angegriffen werden, nachdem dort der Arbeitstag begonnen hatte? Das wusste niemand, und wie viele andere an der „linken Küste" gingen auch die Seattler kein Risiko ein. Auf die Ereignisse drei Tausend Meilen entfernt hin, verkündeten Vertreter der Stadt, dass die Space Needle [ein Boeing-Werk] geschlossen bleiben würde. Man hielt Microsoft, das militärisch organisierte Unternehmen, das seine Geschäftsstrategie häufig mit dem Begriff Dschihad belegte, für ein potenzielles Ziel von Osama bin Laden. Auf Anraten seiner Sicherheitsleute unternahm Ballmer einen beispiellosen Schritt und schloss tatsächlich den Campus; er schickte eine mitfühlende Email an die Mitarbeiter, worin er schrieb, sie könnten sich einen Tag frei nehmen (nicht einmal sieben Monate davor, als Seattle von dem Erdbeben heimgesucht wurde, war der Campus geschlossen worden). Eine ehemalige Microsoft-Führungskraft: „Das war vielleicht nur der Verfolgungswahn." Möglicherweise. Aber wie hieß es noch in den 60er-Jahren? Allein die Tatsache, dass man paranoid ist, heißt noch nicht, dass sie nicht doch hinter einem her sind. Am 11. September wurde nicht ein einziger Microsoft-Mitarbeiter als vermisst gemeldet. Im Microsoft-Büro von Reno, Nevada, ging später eine Postsendung ein, in der man im

Rahmen der biologischen Angriffe Anthrax vermutete, aber ein Test ergab, dass die Probe ungiftig war.

Die Computerwelt gab einem das Gefühl der Sicherheit und Stabilität, denn das Internet funktionierte nach wie vor perfekt. Emails liefen hin und her. Und wie um ein weiteres Mal die Allgegenwart von Microsoft zu beweisen, hatte zumindest einer der Flugzeugentführer genau wie die Piloten der US-Marine, zum Training für seine Mission den zum Spielen gedachten Flugsimulator von Microsoft verwendet; seine Kumpanen und er hatten untereinander und mit Zellen in Europa und Afghanistan mittels Microsofts Hotmail kommuniziert. Als Ballmer hörte, dass ein ehemaliger Schüler von Country Day vermisst wurde, der im 90. Stock des Südturms des World Trade Centers ein Praktikum absolvierte, bekundete er sofort sein Beileid und bot Hilfe an (man kann sich Ballmer sehr gut vor Ort am Ground Zero vorstellen, wie er ähnlich wie George C. Scott in dem Kinofilm Patton den Verkehr regelt, damit alles weiter läuft; wie er ruft und schreit und gestikuliert und alles in der Situation Erforderliche tut). Später wurde bekannt, dass in einem konspirativen Haus der Al Qaida in Pakistan Fotos von der Space Needle in Seattle und von dem Grand Coulee Dam in Washington gefunden wurden, aber keine Bilder von dem Microsoft-Bürokomplex. Die Microsoft sprachen nun nicht mehr davon, in den Heiligen Krieg zu ziehen. Seltsamerweise wirkten sich die Angriffe im Endeffekt positiv für Microsoft aus.

Als ein paar Wochen später die nationale Erstarrung zu Ende ging und wir uns wieder erlaubten zu lachen, reagierte der Slate-Herausgeber Michael Kinsley auf die Hysterie nach den Angriffen und auf die vielen chauvinistischen Werbekampagnen nach dem Motto „bekämpft den Terrorismus, kauft amerikanisch"; er schrieb eine Glosse für die Washington Post, in der er der seine respektlosen Lösungen für die strauchelnde Wirtschaft anbot. Den Schalk im Nacken präsentierte Kinsley seinen Siegesplan, unter anderem auch die Empfehlung, das Justizministerium solle das Antitrustverfahren gegen Microsoft einstellen. Kinsley schrieb: „Als Angestellter und Aktionär kenne ich die demoralisierende Wirkung dieses Prozesses auf die Angehörigen eines der wichtigsten Unternehmen der US-amerikanischen Wirtschaft [...] unsere Regierung sollte sich besser nicht mit diesem amerikanischen Unternehmen anlegen, das so viel Software zu den kriegerischen Bemühungen beisteuert." Es ist unglaublich, aber das Justizministerium verhielt sich so, als würde es Kinsleys Artikel ernst nehmen. Charles James, der neue Leiter der Antitrustabteilung, verkündete, er werde keine strukturellen Maßnahmen verhängen – also keine

Aufteilung des Unternehmens; damit warf er die wichtigste Verhandlungs-
grundlage der Regierung einfach weg und bekam von der schuldigen Partei keinerlei Gegenleistung – eine Verhandlungsmethode, die weltweit
Missfallen erregte. Nach der Meldung zeichnete Jeff Danziger eine Karikatur mit dem Titel „Die frohe Botschaft erreicht das Kriegsbüro von Microsoft"; sie zeigte einen großen Ballmer, der hinter einem sitzenden Gates
mit SS-Mütze stand; die beiden schauten zu, wie zwei Assistenten mit Ak-
tentaschen bewaffnete Soldaten von dem Schriftzug Monopol fernhielten.
Ballmer sagte in der Karikatur: „Ha ha! Siehst du? Der Feind zieht sich
zurück." Manche Menschen waren der Meinung, Bushs Justizministerium
befolge die vor 150 Jahren gesprochenen Worte des republikanischen
Geschäftsmannes Simon Cameron: „Ein ehrlicher Politiker ist ein Poli-
titker, den man einmal kauft und damit für immer gekauft hat."
Am 28. September sagte Colleen Kollar-Kotelly, die dritte Bundesrichter-
in, die in dem Microsoft-Monopolfall den Vorsitz führte, den beiden Parteien: „Die jüngsten Ereignisse, die unsere Nation betroffen haben, verlangen ein schnelles Ende des Verfahrens." Der Aktienmarkt war bereits
unter die Räder gekommen, und in der Wirtschaft herrschte Unsicherheit.
Richard Blumenthal, Generalstaatsanwalt von Connecticut, sagte dem
Wall Street Journal: „Die Welt hat sich verändert, Krieg im Ausland, Be-
drohungen zu Hause und eine zurückgehende Wirtschaft schaffen eine
kräftige Dynamik in Richtung gütlicher Einigungen." Tatsächlich hatten
Microsoft und die Monopolpolizei für den 11. September Einigungsver-
handlungen in Washington angesetzt, aber sie waren abgesagt worden,
nachdem das Gebäude des Justizministeriums evakuiert worden war. Noch
immer hatten die Vergleichsdebatten zu keinem Ergebnis geführt, bis
Richterin Kottar-Kotelly am 15. Oktober Eric Green, Rechtsprofessor an
der Boston University, als Vermittler bestimmte.
Angeblich hat Steve Ballmer mehrere Monate vor der Kapitulation des Justizministeriums durch einen Washingtonbesuch und eine Blitzbesprech-
ung mit dem Vizepräsidenten Dick Cheney im Weißen Haus den Weg zu
einem Einigungsvorschlag geebnet. Cheneys Büro weigert sich, Notizen
der Besprechung herauszugeben (schließlich hatte der Bundesrechnungs-
hof im Februar 2002 in einer beispiellosen Aktion das Weiße Haus aufgrund von Notizen beschuldigt, die bei Besprechungen des Vizepräsidenten mit Enron-Vertretern und anderen angefertigt worden waren). Die Microsoftpropagandisten schwiegen über das Treffen von Ballmer und Cheney,
bis das bekanntermaßen liberale Wall Street Journal diese Verbrüderung
auf höchster Ebene ausgekundschaftet hatte. Danach versicherten sowohl

die Microsoftpropagandisten als auch Cheneys Büro, Cheney und Ballmer hätten nicht über den Antitrustfall gesprochen. Cheneys Sprecher sagte, ein Anwalt von Cheney sei bei dem Gespräch anwesend gewesen, und: „Ballmer und Cheney sprachen über eine breite Palette von Themen, über den Handel, Piraterie, Bildung, Personalfragen, Steuerstundungen zu Forschungszwecken und Visa für ausländische Arbeitskräfte." Die Microsoft-Sprecherin Ginny Terazano sagte dazu: „Der Zeitpunkt, den Ballmer gewählt hat, hat nichts mit dem Berufungsgericht zu tun, und solche Behauptungen sind dumm."

Die dumme Washington Post berichtete, dass Philip J. Perry am 17. August zum beisitzenden Generalstaatsanwalt ernannt wurde und unter anderem die Antitrustabteilung des Justizministeriums betreuen sollte. Perry ist der Ehemann von Vizepräsident Cheneys Tochter Elizabeth Perry. James Grimaldi fragte in einem Artikel der Post mit dem Titel „Familienbande und Antitrustfragen": „Bedeutet das, dass Perry die außergerichtlichen Verhandlungen mit Microsoft führen wird? Hat er den Auftrag bekommen, eine für Microsoft milde Einigung zu erzielen? Ist Perry im Fall Microsoft der Laufbursche des Weißen Hauses, sozusagen als Gegenleistung für die Beiträge des Softwaregiganten zur GOP-Kampagne? [Perry lehnte ein Interview mit Grimaldi ab.] Aber vielleicht sind das ja alles nur dumme und übertriebene Gerüchte, die eben auftauchen, wenn man mit einem hochrangigen gewählten Volksvertreter verschwägert ist."

Bill Gates trug zu den Bergungsarbeiten am Ground Zero bei, indem er für die Vorstellung von Windows XP in New York mit Bürgermeister Rudy Giuliani auftrat. Das hat wahrscheinlich nichts damit zu tun, dass der Staat New York kurze Zeit später seine Antitrustklage gegen Microsoft beilegte. In Redmond herrschte Hochdruck, denn Windows XP sollte am 25. Oktober veröffentlicht werden, ein Auslieferungsdatum, von dem Ballmer Charlie Rose im landesweiten Fernsehen absolut versprochen hatte, dass man es einhalten würde. Und Ballmer lieferte. Innerhalb der ersten zwei Monate nach dem Erscheinen wurden mehr als sieben Millionen Einheiten verkauft; das war einer der Gründe, weshalb Business Week Ballmer zu einem der Top-20-CEOs des Jahres 2001 kürte (der andere Grund war die Xbox). Und XP war so gut wie alle früheren Microsoft-Betriebssysteme auch. Zum ersten Mal in der Geschichte von Microsoft erschien es genau pünktlich zum angekündigten Veröffentlichungsdatum. Und zum ersten Mal in der Geschichte von Microsoft wurde ein Produkt einem großen Teil der Vorschusslorbeeren gerecht. Die New York Times besprach Windows XP in glühenden Worten und schloss sich damit der großen Mehrheit der sonstigen Rezensenten an. Endlich ein Windows, das nicht abstürzte. Der erfolgreiche Start von Windows XP und ein paar Tage später die Verkündung eines Einigungsvorschlags mit der Bundes-Monopolpolizei versprachen für die erste Novemberwoche eine ereignisreiche Aktionärsversammlung.

Nachdem ich dieses Buch begonnen hatte, kaufte ich mir eine Microsoft-Aktie - das ist meine gesamte Position in Technologieaktien -, so dass ich der jährlichen Predigtversammlung, die sich Aktionärsversammlung nennt, als Anteilseigner beiwohnen konnte (die grüne und weiße Urkunde hängt an meiner Wand, während ich dies schreibe). Technisch betrachtet arbeitet Steve Ballmer für mich – und für die mehr als eine Million weiteren Halter von Microsoft-Aktien. Und niemand liebt Microsoft mehr als seine Aktionäre. Aus gutem Grund. Wenn jemand beim Börsengang von Microsoft im März 1986 eine Microsoft-Aktie für 21 US-Dollar gekauft und sie bis zur Aktionärsversammlung 2001 gehalten hätte, dann wäre sie 9.269 US-Dollar wert gewesen. Die Aktie hätte in den fünfzehneinhalb Jahren ihren Wert um das 440-fache erhöht – um mehr als 44.000 Prozent. Ein Microsoftianer, der seine 2.500 Bezugsrechte von dem IPO behalten hätte, besäße jetzt den Gegenwert von über 20 Millionen US-Dollar. Wenn die Bevölkerung der Vereinigten Staaten im gleichen Zeitraum genauso dramatisch gewachsen wäre, dann gäbe es über 100 Milliarden Amerikaner, wobei ein paar Milliarden sicher Parkplatzprobleme hätten (ich habe in meinem Jahr des Aktienbesitzes allerdings 4,78 US-Dollar verloren, nicht gerechnet die Transaktionsgebühren).

Am Dienstag, dem 7. November 2001 um 7.30 Uhr, betrat ich das Höhlensystem des Washington State Convention Center zum Aktionärstreffen und ließ mich nicht als Medienvertreter registrieren. Während ich im äußeren Foyer durchsucht wurde – vermutlich auf Feuerwaffen oder Sprengstoff -, fragte mich der Mann, was ich da in der Hand hätte. „Einen Kassenrekorder", sagte ich. „Die sind nicht erlaubt", sagte er und zeigte auf ein Schild, das besagte, Aufnahmegeräte seien nicht zugelassen. Ungläubig ging ich hinüber zur Pressestelle und fragte warum. Obwohl es auf der Website von Microsoft später Streaming-Videos von dem Aktionärstreffen gab und obwohl dort auch Mitschriften zur Verfügung standen, durfte man die Vorgänge aus irgendeinem Grund nicht aufzeichnen. Der Medienvertreter konnte mir keinen Grund für die Anti-Tonband-Vorschrift angeben, aber er wollte, dass ich mich eintrug. Ich war einverstanden (und durfte mein Kassettengerät behalten). Ich befand mich in der Welt von Microsoft, und Microsoft spielt nach seinen eigenen Regeln. Ich sinnierte über diesen Widerspruch, während ich in dem riesigen inneren Foyer des Kong-resszentrums stand und ein wenig Microsoft-Propaganda über die Freiheit zur Innovation las; ich hatte gerade den Kopf gesenkt, als ein Luftschwall an mir vorbeizischte; ein Energiebündel schoss vorbei, und ich hatte den Wirbel gespürt. Wenn ich ein Wetterhahn gewesen wäre, dann hätte ich mich im Kreise gedreht. Ich schaute auf und sah, wie Steve Ballmer gera-dezu auf die Bühne sprang. So ist Ballmer. Er scheint immer in Eile zu sein (beim Unterschreiben erscheint der Querstrich des t von Steven immer über dem n), und Mitarbeiter sagen, er dringe häufig in die Privatsphäre ein (viele Konkurrenten stimmen dem zu), aber das gehört zu den Dingen, die manche seiner Mitarbeiter so an ihm mögen.

Cameron Mhyrvold sagte mir: „Steve betreibt schon immer eine Politik der offenen Türen, jeder kann zu ihm kommen und über alles Mögliche mit ihm sprechen. Obwohl man zum Beispiel eigentlich für einen Produktma-nager arbeitete, hatte man das Gefühl, für Steve zu arbeiten. Einmal tauch-te er plötzlich in meinem Büro auf und fragte mich über etwas aus, an dem ich gerade arbeitete. Innerhalb von fünf Minuten hatte Steve die Kern-punkte herausgearbeitet. Mein Produktmanager hatte die Kernpunkte in fünf Jahren nicht isolieren können. Wow, dachte ich, das ist einer, der weiß, was er tut. So etwas inspiriert. Es heißt, dass Gates eher der Typ ist, vor dem man Angst hat, wohingegen Steve ein Typ ist, für den man gerne arbeitet. Und das stimmt. Ich würde für diesen Mann über glühende Kohlen laufen." Der Romanautor Douglas Coupland erzählte mir, dass An-fang der 90er-Jahre, als er seine Recherchen für Microserfs betrieb, Gates und Ballmer die Politik der offenen Türen betrieben. Coupland sagte, er sei einfach zu Gates gegangen, habe an die Tür geklopft und ihm schnell ein paar Fragen gestellt, und das gleiche mit Ballmer. Aber als er den Cam-pus Jahre später, um die Jahrtausendwende, noch einmal besuchte, war der Zugang zu Gates und Ballmer so wie zu vielen anderen Microsof-tianern, streng beschränkt.

Sicher in dem Hauptsaal des Kongresszentrums angekommen, suchte ich mir einen Platz zwei Gänge vom Pressepulk entfernt, stellte meinen Ruck-sack auf den Boden und mischte mich unters Volk. Ein Aktionär, mit dem ich mich unterhielt, war gekommen, „weil man, falls man rechtzeitig da ist, Starbucks und ein kleines Frühstück umsonst bekommt" (tatsächlich waren wir durch die zwei Tassen Starbuck-Kaffee und das Croissant, das ich bekam, bezüglich des Aktienkaufs quitt, nicht gerechnet die Transak-tionskosten). Eine Aktionärin sagte, sie „wollte einfach einmal Bill Gates sehen". Ein dritter wollte an einem der Stände, die im Foyer verteilt waren,

Windows XP ausprobieren. Die meisten Aktionäre blieben für sich. Als um Punkt acht die Versammlung begann, waren die meisten Stühle leer. Wozu ins Theater gehen, wenn man auch im Internet zuschauen kann?

Auf dem Podium saß Ballmer zur Linken von Bill Gates, und die restlichen sechs Mitglieder des Vorstandes saßen an den Seiten verteilt. Wie ein guter Armeegeneral lehnte sich Ballmer zurück und ließ Rick Belluzzo die Versammlung leiten, den Mann, den er neun Monate davor dazu bestimmt hatte, sein Präsidentenamt zu übernehmen. Ballmer hatte Belluzzo 1999 von Silicon Graphics geholt, wo er CEO war, nachdem er 23 Jahre bei Hewlett-Packard gearbeitet hatte. Dadurch dass Belluzzo viele verwaltungstechnische Pflichten von Ballmer übernahm – das, was Ballmer als „administrativia" bezeichnet -, ermöglichte er es Ballmer, mehr Zeit mit strategischen Fragen zu verbringen.

Belluzzo stellte die Vorstandsmitglieder vor, wies auf die Präsentationen im inneren Foyer hin und sagte dann, er sei „erfreut, dass auch das Freedom to Innovate Network erschienen sei [...] eine Basisorganisation und ein Kommunikationswerkzeug." In Wirklichkeit wurde das Freedom to Innovate Network von Microsoft gegründet und ist alles andere als eine Basisorganisation. Lobbyisten in Washington, D. C., bezeichnen derartige Gruppen wegen ihres falschen Charakters als „Astro-Rasen". Augrund der modernen Computertechnik kann im Prinzip jeder, der einen Computer und einen Drucker hat, in kurzer Zeit Hunderte von Briefen prinzipiell gleichen Inhalts mit unterschiedlichem Schriftbild und auf anderem Papier erzeugen und sie dann an beliebige öffentliche Vertreter schicken, bei denen sie etwas erreichen wollen. Tom Miller, Generalstaatsanwalt von Iowa, wunderte sich, wieso viele der Briefe, in denen von ihm verlangt wurde, er solle die Antitrustklage fallen lassen, die gleichen Sätze enthielten. Michael Hatch, Generalstaatsanwalt von Minnesota, erhielt 300 vollkommen identische Briefe, in denen er aufgefordert wurde, die Kampagne als „fadenscheinig" zu bezeichnen. Als ein Briefschreiber herausfand, dass er zum Werkzeug von Microsoft geworden war, schrieb der Betrogene einen handschriftlichen Brief an Hatch und entschuldigte sich für seinen ersten Brief: „Ich habe ich wohl dazu verleiten lassen. Es wird Zeit, dass Sie die Sache in die Hand nehmen und ein paar Leuten in den Hintern treten." Aber immerhin erging es diesen Generalstaatsanwälten nicht so schlimm wie dem von Utah, denn er erhielt zwei Briefe, die Microsofts Innovationsfreiheit unterstützten, von längst verstorbenen Personen. Wahre Innovation.

Belluzzo ging zur Wahl des Vorstands über. Anscheinend hatte weder

Belluzzo noch sonst jemand bemerkt, dass der CEO auf den Abstimmungszetteln „Steven A. Balimer" hieß. Alle acht aufgestellten Vorstände wurden auch gewählt. Nachdem Belluzzo den Vorschlag eines Aktionärs angehört und niedergemacht hatte, Microsoft solle seine Geschäftspraktiken in China ändern – wobei er erwähnte, dass Ballmer im Herbst China besucht und sich mit Premierminister Zhu Rongji getroffen hatte, aber natürlich nicht erwähnte, dass Ballmer Linux als kommunistisch bezeichnet hatte -, verlas Belluzzo die Zahlen für das vergangene Jahr. Der Gesamtumsatz war um zehn Prozent auf 25,3 Milliarden US-Dollar gestiegen, allerdings hatte das Unternehmen „Investitionseinbußen" in Höhe von 4,8 Milliarden US-Dollar. Die Einbußen waren im Klartext ein lahmer Versuch, das Wort „Verlust" zu vermeiden; der Umschwung resultierte aus Microsofts Investitionen in Telekommunikation und Kabel. In Europa, Afrika und dem Nahen Osten waren die Einnahmen um drei Prozent zurückgegangen, beliefen sich aber immer noch auf 4,8 Milliarden. Asien wies mit 15 Prozent das stärkste Wachstum in Übersee auf. Belluzzo bemerkte, die Betriebsausgaben hätten sich „gut benommen", und man habe über vier Milliarden US-Dollar in Forschung und Investment investiert – keine genaueren Angaben. Er stellte fest, dass die Zahl der Mitarbeiter im vergangenen Jahr um rund 8.600 gestiegen war. Was für uns Aktionäre am Wichtigsten war: Während die NASDAQ insgesamt mehr als 45 Prozent verloren hatte, hatte die Microsoft-Aktie nur 13 Prozent ihres Wertes abgegeben. Dann übergab Belluzzo das Wort an Bill Gates.

Gates trat an das Rednerpult und sagte: „Seit vielen Jahren habe ich gehofft, dass ich hier herkommen und das sagen könnte, was ich jetzt sage, nämlich dass wir uns mit dem Justizministerium über den Antitrustfall geeinigt haben." Gedämpfter Applaus. Tatsächlich war eine Einigung erzielt worden, bei der Microsoft für sein bisheriges räuberisches Verhalten in keiner Weise bestraft wurde. Kelly Jo MacArthur, Leiter der Rechtsabteilung von Real Networks, fasste das Abkommen folgendermaßen zusammen: „Das ist eine Belohnung, keine Besserung. Dieses Abkommen erlaubt es einem erwiesenen illegalen Monopolisten, nach eigenem Ermessen zu entscheiden, was im monopolistischen Betriebssystem der Zukunft passieren soll." Andere Kritiker nannten die Einigung „zahnlos", sie enthalte „Schlupflöcher, durch die die sechste Flotte hindurchfahren könnte". Der schärfste Kritiker war Michael Kertzman, CEO des Microsoft-Rivalen Liberate Technologies, er bemerkte, dass nichts gegen .Net unternommen wird. Gegenüber CNET News sagte Kertzman über den Einigungsvorschlag: „[Er] spricht keine der für die Zukunft geplanten Projekte wie zum

Beispiel Passport oder Hailstorm an. Microsoft kommt ungeschoren davon, obwohl es de facto Unternehmensmord begangen hat. Wer will dagegen etwas unternehmen?"

Der Einigungsvorschlag brachte einen ehemaligen Redenschreiber für die Nixon-Administration, den konservativen Journalisten der New York Times William Safire, dazu, die Antitrustabteilung der zweiten Bush-Administration als „eine Ansammlung von Pfeifen" zu bezeichnen. Charles James sagte dem Wall Street Journal, dass Unternehmen, die Probleme mit dem Vergleich hätten, der mit Microsoft ausgehandelt wurde, „dagegen klagen können". Genau das tat Scott McNealys Sun Microsystems im März 2002, wieder einmal vor einem Bundesgericht, wieder einmal mit dem Vorwurf, Microsoft beschädige Javas Fähigkeit, auf allen Plattformen zu funktionieren; dieses Mal verlangte Sun eine Milliarde US-Dollar Entschädigung. Je mehr sich die Dinge ändern, desto... Ein ehemaliger Microsoftianer sagte mir, die Geschäftsstrategie in der Softwarebranche habe sich wohl verschoben, von „Sun Tzu zu Sun sued" [Sun Tzu ist der Autor von „Die Kunst des Krieges", das bei Managern vor allem in den USA beliebt ist; „Sun sued" heißt „Sun klagte".]

MSNBC, die gemeinsame Nachrichtenagentur von Microsoft und NBC, berichtete, der ehemalige Senator Tunney, der den Tunney Act verfasst und gefördert hatte, beschuldige Microsoft, nicht alle Gespräche mit Vertretern der US-Regierung offengelegt zu haben. In den Monaten nach der mehr als gütlichen Einigung entfernten Microsoft und das Justizministerium freiwillig einen ganzen Absatz, der gemäß einem Bericht der Seattle Times „Softwarehersteller, Computerhersteller und andere Nutznießer des Vergleichs dazu hätte zwingen können, ihr geistiges Eigentum mit Microsoft zu teilen." Bevor Richterin Kollar-Kotelly den Vergleich absegnen konnte, musste sie – ähnlich wie bei einem Prozesseinwand – genauso wie Richter Sporkin vor ihr, eine Überprüfung gemäß dem Tunney Act durchführen und 60 Tage lang öffentliche Kommentare einholen. Während dieses Zeitraums gingen mehr als 25.000 Briefe ein, 5.000 davon per Email, die alle den kurzen Satz enthielten: „Ich hasse Microsoft!" Im Rahmen der Überprüfung gemäß dem Tunney Act gab Ballmer eine Aussage auf Video ab; Auszüge sind auf der Website von Microsoft zu sehen. Das Video wurde drei Monate nach der Aktionärsversammlung aufgenommen, und es zeigt einen gestutzten, sanften und ernsthaften Ballmer, so als hätte Monkey Boy Ballmer Persönlichkeitspillen geschluckt. Zumindest zeigt dies den großen Kontrast zwischen ihm und Gates, jedenfalls was das Auftreten vor Gericht angeht.

Auf der Aktionärsversammlung fuhr Bill Gates fort: „Wir machen uns viele Gedanken darüber, wie wir als Branchenführer noch verantwortungsvoller handeln können." Gates-Sprech in Reinform. Ein paar Minuten später übergab er nach gedämpftem Applaus das Wort an Ballmer.

Nach ein paar einleitenden Bemerkungen sagte Ballmer: „Die Sache, auf die wir uns dieser Tage am meisten konzentrieren oder auf die ich mich am meisten konzentriere, sind gewisse Aspekte unseres Verhaltens als Unternehmen. Seit drei Jahren, also seit den Prozessen, fragen uns die Menschen immer wieder, was wir daraus gelernt haben. [...] Angesichts der Tatsache, dass uns die Branche nicht unterstützend zur Seite gestanden hat, begreifen wir, dass wir unseren Austausch mit der Branche und unsere Beziehungen zu ihr ändern müssen." Kann es Ballmer angesichts der Tatsache, dass neun Bundesrichter klar und eindeutig befunden hatten, Microsoft habe aktiv versucht, Konkurrenten zu beseitigen, wirklich erstaunen, dass die Computerindustrie Microsoft nicht zu Hilfe gekommen war? Während Ballmer sprach, sagte meine Sitznachbarin: „Schauen Sie sich Gates an, wie er an Ballmers Lippen hängt." Und dieser schaute seinen besten Freund tatsächlich mit einem Ausdruck vollkommener Bewunderung an, so als wolle er sagen: „Gut gemacht." Der Microsoft-Jahresbericht 2001 zeigt ein Bild, auf dem ein lächelnder, gut gelaunter und wirklich menschlich aussehender Gates neben dem sitzenden Ballmer steht und auf ihn hinabschaut, so als hätte ihm sein Musterschüler gerade eine richtige Antwort gegeben. Ein anderer Aktionär sagte: „Ich bin unter anderem gekommen, um zu sehen, dass Bill Gates und Steve Ballmer wirklich existieren, dass sie richtige Menschen sind, aber ich war überrascht, wie klein Gates ist." Tatsächlich ist Gates gut sieben Zentimeter kleiner als Ballmer, auch wenn er auf gemeinsamen Fotos immer größer aussieht.

Während Ballmer sprach, dachte ich immer wieder an seine und Gates' öffentlichen Äußerungen, und ich verglich sie mit dem, was er jetzt den Aktionären erzählte. Ballmer sprach weiter: „Es gibt ein unveränderliches Prinzip ... wir sind sehr ehrlich zueinander [„Meine Eltern haben beide kein College besucht."], wir haben eine saubere Wahrnehmung dessen, wie es einer unserer langjährigen Mitarbeiter gerne ausdrückt, was die Realität ist [„Sie sind entweder Freund oder Feind, und jetzt sind Sie der Feind!"]. Wir verwirren einander nicht [„Ich weiß immer noch nicht, was ein Monopol ist."], wir sprechen niemals unkorrekt miteinander [„Das ist das verflucht noch mal Dümmste und Beschissenste, was ich je gehört habe."], wir sprechen nach außen hin niemals unkorrekt [„Wir haben absolut nichts Unrechts getan."]. Wir sind stolz auf unsere Ehrlichkeit [„Es gibt eine sehr klare Trennung zwischen unserer Betriebssystemabteilung und der Anwendungsabteilung."] und Integrität [„DOS ist erst dann ferig, wenn Lotus nicht läuft."] in allem, was wir sagen und tun." Ich konnte mir das Lachen nicht verbeißen. Die Bundesrichter Sporkin und Jackson, Rod Brock von Seattle Computer Products, Gary Kildall von DRI, Jerry Kaplan von GO, Gary Clow von Stac Electronics und Scott McNealy von Sun Microsystems wären die ersten in einer Reihe von vielen, vielen Menschen in der ganzen Welt, die dem widersprechen würden.

Nachdem er geendet hatte, setzte sich Ballmer neben Gates hin und nahm, ebenso wie die restlichen Menschen auf dem Podium, Fragen entgegen. Anderthalb Jahre lang hatte ich überlegt, was ich Ballmer am besten fragen sollte, war aber zu dem Schluss gekommen, dass es am besten wäre, nur zu beobachten und der Versammlung ihren Lauf zu lassen. Bei zwei Aktionärsfragen ging es um Frauen bei Microsoft. Eine Frau bemerkte, dass vor fünf Jahren unter den 20 höchsten Angestellten nur zwei Frauen gewesen seien, und jetzt sei unter den obersten 23 sogar nur noch eine Frau. Belluzzo sagte, man arbeite daran (jemand sagte später, sie sollten angesichts der Resultate vielleicht aufhören, daran zu arbeiten, und zwei Aktionärinnen sagten mir später: „Mir ist es egal, wer dort arbeitet, Hauptsache ich verdiene daran Geld."). Als Linda Stone vier Monate später aus dem Unternehmen austrat, sagten mir zwar Beobachter, es habe Differenzen mit Ballmer gegeben, aber sie wäre der letzte Mensch, der öffentlich irgendeine Uneinigkeit mit Ballmer eingestehen würde.

Während Belluzzo und die anderen weitere Fragen beantworteten, unterhielt sich das teuflische Duo. Und dann starrte mich Gates an. Nein, ich dachte, das könne nicht wahr sein. Ich bin keine besonders auffällige Erscheinung, und ich saß 20 Reihen von der Bühne entfernt. Erinnern Sie sich, wie Thomas Friedmann in Davos angeblitzt wurde. Es war so ähnlich wie in einer der unteren High-School-Klassen. Ich schaute zu der Frau links von mir, zu der Frau rechts von mir und zu den Menschen hinter mir. Niemand von ihnen schaute zu Gates. Ich schaute wieder zum Podium. Bill Gates starrte mich tatsächlich an. Ich beugte mich vor, kniff die Augen zusammen und starrte zurück. Ich weiß nicht mehr, wer als Erster wegsah. Die Versammlung war bald beendet, und viele Fragen blieben unbeantwortet.

> KAPITEL 15 <

DAS GRAB DER UNBEKANNTEN

Um alle nicht identifizierten Amerikaner zu berücksichtigen, die in unseren diversen Kriegen gestorben sind, und nicht nur die Angehörigen des Militärs, benannte der Friedhof von Arlington Anfang der 90er-Jahre das Grab des unbekannten Soldaten inoffiziell in das Grab der Unbekannten um. Es gibt viele Fragen über Gates und Ballmer und die Gefallenen der Informationsrevolution, die wahrscheinlich bis zum Ende der Zeiten in einem Technologiegrab der Unbekannten liegen werden. Nicht wenige neugierige Geister würden mit Freude die begrabenen Gerichtsunterlagen der zahlreichen Microsoft-Prozesse lesen, in denen das Unternehmen unter anderem deswegen Vergleiche geschlossen hat, damit die Dokumente unter Verschluss blieben. Programmierer in der ganzen Welt würden liebend gerne Microsofts Quellcodes von MS-DOS bis Windows XP durchsehen, nicht nur um zu sehen, wie viel Microsoft von CP/M gestohlen hat, sondern auch um zu sehen, wie genau dafür gesorgt wurde, dass Anwendungen, die nicht von Microsoft stammten, langsamer oder überhaupt nicht funktionierten. Ein solches Grab würde auch ein Gesprächsprotokoll des privaten Treffens zwischen Ballmer und Vizepräsident Dick Cheney im Jahre 2001 beinhalten. Aber hier sind ein paar bohrende Fragen, die derzeit im Ballmer-Grab der Unbekannten liegen: Was wird der gute Vater Steve seinen Söhnen sagen, wenn sie erwachsen werden und ihn mit der Dokumentation seiner Übeltaten konfrontieren? Werden Sie reagieren wie John D. Rockefeller Jr. und ihr Erbe dafür einsetzen, die Exzesse ihres Vaters wettzumachen? Die quälendsten Fragen sind: War Fredric Ballmers Vergangenheit das Vorspiel zu Steve Ballmer? Ist es mehr als nur eine Laune des Schicksals, dass der Sohn eines Mannes, der bei der rechtlichen Verfolgung der Nazis und ihrer Unterstützer wegen illegaler Ausschaltung der Konkurrenz half, dass ein Mann, der zugibt, dass sein Vater ihm etwas über internationale Geschäfte beigebracht habe, später Geschäftspraktiken einsetzte, die mehrere führende Computermanager und nicht wenige Beobachter unabhängig voneinander mit Hitler und seinen Gefolgsleuten vergleichen? Das sind wahrlich finstere Gedanken, aber Fragen, die angesichts der Masse öffentlich zugänglicher Dokumente und vieler öffentlicher Äußerungen unvermeidlich sind.

In jenem Grab würden auch die Antworten auf viele Fragen über die Zukunft von Steve Ballmer und Microsoft liegen. Genauso wie die Gesamtzahl der amerikanischen Kriegsopfer (nach wie vor gelten 20.000 Personen aus dem Zweiten Weltkrieg offiziell als vermisst), ist ihr Schicksal – abgesehen von einigen Schlüsselfaktoren – unbekannt und unvorhersehbar. Viele Menschen können sich Microsoft ohne Bill Gates oder Steve Ballmer nur schwer vorstellen. Steve Case, der Vorstandsvorsitzende von AOL Time Warner, sagte gegenüber Ken Auletta, dass das Unternehmen aus ihrer kombinierten DNA bestehe und sie widerspiegele (und Case sagte zu David Kaplan, er bezeichne Gates als den „Hitler von Redmond"). Allein schon dieses Erbmaterial sichert ein klein wenig Unsterblichkeit. Eines ist sicher: Bill Gates und Steve Ballmer werden entweder Software herstellen oder Geld mit Software machen oder Geld aus dem Geld machen, das sie mit der Herstellung von Software gemacht haben, so lange bis sie dorthin gehen, wohin auch immer die unanständig Reichen gehen, wenn sie aufhören zu leben. Eine Person, die ich interviewt habe, fragte sich, ob Ballmer vielleicht eine Mannschaft der National Basketball Association kaufen würde. Jedenfalls spielt er regelmäßig zum Spaß Basketball und hatte angeblich schon die Gelegenheit, die Seattle Sonics zu kaufen, was er aber nicht tat. Ballmer wird in nächster Zeit keine Profi-Basketballmannschaft kaufen, wenn überhaupt jemals, denn das würde seine Aufmerksamkeit ablenken; allerdings könnte er, wenn er einen Teil seiner Microsoftanteile als Sicherheit einsetzen würde, die gesamte NBA aufkaufen, mit Stumpf und allen Mitarbeitern und dem letzten Besenstiel (es sei denn, der Besitz der gesamten NBA würde Antitrustgesetze verletzen; das wäre vielleicht ein Problem). Bei Gates und Ballmer in die Lehre zu gehen, also unmittelbar für sie zu arbeiten, bietet ein Füllhorn von Massenvermarktungsstrategien, das in den Colleges und Universitäten dieser Welt seinesgleichen sucht. Nicht zuletzt dank ihrer Mentorschaft verfügt Microsoft über mehrere Schichten von erfahrenen, intelligenten und oftmals sehr fähigen Managern, die im Falle dass Gates und Ballmer das Unternehmen verlassen würden, ihre Kräfte sammeln und nachstoßen könnten wie die Reihen über Reihen von computeranimierten Soldaten in den Filmen Star Wars, Gladiator oder Der Herr der Ringe. Wenn Gates und Ballmer heute ihre Arbeit niederlegen würden, dann würde Microsoft vielleicht kurz stolpern, aber dann weitermarschieren. Der Gründer ist nicht immer der beste Unternehmensleiter. Bob Metcalfe sagte mir, er glaube, Gates und Ballmer hätten die Gründerkrankheit. Man braucht sich nur den idiosynkratischen Henry Ford anzusehen, um zu erkennen, dass gerade die Fähigkeiten, die ihm Unglaubliches ermöglichten, in den späteren Jahren gegen ihn arbeiteten.

Im April 2002 verkündete Rick Belluzzo seinen Rücktritt als Präsident von Microsoft. Ballmer sagte Reportern, er würde diese Aufgabe wieder selbst übernehmen, zusätzlich zu seinen Tätigkeiten als CEO, guter Ehemann und Vater sowie natürlich Bill Gates' bester Freund. Belluzzo hatte es mit 14 Monaten immerhin länger ausgehalten als James Towne und Mike Hallman, zwei seiner Vorgänger. Scott McAdams, Leiter einer Investmentgesellschaft in Seattle und langjähriger Microsoft-Beobachter, bemerkte dazu: „Offenbar sind Bill und Steve mit dem Gang der Geschäfte nicht so recht glücklich, und [Belluzzo] kriegt es jetzt ab. Ich glaube nicht, das Rick etwas dafür kann, aber jetzt muss eben sein Kopf rollen." Belluzzo musste anscheinend auf die harte Tour lernen, dass man sich – genauso wenig wie man sich zwischen einen Journalisten und eine Frist oder

zwischen eine Bärenmutter und ihre Jungen stellt – nicht zwischen Bill
Gates und Steve Ballmer stellen sollte. McAdams: „Im Endeffekt läuft immer noch die Bill und Steve Show." Und er fügt hinzu: „Es sieht so aus,
als wollte Steve die Ärmel hochkrempeln und die Sache selbst in die Hand
nehmen" – genauso wie Bea Ballmer damals in Detroit bei Hank Borgman
die Ärmel hochkrempelte und Kugellager ölte, so wie es sich Hank Borgman von Steve Ballmer hätte vorstellen können, so wie es Steve Ballmer
auch tatsächlich tut. Wenn man will, dass etwas richtig gemacht wird,
dann muss man eben...

Man spricht eigentlich nicht darüber, aber Microsoft baut ein eigenes Sa-
tellitennetz auf, damit das Unternehmen Internet und MSN anbieten kann,
ohne auf Kabel- oder Telefonnetze zurückgreifen zu müssen, die anderen
gehören. Wenn die Boeing-Raketen, mit denen die Satelliten in die Um-
laufbahn geschossen werden sollen, irgendwann nicht mehr explodieren –
bei Feststoff-Raketentriebwerken ein bekanntes Problem -, rechnet Microsoft damit, dass das System irgendwann im Jahre 2004 oder 2005 einsatz-
bereit sein wird. Ein ehemaliger Microsoftianer fragt: „Werden die Verein-
ten Nationen [die Satelliten] auch auf Kernwaffen überprüfen?"

Ballmers Nemesis Scott McNealy vergleicht die Zukunft der Computerbranche mit der Automobilindustrie, in deren Umfeld er und Ballmer aufgewachsen sind. Dem New Yorker sagte McNealy, in der Computerwelt
würden am Ende die „Großen Drei" übrig bleiben: Microsoft und Intel (er
sagt: „General" und „Motors"), IBM und Sun. Das ist der Grund weshalb
Sun – während sich der Rest der Branche um die „Wintel"-Dynastie grup-
piert (Windows-Software und Intel-Prozessor) – sein eigenes Betriebssystem und seine eigenen Chips produziert.

Dass McNealy und Ballmer, Söhne von Schreibtischarbeitern im Herzen
des Automobilzeitalters, in den Sog der natürlichen amerikanischen Wirt-
schaftsentwicklung in Richtung Informationszeitalter geraten sind, ist
nichts Ungewöhnliches – viele ihrer Zeitgenossen arbeiten in der Computerwelt. Dass beide sowohl Harvard als auch die Stanford Business
School besucht haben, ist allerdings bemerkenswert. Dass das Vermögen
des vergleichsweise armen Ballmer, der aus einer Familie ohne Verbindun-
gen stammt, den finanziellen Wert des reichen und beziehungsreichen
Kindes McNealy irgendwann um das Fünfzehnfache übertreffen sollte, das
ist der Stoff, aus dem amerikanische Träume sind; das Versprechen, dass
das Experiment Amerika sich auch auf die müden, armen und gebeugten
Massen der Welt sogar außerhalb der Vereinigten Staaten erstreckt. Aber
Ballmer verzerrt dieses Bild auf die gleiche Weise, auf die er sein Ver-

mögen gewonnen hat. Man kann es sich bildlich vorstellen, wie ein Kind, das von Ballmers Erfolg gehört hat und dann seine bewiesene dunkle Seite entdeckt, neben ihm steht, ihn am Hemdzipfel zieht und sagt: „Sag, dass das nicht wahr ist, Steve."

Egal wie der Supreme Court entscheidet, egal ob und wann der Fall neu aufgerollt wird, Microsoft wird im Wesentlichen so weiter machen wie bisher. Es wird weiter versuchen, alles zu beherrschen, was es anfasst, und es wird weiterhin verklagt werden – und manche Prozesse gewinnen, manche verlieren. Steve Ballmer macht das vermutlich nicht sehr viel aus. Im Februar 2002 sagte er gegenüber CNET News: „Unser Unternehmen kann in puncto Software so ziemlich alles tun, was es sich vornimmt." Erinnern Sie sich, dass eines der Idole von Steve Ballmer, der NBA-Trainer Isaiah Thomas, Kapitän einer Mannschaft war, die sich stolz als die „Bösen Buben" bezeichnete und die den Ligarekord im Foulspiel aufstellte. Vielleicht findet es Ballmer in Ordnung zu foulen, so lange man es nicht außerhalb des Spiels tut. Aber was PC-Betriebssysteme betrifft, verhält sich Ballmer so, als gehöre der Ball Microsoft und als müsste das Spiel nach den Regeln von Microsoft gespielt werden.

Die Produzenten und Konsumenten Amerikas sind von den Früchten des fairen und harten Wettbewerbs umgeben, und Vieles lässt sich am besten in einem scharf umkämpften Markt produzieren und verkaufen. Das Sherman Antitrustgesetz und seine Schwester, der Clayton Act, tragen zur Sicherung des fairen Marktes bei. Es ist tatsächlich die größte Angst des Major League Baseball, des amerikanischen Nationalsports, dass der Kongress seine Antitrust-Sonderrechte aufheben könnte. Das amerikanische System hat Ballmer und Microsoft nicht daran gehindert, etwas, das das Unternehmen, nachdem die Kosten hereingeholt sind, nur noch einen Dollar kostet, als dringend benötigte Software für 179 US-Dollar zu verkaufen. Die wahren Maßnahmen gegen Microsoft könnten durchaus in Ballmers vorübergehendem Wohnort seiner Kindheit, nämlich in Brüssel, getroffen werden. Dort ermittelt die Wettbewerbskommission der Europäischen Union wegen der gleichen Vorwürfe, denen Microsoft zu Hause ausgesetzt ist. Da Microsoft mehr als 50 Prozent seiner Verkaufseinnahmen außerhalb der Vereinigten Staaten erzielt, wäre es für Ballmer und sein Unternehmen ein schwerer und kaum zu verkraftender Schlag, wenn die Wettbewerbskommission Microsoft für schuldig befinden und unter anderem die Entwirrung von Windows verordnen würde. Viele Menschen würden es sicher als Ironie des Schicksals sehen, wenn das gleiche Land, das Napoleon an der Weltherrschaft gehindert hat, nun das gleiche mit Bill Gates tun würde.

Und bedenken Sie auch Folgendes: Microsoft könnte heute hingehen und aufhören Software zu produzieren, könnte den Laden dichtmachen und jedem der sechs Milliarden Menschen, die auf der Erde leben, eine Kopie von Windows XP in die Hand drücken; sogar dann wäre es immer noch profitabler als 99 Prozent aller amerikanischen Unternehmen. Microsoft könnte auch alle 50.000 Beschäftigten entlassen, jedem von ihnen eine Abfindung von 100.000 US-Dollar zuzüglich 10.000 Aktien bezahlen und hätte dann immer noch mehr als 25 Milliarden US-Dollar im Safe liegen. Bei einer zehnprozentigen Jahresrendite auf das verbleibende Vermögen betrügen die jährlichen Einnahmen dann immer noch 2,5 Milliarden US-Dollar.

Stellen Sie sich einmal eine echte Herausforderung für Gates und Ballmer vor. In den Verhandlungen mit dem Justizministerium sagte Gates: „Geben Sie mir einen Sitz [bei Linux, Sun oder irgendeinem anderen Technologieunternehmen], und ich werde Microsoft hinwegfegen!" Wenn Gates und Ballmer genauso wie Jim Clark, der Gründer von Silicon Graphics und Netscape, einfach von Microsoft weggehen und mit, sagen wir mal einer mageren Milliarde US-Dollar pro Person neu anfangen würden, dann würden sie einen Weg finden, ein neues Betriebssystem für Personal Computer zu schaffen, und ihr früheres Unternehmen müsste dem Geld hinterherlaufen.

Was treibt Ballmer eigentlich an? Als Kurt Vonnegut 1992 herausgefunden hatte, dass der wegen Mordes an einem FBI-Doppelagenten verurteilte Leonard Peltier ein Kooperationsabkommen mit mir gebrochen hatte, schrieb er dem quasi Wildfremden den nettesten, aufmunterndsten Brief, den sich ein werdender Schriftsteller nur wünschen kann. In seiner typischen und sehr direkten Ausdrucksweise machte er einen Vorschlag, wie man Peltiers Anatomie zurechtrücken könnte. In einem Postskriptum erwähnte er, dass Kin Hubbard, ein Humorist aus seiner Heimatstadt Indianapolis, immer gesagt habe: „Wenn sie sagen 'Das Geld war es nicht', dann war es das Geld." Aber in Ballmers Fall ist es wirklich nicht das Geld. Er ist reicher als 99,99999999 Prozent der Erdenbürger. Er könnte für den Rest seines Lebens jeden Tag eine Million ausgeben und hätte am Ende immer noch Milliarden übrig. Wann ist genug genug? Warum macht er immer weiter?

Dan Jiggitts, Ballmers Football-Mannschaftskollege in Harvard, drückte es mit seiner Bemerkung am besten aus, dass Ballmer wettbewerbssüchtig sei und dass der gedrückte Wettstreitschalter klemmt. Ergänzen Sie dann noch die jüdische Vorstellung von der Naches-Maschine, die immer und immer wieder die Erwartungen und unerfüllten Träume der Eltern erfüllen will. Erinnern Sie sich, wie Cameron Mhyrvold sagte, dass ihn „Herausforderungen absolut motivieren." Charles Kuralt bemerkte, dass die Bewohner von Birmingham, Michigan, „alle in einem Wettlauf begriffen waren, ohne Ruhepunkt und ohne Ziellinie."

Was sonst hält Ballmer am Laufen? Der Mann, den ich gefunden habe, wäre auf folgende Grabinschrift stolz: „Stephen Anthony Ballmer: Sohn von Bea und Fred; Vater von Sam, Aaron und Peter; Ehemann von Connie; bester Freund von Bill Gates; und ein lausiger Basketballer, der das Spiel aber trotzdem liebte."

Weitere Fragen für das Grab der Unbekannten: Sind Steve Ballmers Lügen nur der Stil des Big Business, ein Beispiel für die Maxime der 80er-Jahre, wenn du sie nicht mit deiner Schlauheit verblüffen kannst, dann verwirre sie mit deinem Geschwafel? Bei einer Anhörung wurde ein Microsoft-Zeuge gefragt, ob der dem zustimme, was ein anderer Zeuge gerade gesagt hatte. Er antwortete: „Jim arbeitet im Verkauf." Der Werbejournalist Bob Garfield schrieb in einer Kolumne einmal, vereinfacht gesagt, dass die Amerikaner von Politikern und von der Werbung Lügen erwarten. Präsident Kennedy sagte einmal: „Mein Vater sagte mir immer, Geschäftsleute seien Schweinehunde." Ist Ballmer bloß ein weiteres Exemplar? Ist Ballmer so wie der Burschenschaftler in Animal House, der, nachdem er einen geliehenen Wagen zu Schrott gefahren hat, sagt: „Jetzt bist du gearscht Flounder, du hast uns wohl vertraut?" Ballmer und Gates haben – vertrauen Sie uns – die Computersicherheit zum Thema Nummer eins von Microsoft gemacht, ganz so wie Ballmers Vater und seine Fordkollegen das Image des „Täglich geflickt oder repariert" beseitigten, indem sie die Philosophie und den Slogan übernahmen: „Qualität ist erste Pflicht". Microsoft überschrieb seine Pressemitteilung zu diesem Thema sogar mit den Worten: VERTRAUENSWÜRDIGE COMPUTERTECHNIK IST MICROSOFTS ERSTE PFLICHT. Vielleicht haben sie ja Erfolg damit. Und es gibt eine Denkrichtung, der es nichts ausmacht, dass Microsoft wiederholt gelogen und gestohlen hat und ein verurteilter räuberischer Monopolist ist; Geschäft ist Geschäft, caveat emptor, wehe dem Käufer, jede Sekunde steht ein Dummer auf, und man kann eben nichts dagegen machen. Hören Sie da den Ausspruch anklingen, „Nixons einziger Fehler bestand darin, sich erwischen zu lassen"? Haben Sie George W. Bushs Worte im Ohr, „Manche Menschen kann man die ganze Zeit über täuschen, und auf diese Menschen müssen wir uns konzentrieren"? (Bush hatte das nur scherzhaft gemeint.)

Wir haben gesehen, wie Steve Ballmers akademische und geografische Wurzeln, sein Temperament und sein religiöser Hintergrund ihn darauf vorbereitet haben, die phänomenale Explosion des Computerwesens auszubeuten, die das Leben, wie wir es kannten, verändert hat. Wir haben gesehen, dass Ballmer ein Vertreter der Ameritokratie ist. Wir haben gesehen, wie er die Tugend der Loyalität ins Extrem getrieben und sich damit befleckt hat. Betrachten Sie Ballmers Spielchen mit der Wahrheit einmal von einer anderen Seite: Würden Sie für einen Freund lügen? Nicht wenige Menschen würden darauf antworten: Das kommt auf die Lüge und auf den Freund an. Für Steve Ballmer ist Bill Gates das, was die blauen Wildlederschuhe für Elvis Presley waren: Tut, was ihr wollt, aber lasst die Finger von meinem besten Kumpel Bill.

Was liegt vor Ballmer und dem Unternehmen Microsoft, das er führt, und in den schönen neuen Welten, vor denen sie stehen? Eine Antwort darauf findet man in den Worten, die Aldous Huxley vor 75 Jahren über seine futuristische Schöne Neue Welt geschrieben hat: „Die große Maschine läuft, läuft, muss ewig laufen. Stillstand bedeutet Tod. [...] Die Räder müssen stetig laufen, aber ohne eine treibende Kraft können sie das nicht." Die treibende Kraft der Räder von Microsoft ist Steven Anthony Ballmer, der sich manchmal so benimmt wie John Belushi auf Koks und manchmal wie andere Menschen – ein bisschen Hemingway, ein bisschen Herkules und ein wenig Hunnenkönig Attila. Steve Ballmer kann einen an viele Menschen erinnern.

ANMERKUNGEN UND QUELLENANGABEN

Diese Biografie basiert auf der Auswertung zahlreicher öffentlich zugänglicher Dokumente, Bücher und Artikel sowie mehr als 150 Interviews mit Menschen, die großzügigerweise und teilweise murrend ihre Zeit und ihr Wissen zur Verfügung stellten. Dutzende von Menschen, die für dieses Buch befragt wurden, baten darum, ihre Identität nicht preiszugeben. Selbstverständlich entspreche ich diesem Anliegen. Ein Mitarbeiter von Microsoft entschied sich für den Decknamen Deep Geek und wird auch unter diesem Namen aufgeführt. Die wichtigsten Quellen für „Bad Boy Ballmer" waren

Briefwechsel und Interviews, die ich in den Jahren 1999 bis 2002 mit folgenden Personen geführt habe:

James Adams
Peter Alder
Gordon Alter
Ken Auletta
John Perry Barlow
Hank Borgman
Rob Borgman
Rodney Brooks
Philip Caldwell
John Campbell
Jamie Coldre
Casey Corr
Kelly Corr
Douglas Coupland
Robert X. Cringely
Walter Cronkite
Tom DeMarco
Bill Dewey
Whitfield Diffie
Michael Drummond
Irving Dworkin
Olga Dworkin
Esther Dyson
G. C. Follrich
Alain Frene
Ira Glasser
Jean Gooden
Don Gregario
Beverly Hannett-Price
Gerald Hansen
John Hansen
John Heilemann
K. C. Jensen
Dan Jiggitts
Bill Joy, Jr., Bill Joy, Sr.
Kevin Kallaugher

David Kaplan
Dr. Judith Kaplan
Mitch Kapor
Ted Kartes
Thomas Kauper
Kurt Keljo
Aviva Kempner
Michael Kinsley
Nicholas Lemann
Elmore Leonard
James Love
Li Lu
James Mason
Rob Mason
Bob Metcalfe
Cameron Mhyrvold
Carol Munger
J. W. Munger
Phil Nuygen
Dr. Christopher Peterson
Beth Portier
Adam Clayton Powell III
Michael Radner
Todd Rich
Dan Richmond
Ed Rider
Wendy Goldman Rohm
Mary Jo Salter
Mark Schmall
Steve Silbiger
Drexel Sprecher
James B. Stewart
Linda Stone
Cheryl Tsang
James Wallace
Ken Wasch
Brandon Watson
Jeff Weedman
Walter Whitman

Eine der interviewten Personen bat mich drei Monate nach dem Gespräch, ihre Bemerkungen aus den Aufzeichnungen zu entfernen; ein seltsames Begehren, aber ich erfüllte es. Doug Burnum, einer der Vizepräsidenten von Microsoft, hatte zunächst einem Interview zugestimmt, zog seine Zusage aber zurück, nachdem er aus Ballmers Büro erfahren hatte, dass die Biografie nicht autorisiert ist. Ein weiterer Microsoft-Vizepräsident, Robert L. McDowell, der im Jahre 2001 bei HarperCollins ein Buch mit einem Vorwort von Steve Ballmer veröffentlicht hat, rief nicht zurück. Steve Ballmer, Bill Gates, Paul Allen, Scott McNealy, Ray Noorda, Richter Thomas Penfield Jackson, Jim Clark und Rachelle (Shelly) Ballmer lehnten Interviews ab.

„Bad Boy Ballmer" baut auf der bestehenden Microsoft-Literatur auf, wobei acht Bücher zentral waren: Stephen Manes und Paul Andrews: Gates: How Microsoft's Mogul Reinvented an Industry – and Made Himself the Richest Man in America; James Wallace und Jim Erickson: Hard Drive: Bill Gates and the Making of the Microsoft Empire; Paul Andrews: How The Web Was Won; James Wallace: Overdrive: Bill Gates and the Race to Control Cyberspace; Ken Auletta: World War 3.0; John Heilemann: Pride Before the Fall; Wendy Goldman Rohm: The Microsoft File; David Bank: Breaking Windows.

Bei meinen Recherchen für die Biografie griff ich regelmäßig auf folgende Zeitungen und Zeitschriften zurück: die New York Times, die Washington Post, das Wall Street Journal, die San Jose Mercury News, die Seattle Times, den Seattle Post-Intelligencer, Seattle Weekly, Time, Newsweek, The Atlantic Monthly, The New Yorker, Wired, Fast Company, Business Week, Forbes, Fortune und den Washington Spectator. Ich richtete auf der rechtlichen Grundlage des Freedom of Information Act (FOIA, Gesetz zur Pressefreiheit) Anfragen an die Central Intelligence Agency, das Federal Bureau of Investigation, die Social Security Administration, den Internal Revenue Service, den Immigration and Naturalization Service sowie an das Military Records Center des National Personnel Records Center in St. Louis. Alle berbeiteten meine Anfragen prompt. Das Auswärtige Amt hatte meine FOIA-Anfrage bezüglich der Ausweisakte von Fritz Ballmer – nach öffentlichen Informationen über seinen Tod – auch nach 18 Monaten nicht positiv beantwortet. Eine FOIA-Anfrage an den U. S. Secret Service steht noch aus. Verwendete Onlinequellen waren unter anderem: The Register, CNET Investor, Company Sleuth und Moldea.com. Wo es von Bedeutung ist, habe ich die Quellen unmittelbar im Text angegeben. Weitere Quellenangaben sind im Internet unter www.badboyballmer.com zu finden, außerdem Kopien öffentlicher Dokumente einschließlich Auszügen aus Fred Ballmers Nürnberger Personalakte.

Die wichtigsten Quellen für die Einführung und Kapitel 1: Current Biography: World War 3.0; Murray Morgan: Skid Row; William C. Speidel: Sons of Profits; A. E. Hotchner: Papa Hemingway.

Für die Kapitel 2 und 3: Nürnberger Personalakte und INS-Akte von Fritz Hans Ballmer; David Halberstam: The Reckoning; Jahresbericht 1972 der Ford Motor Company; Telford Taylor: The Anatomy of the Nuremberg Trials; Steve Silbiger: The Jewish Phenomenon; Howard M. Sachar: A History of the Jews in America; Gilda Radner: It's Always Something; CBS-Berichte: „But What If The Dream Comes True?"; Drexel Sprecher: Inside The Nuremberg Trial, vol. 1 and 2.

Für die Kapitel 4 und 5: Diverse Harvard-Jahresschriften; Gates; Hard Drive; Mark Leibovich: The New Imperialists; Robert X. Cringely; Archiv der Detroit Country Day School; Ernst „Putzi" Hanfstaengl: Unheard Witness; John Kotter: The New Rules; Jahresbericht 1978 von Procter & Gamble; Kara Swisher: The AOL Story; die Detroit Jewish News; David Heenan und Warren G. Bennis: Co-leaders: The Power of Great Partnerships; Paul Andrews: How the Web Was Won.

Für Kapitel 6: David A. Kaplan: The Silicon Boys and Their Valley of Dreams; Cheryl Tsang: Microsoft First Generation; Robert X. Cringely: Accidental Empires.

Für die Kapitel 7 und 8: Harvard and Radcliffe Class of 1977 Five Year Anniversary Report; Michael Drummond: Renegades of the Empire; Hard Drive; Karen Southwick: High Noon; The Microsoft File; Breaking Windows.

Für die Kapitel 9 und 10: Jerry Kaplan: Startup; Paul Andrews: How the Web Was Won; Jim Clark: Netscape Time; The Microsoft File.

Für den Rest des Buches: Breaking Windows; How the Web Was Won und The New Imperialists.